翁岳生——口述
李建良——主筆

憶往述懷

我的司法人生

精神一到
何事不成

永遠感念胡先德老師

俞岳生

二〇二〇.十二.廿二

目錄

自序 從八掌溪畔的泥巴路走向司法大道

我的故鄉在義竹，位於八掌溪畔。童年記憶裡，踩著雨鞋走過泥路雙腳溼熱的難堪、目睹美軍空襲後滿目瘡痍的慘烈情景、帶著竹簍到田裡撿拾剩落蕃薯卻不願偷採果實的苦澀、聆聽胡先德老師講述林肯奮鬥的故事……，在我幼小的心靈裡，法律是什麼都還沒有輪廓，就已經知道法律可以救人、可以伸張正義，暗暗立下運用知識力量消弭戰爭、帶來和平的志向。

儘管求學之路多艱，人生際遇曲折離奇，千迴百轉之後，最終走上法律之途，考取臺大法律系司法組。大學時通過司法官考試、參加司法官訓練所第四期（中途退訓），留德期間特別留意司法制度，並撰寫司法權憲法地位的博士論文；返國後，公法著作多半環繞在司法權與司法制度，因緣擔任司法官訓練所教席逾三十年；時運際會，出任最年輕、又是任職最久的司法院大法官；初任大法官時，參與奠定司法改革基石的審檢分隸專案小組，畢生難忘；臨退休之齡，獲李登輝總統提拔，接任司法院院長，又在陳水扁總統堅持下，續任院長，成為首任的大法官並為院長。從農村子弟到司法首長，從司法學術研究到司法釋憲實務工作，從旁聽德國憲法法院開庭到親自主持憲法法庭言詞辯論，從職司憲法解釋到主掌司法行政，從催生憲法訴訟法到推動司法改革，加上無以數計的司法學術活動與司法外交之旅，一路走來，與司法的不解之緣，看似偶然，回首由幼及長的心路歷程，實又是必然，無心插柳，漸成濃蔭。

走在漫漫的司法長路上，受到多少人對我的提攜、扶持與慷慨相助，飽嚐無數酸甜苦辣的人生際遇與生命滋味，更有我個人對司法的深刻體認與理想願景。「司法」是人類有社會就有的制度，幾經演化，功能時有變遷，學說層出不窮。進入二十世紀，司法應是「有權利、必有救濟」的所在、人權保障的最後一道防線；「司」法還有更廣義的理解，就是稟持法的精神，奉行法治，這是我身為法律人的信念。

常有人問我：「什麼是我的成功之道？」其實，我只不過是「認真吃飯、認真讀書、認真工作」，從未因為擔任司法院大法官或院長而自覺成功。什麼是成功？我以為生活過得充實，就是成功。只要確立目標、訂定計畫，然後集中精神、一心一意去執行，每一天都過得充充實實，就是成功的人。小學老師胡先德先生的兩句話：「精神一到，何事不成」、「盡人事、俟天命」，就是奮鬥人生的最佳註腳，受用終生，也是我生命故事的忠實寫照！

我原本沒有發表回憶錄之類書籍的打算。退休之後，我的義竹鄉親——遠流出版公司董事長王榮文先生多次提起，我也許可以把成長過程、求學機遇、職涯體認以回憶敘事的形式出版。適巧二〇〇九年間，經常幫我處理著述事宜的李建良教授，不止一次來家裡和我敘話，聽我憶往述懷，爰有以筆記或錄音保存問答對話的想法。之後，建良把紀錄整理成文，並參酌相關訪稿及資料，撰述成篇，多年下來不覺積稿盈尺。其間，承蒙榮文兄的鼓勵及敦促，終能有這部書的問世，謹此向榮文兄和建良致上誠摯的謝意。

翁岳生

二〇二一年二月二十日

楔子

每個人都有自己的故事，我的故事並不特別。如果有跟別人不一樣的地方，那是我所處的時代背景、客觀環境不同，個人機緣、生活閱歷也有差異。時空條件的外在制約與生命際遇的插曲改變了我的人生，讓我的故事平添了一些色彩。

嘉義縣靠近臺南縣邊界有一條河，人稱八掌溪，溪的下游旁邊有一個鄉村，名叫義竹鄉六桂村。一九三二年七月一日[1]，我出生在這個鄉村的一個小康家庭，一處位於鹽水旁邊的鄉下地方，曾經是嘉南地區貧窮荒僻的小村落。當時屬於臺南州的轄域，除嘉義縣外，還包括今天的臺南市、嘉義市、雲林縣等地。

臺灣的河川大多是荒溪型，平時水道很窄，兩旁有許多河川地可以耕種，但風險很大，一旦河水暴漲，稻果就蕩然無存。八十多年前，八掌溪還沒有堤防設備，每逢颱風豪雨，溪水氾濫，沖毀周邊民宅、淹沒住民賴以維生的田地。平時雖沒有水患，帶著濃厚鹽分的海風，也常會把田裡的農作物吹枯。為了防汛，後來設置了一道綿長的堤防，並在義竹與鹽水之間築有八掌溪橋，以保障過河居民的安全。

一九三五年七月十五日，先父翁元章寫有〈八掌溪橋開通感賦〉詩作一首，書懷意境：

數萬金錢築石磯。南轅北轍此樞機。
一條東去通鹽水。兩岸西偏是竹圍。
腳底溪流如玉帶。眼中煙水似斜輝。
從茲免唱公無渡。往復任人亦庶幾。[2]

先父翁元章（一九一一年五月二十五日～一九四四年三月四日），字瘦翁，嗜好漢學，寄情吟詠。二十歲出頭，就自設「五梅園」私塾，師承陳春林先生，傳授漢文，與地方漢學人士時相往來，同時加入詩社「竹音吟社」[3]，與文人雅士交遊甚密，多有唱和，藉筆墨以酬壯志，在當時日本嚴密統治的社會裡，著實不易。先父常在《詩報》上發表詩文，留有詩作多首，前揭〈八掌溪橋開通感賦〉就是其中之一。

二〇一四年三月間，承蒙臺灣大學歷史系吳密察教授的啟示，加上漢珍數位圖書股份

先父 翁元章先生（1911 ~1944）。

有限公司總編輯黃智偉先生的鼎力協助，把先父的詩文以及和父親有關的他人作品、文章彙整集結，輯成《翁元章先生詩作集》一書，以為留念。

我在品味收錄的詩作文章時，讀到一九三二年（昭和七年）八月一日發刊的《詩報》第四〇號第十四頁上面有一篇父親寫的詩，題名〈次夢華辱賀得子韵〉：

為父談何易。何關虺與熊。
呱呱空道喜。處處任稱雄。
我愧仲謀異。君欣亞子同。
如斯真過譽。或恐作頑童。

再翻幾頁，看到一九三三年（昭和八年）六月十五日發刊的《詩報》第六一號第十二頁上載有以「翁元章氏　長男周歲擊鉢錄」為分類標題，收錄他人詩作計十六首，內容盡在描寫「試周」[4]的過程，由此推想先父曾經在我周歲的時候，放有四項物件在盤中讓我抓取，結果我先拿筆，有詩為證，試舉兩首：

週年四物置盤中。欲試賢愚看有方。
此日欣欣先舉筆。他時出手盡文章。

盤中取筆氣揚揚。纔到週年以大方。
果是麒麟天上降。長成定必志非常。

從這些詩文的字裡行間中，依稀可以捕捉到當年擊鉢相慶的景況。撫今追昔，深刻感受到先父對我的殷殷期許，在冥冥中持續地護佑著我。

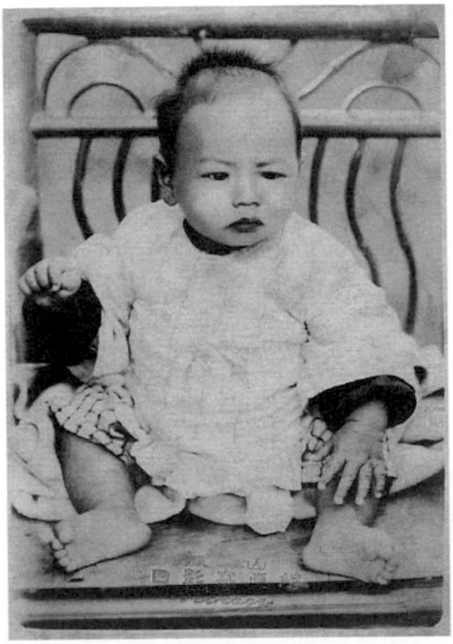

1933年6月，我的周歲照。
上引詩作刊於《詩報》，於1933年6月15日發刊，由此推斷，我的生日應該是在6月。

1 據我弟妹說，我的生日應該是農曆五月三日，每逢這個日子，弟妹都會來電祝賀我生日快樂。經查，一九三二年農曆五月三日，西曆是六月六日。

2 載於《詩報》，第一〇九期，一九三五年（昭和十年）七月十五日，頁一五。「八掌溪橋的開通，昭和五年（一九三〇年）八月二十一日《臺灣日日新報》〇七版有『八掌溪橋の開通祝賀式　二十日盛大に舉行』預告，但這距翁元章發表此詩時間太遠，經查昭和十年（一九三五年）五月八日《臺灣日日新報》〇八版有『三橋竣功　曾文溪橋名君代　八掌溪橋名八千代　來十日舉式兼開祝賀會』消息，可知一九三五年亦有過築橋一事。詩中首句點明建築費用及材質，第二句則標明此橋重要性，開啟下聯，指出其位於鹽水及義竹間的重要要衝。頸聯從視覺著手，上句寫溪水清澈，下句寫夕陽映照水面的景致，紅白相間，美不勝收。末句則肯定此橋貢獻，可以保障過河民眾的安全。」引自https://ipoem.nmtl.gov.tw/nmtlpoem?uid=70&pid=1175。

3 根據《嘉義縣志》的記載：「竹音吟社成立於大正十一年（一九二二年）孟春之月，因義竹周圍皆竹，命名為『竹音』，當時澎湖陳春林設館於義竹，適周文俊在職庄役場，共力鼓舞吟友十三名參加，推陳春林為顧問，不設社長，社務由周文俊綜理，擊缽課題則由社員輪值，按月擊缽兩次，課題一次，適值布袋蔡清福設館於頭竹，亦來參加。大正十二年（一九二三年），竹音吟社向島內徵詩，共有〈不倒翁〉、〈雪美人〉、〈遼東豕〉、〈地瓜系〉四期，得詩甚多。年末陳春林因館地他徙，社員吟興頓減，幸賴周文俊維持，與鹽水月津吟社蔡和泉、蔡伸金、蔡哲人等結翰墨因緣，每月聯吟，或鹽水或義竹，輪流舉辦，騷人藉通聲氣。社員十三名中翁元章詩興最高，不幸早亡。」參見《嘉義縣志》，〈文學志〉，頁一九九。

4 試周：舊俗於小孩滿週歲時，長輩將書本、算盤、筆墨等各種物品擺在孩了面前，讓他隨意抓取，由此來推測他未來的志向。《幼學瓊林．卷二．老幼壽誕類》：「周歲試周，曰晬盤之期。」《里語徵實．卷中上．試周》：「漢高祖試周，左手提戈，右手取印。」也稱為「抓週」。引自：教育部重編國語辭典修訂本。

卷一

升學？升學！

八掌溪畔的童年憶記

我的故鄉在義竹，與鹽水只隔了一條八掌溪。現代人可能比較知道鹽水，因當地元宵節的蜂炮而有名。我在八掌溪畔長大，先父前詩提到溪橋兩側綿長堤防的岸邊，剛好經過我家的屋旁，宅地尚有部分留在岸外。這條滿布花草的綠色長堤，是我兒時童年生活的一部分。我曾經在此一邊看書，一邊養鵝或牛羊，也曾在此仰望天空、欣賞晚霞或編織夢想。

我家世代務農，先曾祖父翁伴在前面提到的這塊地蓋了房子，先祖父翁本相續繼承下來，也就是現在的義竹祖厝。之後，八掌溪修築堤防，我們家的土地被河堤隔成兩半。先父念完小學後，到鹽水讀高等科，畢業後在鄉公所任小職員。我唯一的叔叔英年早逝，嬸嬸和兩位幼弱的孩子（一男一女，最小的是遺腹子），乏人照顧，種田的祖父讓他們母子女一起住過來，就近照料。後來父親帶著我們一家子搬到義竹市場邊，開了一家青草舖，也就是中藥店，由母親主持店務，父親則到庄公所任職，家庭小康。我下有三個妹妹、一個弟弟。大妹小我兩歲，弟弟跟我的年紀差距較大，么妹則不幸夭折。兩個妹妹長大後嫁給當地人，留在鄉下，弟弟後來讀到大同商專。

先父高等科畢業後沒有繼續升學，而是跟隨陳春林先生讀漢文。陳先生是澎湖人，二次戰前來義竹附近教漢文，後來擔任省立高雄中學國文老師，我的名字就是陳先生取的。我曾經問過一些早期高雄中學的畢業校友，他們對陳春林老師都印象深刻，例如林永謀大法官提過，陳老師是他初中一、二年級的國文老師兼導師。陳老師的漢學造詣厚實，深受學生們的敬仰。

自我懂事時，父親已經在義竹庄公所當職員。他也做過其他的事業，曾經在高雄壽山附近和朋友合開瓦窯工廠，但並不成功，留下一

在八掌溪畔的義竹老家。

2000年5月，義竹祖厝重修，李登輝總統頒贈題詞「源遠流長」。

些債務。在我的記憶裡，有幾次他帶我去看廠、順便到屏東訪友的片段，印象中火車經過一座很長的大橋，大概就是現在的高屏大橋。除了做生意之外，父親平常也設私塾教人讀漢文，內容大多是四書五經或《幼學瓊林》之類的啟蒙書，卻沒教過我，大概是認為我還在讀小學，等我長大後再教不遲。當時日本人不允許臺灣人學漢文，所以學生來上課的時候，不能同時一道來，必須從前門或後門先後陸續進入教室，書本都藏在衣服裡或綁在腰際。父親不只在家附近上課，還到「五間厝」開課，離我家大約幾公里遠，在八掌溪邊、靠近岸內糖廠，屬於嘉義縣轄區內。

記憶裡，小時候父親很少跟我說話，但我知道他很疼我，每次到城裡出差，總會給我帶回一些課外讀物，讓我享受到讀書的樂趣。我從小喜歡看書，鄉下小孩怕上學，我卻每到上學時刻就興高采烈。小學三年級就看過日文版的《三國演義》、《西遊記》等書，還模仿小說情節和同學結拜。上課時常偷看課外書，還被老師沒收，期末才還給我。父親讓我在小學時期就接觸了有益的課外讀物，吸收不少訊息，開拓了孩提時期的知識領域。無形間，讓我從小發自內心重視學問的價值，培養出終生的高度求知慾，同時也造就了日後無論遭遇何種逆境，都誓願力爭上游的堅定意志。

牛車路上奔波的失怙少年

一九四四年（昭和十九年）三月四日（農曆二月十一日），我正要從五年級升六年級的時候，父親猝然病逝，寡母孤兒頓失所依。家父生前經營事業，留下不少債務，家裡的草藥舖已經拿去抵押，家母必須一肩挑起經濟重擔。那年我十三歲，身為長子，下有弟妹，理當幫忙家計，不敢奢望升學。在我的生命歷程中，父親的猝逝讓我忽然失去了天真的童年，把年幼的我推向「大人」的世界，當時小小的心靈已經意識到我的命運將會有很大的改變。時值中日戰爭劇烈，臺灣經常遭受空襲，各地經濟蕭條，家裡生活更為艱困，幾乎陷入谷底、無以維生，出生不久的么妹，就是因為營養不良而病死。

記得常聽人嘆說「做田」、「牽牛」苦不堪言。可是，沒有人知道，當時處在飢餓邊緣的我們，是多麼羨慕別人家有田可做、有牛可牽！好長一段時間，我們只能吃發黑的番薯籤和野菜，偶而能加入一些米，就算是豐盛的一餐了。老家位處偏鄉，連盞燈都沒有。天黑後，須靠味道濃、黑煙多的煤油燈看書。由於住處偏僻，出入要走上一兩百公尺的牛車路，且經常是泥巴路，奔波往返其上，佔據了我大半的童年時光。

當時鄉下大家都赤足上學，天晴時，路上飛砂走石，扎得人眼睛紅腫不堪；大熱天，腳底燙得不得不加快腳步；下雨了，滿地泥濘，幾乎讓人寸步難行。更糟的是，到城裡上學不能不穿鞋。有一次，我穿著雨衣、踩著長統塑膠雨鞋，走過泥路，像歷經浩劫般地抵達校門口，結果太陽出來了！接下來只能忍受那一雙既濕又熱的塑膠雨鞋，還有同學們接力式連番的笑話攻擊。如此遭遇不止一次，久而久之，就不覺得苦，同學也習慣了我的怪模怪樣。

鄉下小孩子下田做農事、撿拾柴禾，或養雞、鴨、鵝、羊的，都是正常的事，我也不例外，除了經常淋雨、渾身顫抖的經驗餘悸猶存外，生活慘澹，卻也說不上特別辛苦。唯有一件事帶給我無比的「屈辱感」，隨著年歲增長，回想起來倍感辛酸。鄉下地方的番薯田或稻田收成之後，田地主人常會任由附近窮苦人家的小孩到田裡撿拾剩餘的番薯或稻穗。每逢此時，母親都會交給我一只小竹簍，讓我跟鄰家小孩一同去撿拾。起初，我只覺得這是一件應該做的工作，不作他想，漸漸地卻感到難過。因為我只撿掉落在田間零碎的番薯或稻穗，不敢也不願跟著別的小孩順便去偷採果實，結果經常是我的「成果」最少，回到家總少不了一頓責備。在我幼小心靈裡，咀嚼到貧窮的苦澀滋味之餘，不免對做人的道理感到困惑。撿少了，要挨餓，想吃飽，又要昧著良心，做不法的事，似乎想要做個守規矩的小孩比別人還難！

影響我最深的小學老師

講到守規矩、不做不「法」的事，小學三年級的老師胡先德先生給了我嚴明的人格精神教育，讓我認識到品格與自律的重要。

日治時期的小學分為兩種，一種是臺灣人讀的公學校，一種是日本人念的小學校。我讀的是義竹公學校，昭和十六年（一九四一年）改名為「義竹國民學校」，屬於臺南州。我小學六年都是接受日本教育，畢業證書也是日本人頒發的。小學教育之後，是設在小學的兩年制高等科，類似現在的國民中學，但數量沒有今天的國中那麼多，因為不是每所小學都有高等科。那時候連布袋都沒有高等科，當地學生還得到義竹、鹽水、朴子讀高等科，聽說是我們庄長特別爭取的。

小學階段，有兩位影響我很深的老師，胡先德先生是其中一位[1]。胡老師畢業於朴子的東石農業專修學校。日治時期的專修學校，例如農業專修學校、工業專修學校、商業專修學校，類似初中。他跟我是同鄉「過路仔」地方的人，來義竹小學教書，每天中午都和班上學生一塊吃便當，飯後就講一些聖賢或世界偉人的故事，同學們總是聽得津津有味，讓我印象最深刻的是美國總統林肯奮鬥的故事。他是木匠及農夫的兒子，憑著自己的努力，刻苦自修法律，當了律師，進而出任美國總統，為維護黑人的自由平等，最後犧牲生命。雖然當時年紀小，對法律沒有什麼觀念，卻已經知道學法律可以救人、伸張正義，在我心田裡無形中埋下日後決定攻讀法律的種籽，也是專研公法的背景因素之一。

胡老師是一位相當有志氣的老師，自律甚嚴，每天早起運動、練字，總愛把兩句話掛在嘴邊：「精神一到，何事不成」、「盡人事，俟天命」。當時是日治時期，學校上課、讀書、寫字只能用日文，胡老師的「精神一到，何事か成らざらん」[2]總會不時地在耳邊響起。後來，我時常不經意地想起這兩句話。在我成長過程中，每一個不同的階段，這兩句話都帶給我不同的啟示，受用無窮。

當年的小學是男生一班、女生一班，同學或學長學弟有好幾位後來考上大學。一位是比我早的前輩翁銘嶽兄，原本考取臺大農經系，後來轉到農化系。另一位是晚我兩年的翁文魁，考進臺大化學系。還有一位是我的同班同學翁登山兄，考上臺中農學院（中興大學的前身），曾任職於中央研究院植物研究所，後來去美國工作。他太太黃瑞娟是作家，筆名黃娟，著有《楊梅三部曲》等書。一九七二年，我訪問美國時，還特地去他們家拜訪。

我們這些被胡老師教過的學生，深受他的影響，畢業後，一有時間就會想去找老師。印象特別深刻的一次是，一九八八年二月間，我和翁銘嶽、翁福村、翁宗崑兄等

1988年2月，胡先德老師於自宅前的照片。

1988年2月，胡先德老師與我們四位小學同學的合照。左起：福村、我、胡老師、宗崑、銘嶽。

四位受胡老師影響比較深的同學，各自帶著太太到胡老師在臺中縣潭子鄉頭家村大成街七巷十五號的家裡拜訪，當時胡師母還健在，我們四對夫妻一起在老師家的門口合照，至今仍很懷念。

胡老師曾經去日本，想要繼續念書，因家境不許可，只好又回到臺灣。二次戰後，中央警官學校（今中央警察大學）在臺灣招生，他應試考上後，前往當時位於廣州的警官學校就讀，成為臺灣警界早期的警官。一九四九年，中央警官學校遷臺，一度停辦[3]，後於一九五四年復校。可能因為個性的關係，胡老師在警界的發展並不如意。司法院秘書長程德受先生也是中央警官學校出身，對於警界人事略知一二。由程先生處得知，胡老師後來被派到高雄六龜，原本可以調到岡山，但他卻拒絕了。大部分警官都希望在大都市服務，他卻不願意，後來在南投退休，已經去世十多年了。

據說，胡老師以前在南投時，與山區的居民常有來往，可能引起一些政治上的誤會，頗為失志。我在司法官訓練所曾與他同期的同學一起受訓，探詢過老師的生活狀況，但不好追問細節。無論如何，他是我小學時期的啟蒙導師，他的教誨是我一生的精神支柱。

人生的第一個規劃

另一位讓我深深懷念的是六年級及高等科一年級的導師李永連老師，當時是一位很年輕的老師，臺中師範學校畢業後，就到義竹國小教書，他太太也在義竹教書。當時的小學還有升學考試，國民小學升初中要經過考試。大概五年級就要開始準備，六年級密集加強。李老師對我很好，看我喜歡讀書，便一心想幫助我升學，讓我到他家裡補習，不收補習費。每天下課後，班上五、六位同學利用晚上時間到老師家裡複習功課。前面提到的臺大農化系翁銘嶽，中興大學農學院的翁登山，另外還有一位翁文魁，小學晚我一、兩年，後來早我三年進臺大理學院化學系，都曾經接受過李老師的教導。

小學五年級那一年，正當要開始準備升學考試的時候，家父因病去世，又留有債務，家裡經濟頓成問題。我是長男長孫，必須分擔家計，只好中斷升學的計畫，失去升學的機會。於是李永連老師為我設想，鼓勵我在小學畢業後，繼續留在學校念高等科。因為高等科念兩年可以報考簡易師範科，簡易師範科是四年制，畢業後就可以就業，這是當年李老師幫我做的人生規劃。

一九四五年三月，小學畢業，拿到日本校長署名的畢業證書，正接著念高等科一

1975年間，李永連老師北上與我們小學同學碰面，在當時的介壽公園合影留念。那時候我剛擔任大法官沒幾年。左起：銘嶽、我、李老師、福村、宗崑。

年級的時候，戰爭結束了。不久，也就是一九四五年十月二十五日，中華民國政府代表在臺北公會堂（今臺北中山堂）接受日本降書，臺灣「光復」。我的同學們紛紛到嘉義或臺南報考中學或職業學校，我卻因為家裡發生變故，仍然按照李永連老師的原訂規劃，準備高等科畢業後，報考師範學校的四年制簡易師範科。

南英商職的求學之路

我家是在新營下去鹽水旁邊的一個地方。彼時，鹽水、臺南、嘉義、雲林等都屬於臺南州。光復後，州改為縣，也就是舊的臺南縣（一般稱為「大臺南」）。民國三十五年（一九四六年），臺灣光復之初，還沒有公立初中，都是念農業學校或中學，像是臺南一中或臺南二中，或是嘉義的省立嘉中等。在我們鄉下要讀中學或念職業學校，不是到嘉義，就是到臺南。例如我小學畢業時班上有兩位繼續升學，一位就是到嘉義念省立嘉農，另一位去念省立臺南農業學校。比較好的學校是省立的，還沒有國立學校。光復前，常有轟炸，隨時有空襲警報，很多人因此無法到考；我則是因為家裡的關係沒辦法升學，加上李老師已經幫我做了規劃，所以我通通沒有去考，準備再念一年的高等科。這時候學制已經不一樣了，日本人在升學考試佔有名額的情形，也不復見。

沒想到，家裡附近剛好有一位跟我同年齡的男生考上臺南私立南英商業職業學校（南英商職），這是一所創立於一九一七年的私立高職，位於臺南市中西區。從義竹鄉到臺南，交通很不方便，早先是搭乘從岸內糖廠或鹽水出發的小火車到新營，所以這些地方的學生可以搭小火車通學，但是義竹的學生就必須在外住宿。於是，義竹的家長就去跟糖廠交涉，讓小火車可以先到義竹，經鹽水再到新營，後轉縱貫大火車至臺南。鹽水與義竹之間，就是隔著八掌溪。早上五點半在義竹發車，從家裡到車站需要步行十多分鐘，天色未亮，這位男生的家長不放心小孩獨自上學，希望有人可以陪同通勤，於是就來家裡遊說家母讓我也跟著去讀南英商職。

本來我沒有升學的想法，也都放棄參加考試。就算要考，如果不考中學，在當時的時空背景下，至少也一定會去念省立的工業或農業學校，相對比較有前途。說到要讀商科，而且還是私立學校，在此之前，這種念頭根本沒有出現在腦海裡，所以對於來自村裡其他家庭的拜託，起初是意興闌珊。不過，回頭想想，我的許多要好朋友、同學，不是考取了臺南一中，就是去念私立長榮中學；還有一些到臺南或嘉義去讀農校。在臺南，南英和長榮中學都是私立學校。戰後初期。長榮中學為了招到素質較好的學生，刻意搶在臺南一中之前舉辦入學考試，考上後馬上報到，以免學生又去考臺南一中。有一些人因為沒有把握考上臺南一中，只好留在長榮中學。所以長榮中學初中部第一屆有很多優秀的學生，但是後來升高中時，這些學生還是跑去考臺南一中。

那位考上南英的同學家長來家裡找我媽媽商量時，我覺得朋友都出去讀書，只剩我一人在村裡要再待一年，頗感寂寞。就這樣意志開始有了動搖，想說就隨他去試試看吧！開學那一天，母親帶著我拿小學六年級的成績單去南英商職報到，同時也把高等科的成績給學校老師看。校方認為我的成績不錯，憑著成績單就讓我入學，令我感到非常意外。因為我並沒有參加中學或職業學校的考試，就能夠繼續升學讀書。那是民國三十五年（一九四六年）的事。

高等科相當於後來的初中一年級，一九四五年四月，我開始讀高等科，等於是初一還沒念完，同一年就剛好碰到臺灣光復。在這政權轉換的過程中，一開始大家對大陸完全陌生，國語也不會講。從原來通通講日本話，不准講臺灣話，轉變成開始學北京話、國語。不過，這一年學校裡還算安定，大家都在學ㄅㄆㄇㄈ，找最簡單的讀本來念，例如念三字經什麼的。不但我們在學，老師也在學國語，學好後馬上再來教我們。其他的科目，像是數學，就比較不受影響。幾年前，我曾經回南英商職演講，當時的導師也從臺北回去，共同回憶這段值得懷念的時光。

南英商職原名臺南學堂，一九二四年改為私立臺灣商業學院，是臺灣少數歷史超過一百年的學校，我那個時候的校長——許仲璹先生，是臺灣光復後第一任校長，校名改為私立南英商業職業學校，是紀念出身臺南府城的許氏先賢許南英進士（一八五五～一九一七年），一說取赤崁城南地理位置，又意為南方菁英。許校長的父親許子文（一八七六～一九五七年）對漢詩文很有研究，經常投稿詩社，頗有文名。許校長繼承衣缽，本身也負文才，辦學認真，對珠算很重視，並且提倡運動。一九五〇年，在許仲璹校長促成之下，學校成立了棒球隊，現在是臺灣的棒球名校之一。幾位以前到美國打球的棒球高手，例如郭泓志、胡金龍，或是現役的職業棒球選手，例如郭嚴文、林泓育等等，都是從南英出來的。

民國三十六年（一九四七年），我在南英讀書的那一年，發生二二八事件。當時小火車停駛，有人騎腳踏車，也有人搭巴士，像我這樣沒錢的學生，只好走路上學，從義竹走到新營，相當長的距離。義竹比較鄉下，這段期間沒發生什麼抗爭事件。我到南英上課時，聽說湯德章律師[4]在臺南北門附近的圓環被槍決，經過的時候，心裡有種異樣感覺。平常搭火車，偶爾會看到鐵路警察，少見憲兵。但這個時候，出現許多憲兵出來維持秩序，遇有不守秩序的人，就從火車上拉下來，氣氛顯得相當緊張。

插班進入省立嘉商

在南英讀書時，我怕萬一火車誤點，影響考試，於是期末考之前一個月住在臺南。那是同班同學家，位在安平附近魚塭的工寮，在那裡住宿搭伙，沒自來水沒電燈，但比較便宜。

我在南英只讀了一年，因為私立學校學費負擔過重、離家又遠。記得這一年中，往往隔天就要註冊了，家裡卻沒有錢可以繳學費，只好挨家挨戶借錢，終是難以為繼。還有一項因素是，我升起想要念工業學校的念頭。當時的觀念是，男生念工業學校，畢業後的出路比較廣，於是就想轉學到省立嘉義工業職業學校（省立嘉工），結果卻插班考進省立嘉義商業職業學校（省立嘉商）就讀，這又是一段曲折的故事。

說是插班到嘉義商職，其實我原本無此意願，而是希望轉念工業學校，一方面是對從商有點排斥，他方面是想要讀中學繼續升學，只是礙於家庭環境不允許，所以轉念工業學校，或者至少也要念農校，算是另一種升學的選擇。在準備轉學的過程中，剛好有一位小學同學就讀嘉義工業職業學校，便向他請教該校的情形。他說學校不錯，並且主動幫我打聽，問了當時嘉工的訓導主任張英哲先生[5]。他表示歡迎，希望我可以轉過去。我聽了很高興，為了確認這事，還特別請這位同學帶我去張英哲先生家裡拜訪，跟他見過面。

誰知等到學期末，我拿了成績單，滿懷轉學的希望去找張英哲先生的時候，卻得知嘉工校長決定今年不招收插班生。當時校長是唐智先生[6]，就是棒球協會理事長唐盼盼的父親。我得知後相當失望，感覺希望落空了。張英哲先生看我如此失望，就告訴我省立嘉商今年招收轉學生的消息，並且建議我去報考。我想省立學校的學費比較便宜，也比去臺南近一點，雖然心裡不是太願意，仍聽從張英哲先生的建議，參加省立嘉商轉學考試，並順利考取。

後來我才知道張英哲先生的兒子就是前行政院院長張俊雄，和我在臺大法律系是同屆同學，但不同組，他是法學組，我是司法組。原來在我們認識之前，我已不經意地路過了他的生活領域，人生真是奇妙。

省立嘉義商業職業學校分成初級部及高級部，我插班就讀的是初級部二年級。初級部之後因教育政策改變而廢除，只剩高級職業學校。兩年後，民國三十八年（一九四九年），我成了省立嘉商初級部的第一屆畢業生。

沒有讀書的命，再度失學

就讀嘉商期間，我也是從義竹搭小火車通學，到新營轉車到嘉義。當時如果沒有糖廠的小火車，很多人無法上學，因為在外面租房子很貴。清晨五點半，小火車從義竹出發，因此家人必須很早就起床準備早餐，那時候多虧有小姑姑的幫忙，尤其冷冬時節，必須忍著寒凍摸黑起早為我煮飯做便當。多半時候，天都還未亮，左鄰右舍的同學們大家一起走路到車站搭小火車。若遇到下雨天，鄉下的黃土路瞬間變成湳仔路，泥濘難行，苦不堪言。不過，從義竹到新營差不多四十分鐘的車程途中，倒是結交許多朋友，遇到不少人才。

鹽水小火車車站。
圖片來源：〈義竹之光──翁岳生先生訪問紀錄〉，《嘉義縣文獻》，2009年3月，34期，頁155

我在嘉商念了兩年，這段時間我的意志可說是非常消沉，因為知道自己無法再繼續升學。嘉商畢業那一年，我遇到一位讓我至今感念的老師，名字是張志聯，張老師是上海人，畢業於上海大夏大學，與司法院汪道淵副院長同校。張老師的先生彭德（一九一一～一九八二年）是苗栗縣銅鑼鄉客家人，畢業於臺北第二師範學校（今國立臺北教育大學），畢業後不久，赴日本留學。二戰期間，由日本轉道香港到大陸上海，協助國民黨政府從事戰區服務工作，認識了張老師。兩人結婚後，適逢臺灣光復，隨著國民黨政府又回到臺灣，在臺南擔任黨部主任委員，與前調查局局長沈之岳[7]熟識，曾任臺灣參議會參議員、臺灣省建設廳廳長。後來因爭取競選臺北市長失利，與國民黨部分人士意見不合，離開臺灣，去了美國[8]。據說，他後來和高玉樹先生變成很要好的朋友。

張老師是我的國文老師，常批改我們的作文或週記；上作文課時，她常常要我們寫下自己的志願或感想。也許是我在週記或作文裡透露家境不好，並提到不能繼續升學的一些事，她看我這段時期意志有點消沉，學習上不是很積極，就親自跑到我家，想要勸家母讓我繼續升學。她跟我並沒有太多的接觸，只是知道我家境不好、沒有辦法升學，就願意幫我。那時候，交通不是很方便，她必須先坐火車到新營，再坐小火車到義竹家裡來，這是十分不容易的事情。她到了新營，黨部就有人來接待，一起陪她到我家，希望可以說服家母讓我繼續升學。但是，母親依然長嘆一聲說：「讀書好，這我知道，只是我們沒那個命。讓他去賺錢卡要緊！」並反過來要求她替我找份好工作。雖然最後沒能成功地說服家母，我還是非常感念這位老師。她有三個小孩，兩男一女，兒子都畢業於臺大森林系，女兒畢業於臺大社會系，他們的畢業典禮我都有參加。張老師後來回到上海，又去了美國。二〇〇二年，我擔任總統特使出訪時，還特地探訪當時住在美國舊金山的張老師及其兒子、女婿。

在嘉義求學的這段日子裡，有幾個月的時間因為怕早上考試遲到，就夥同從義竹來讀嘉工、嘉農及嘉商等學校的三、四位同學，一起在當時位於北社尾的北港車頭（車站）附近租了一間房子，在那裡住了二、三個月，時間不長，卻是一段令人相當懷念的日子。

人才薈萃博士村

在這段失學的過程中，有一件事情讓我印象很深刻，就是陪同張老師到我家的黨部人員說：義竹是一個文化很落後的地方，大部分是務農家庭，孩子長大了，就是要幫忙家事，哪有什麼還要去考試讀書的……。其實，這些黨務人員完全不瞭解義竹。

義竹鄉這個地方，日本時期叫「二竹庄」，舊稱「二竹圍」。因為以前來臺的移民，為了保護家園，習慣在聚落或庄頭附近種植竹子，形成一道道的竹籬牆圍，防止土匪或宵小入侵，並以此為地名。除了二竹圍外，還有義竹鄉「頭竹圍」、「角帶

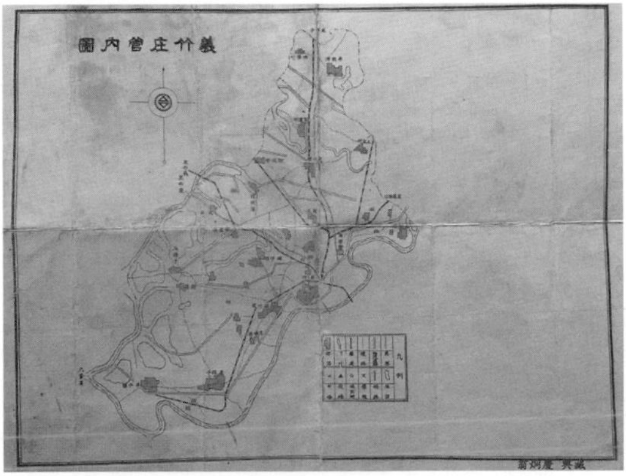

昭和11年（1936年）義竹庄管內圖。圖片提供：翁炯慶

園」等等，都是由此得名。義竹鄉雖然以務農為主，其實「文名」頗盛，自古書香傳家，出了相當多的學術人才。例如前臺大工學院院長翁通楹（一九二〇～二〇一七年），出生於義竹鄉岸腳村，日本京都大學工科畢業。回國後，於臺大工學院機械工程學系教書，與王永慶頗有交情。一九六四年，私立明志工業專科學校（明志工專）成立，翁通楹被延攬至該校擔任首任校長，歷時五年，一九六九年返回臺大任教，之後接任工學院院長。他們家族出了好多醫生、醫學博士、醫學教授。在輩份上，他與我是叔姪輩，我都叫他叔公。他在臺大機械工程系教書的時候，我剛好進臺大法律系就讀，對我的人生選擇也有一些影響。

我的故鄉，六桂村，古稱番仔寮，「翁貴溪公」與「翁濱溪公」等翁姓派下後世居住於此。翁氏宗族祖先大概在十幾代之前從福建安溪渡海來臺，在布袋上岸，散居在八掌溪下游沿岸。八掌溪源於阿里山，流至義竹已經是下游，當地居民大多姓翁，溪北屬嘉義縣，溪南則是臺南縣。據稱，翁氏宗族先人在清末就有「文秀才」翁捷三、「武秀才」翁慶春，今天則是博士與院長的多產地，有「博士村」的美譽。比較為大家知道的，就是前中央研究院院長翁啟惠，他的先祖父都中過秀才，伯父翁新臺擔任過庄長，光復後歷任鄉長、臺灣省議會省議員等公職。正因為翁新臺的關係，才能爭取到在義竹鄉小學設高等科，這相當不容易，連鄰近較大的布袋鎮都沒有高等科，必須到義竹鄉就讀。

翁啟惠的五哥翁崇惠，是前聯合國國際貨幣基金會研究院副院長；八弟翁英惠，

義竹鄉六桂村祖厝。圖片提供：翁炯慶

重新翻修後的祖厝。

是前樹德科技大學設計學院院長，都相當有成就。還有，前立法委員翁重鈞、前成大校長翁政義、早年在鹽水行醫的前臺南縣議員翁鐘五醫師、遠流出版公司董事長王榮文等等，也都是義竹鄉親。另外，值得一提的是陳水逢先生，國立中興大學法學士，國立政治大學法學碩士、法學博士，擔任過國民黨臺灣省黨部主委、考試委員，已經過世了。我就讀高等科的時候，他就坐在我旁邊。

村裡一直有完整的族譜，哪個人是哪一代、哪個宗族，都很清楚。這幾年，村裡有一些人回大陸尋根，與安溪的宗親互有來往；六桂村的故事本身也成為一項研究議題[9]，例如在中央研究院就有人專門研究安溪移民對臺灣的影響。

東後寮農場的「牌仔工」

日治時期，八掌溪畔有一座糖廠，位於鹽水（舊稱「鹽水港」）的「岸內」，原名是「鹽水製糖株式會社」，後來改名叫做「岸內糖廠」。聽說，二次戰後，大陸人剛到臺灣的時後，看到「鹽水製糖」，還以為臺灣人可以把鹽水製成糖，變甜！

民國三十八年（一九四九年），嘉商畢業以後，我原本想要去家鄉的農會上班，沒有成功；後來靠一位岸內糖廠農務課課長的安排，才有工作。在那個時代，糖廠農務課管甘蔗，特別是糖廠的農場好幾百甲地，面積很大，農務課課長是很重要的職位。農務課有一間辦公室在離我家不算太遠的地方，叫「東後寮」，位在義竹到朴子之間。當時，義竹鄉屬於東石區，包括朴子、布袋、東石、六腳、鹿草等鄉鎮，以朴子最熱鬧。林金生（一九一六～二〇〇一年），就是林懷民的爸爸，光復後曾當過東石區區長，後來歷任嘉義縣縣長、雲林縣縣長、內政部部長、交通部部長及考試院副院長。朴子，就是東石區區公所的所在地，旁邊是太保，都是台糖的土地，故宮南部院區的現址也在此。

說到這位課長，名叫黃港，人很仁慈，過去跟我父親有一些交情，戰後在岸內糖廠擔任農務課課長，非常不簡單，其主管下有農場股，統轄岸內糖廠農場。家母帶著我去請他幫忙，他把我安排到東後寮的糖廠農場當臨時工，不算是正式職員，也就是當時俗稱的「牌仔工」，白日戴著牌子做工，每天收工後，拿著自己的牌子去給監工簽名，再憑牌領取工錢。名義上雖然如此，實際上卻是讓我在辦公室裡幫忙，不必

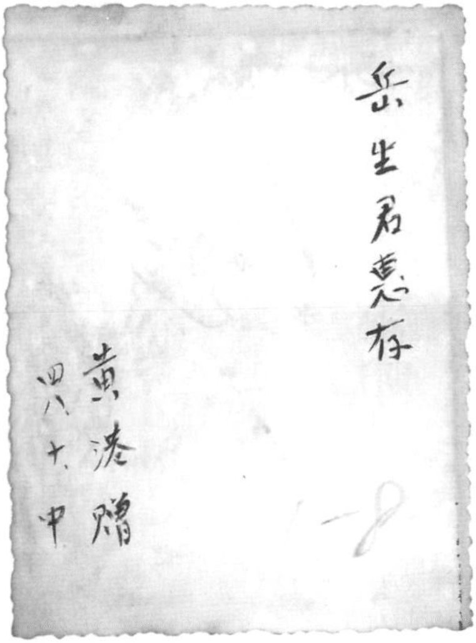

黃港先生1959年贈與照片。

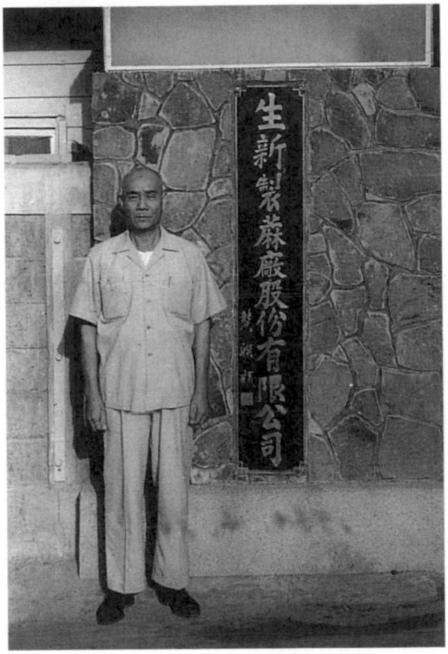

跟其他工人一樣到農場上從事勞力工作。我相當感念黃港先生的厚愛，後來我就讀大學後，還特地回去拜訪，當時他在新營的生新製蔴廠股份有限公司任職。

這一年，我十八歲，就用這樣的「身分」，在東後寮農場工作了將近一年。其間，有時會到岸內糖廠幫忙蔗農計算送來多少公斤甘蔗能分配到多少糖，以價格折算是多少錢。那時候沒有計算機，都是靠算盤慢慢打。一年當中，在岸內糖廠大概工作至少兩個月，其他時間都在東後寮。雖然無法繼續升學，時感鬱卒，但岸內糖廠有一條美麗的菩提大道，走路來回其間，好不愜意。後來好不容易買了一部腳踏車，第一次騎車往返糖廠和農場上班，高興得很！

考取免錢的臺南師範

在農場的這段時期，有一些臺中農學院、嘉農或南農的畢業生經過職業考試，分發為台糖的職員，被派到農場實習。因為只有高農或農學院才能夠到糖廠當職員，初中或初級職業學校是不夠資格的，所以待遇完全不一樣。這些年齡跟我差不多的年輕職員，讓我好生羨慕，在這段與他們工作相處的日子裡，我深受影響，一心想要繼續念書，也深切體認到必須自立自強、力求上進。那時候在辦公室有報紙可以看，我時常翻閱，有一天看到臺大醫學院附設醫院的護理學校要招收二十名男護士，最重要的是「求學期間，一切免費」，而且提供住宿，也不問自己對護理是否感興趣，第一個念頭就是想準備報考，可見我當時求學若渴的心情！

可是，臺北沒去過，也沒有親戚或朋友住在臺北，正在不知如何是好的時候，隔幾天剛好又看到省立臺南師範學校（臺南師範）的招生新聞。「這間學校也免錢！」一還有零用錢！讀完這則消息，內心激動不已，一整天反覆叨唸這句話，高興得坐立不住。過幾天，一大早我就偷跑去臺南報了名。為了考上臺南師範，我特地跑到新營找一位以前火車通學時認識的好友沈鴻圖，他之前念長榮中學，後就讀臺南一中，頭腦很好、很聰明，後來考上臺大商學系，畢業後任職於臺灣銀行，一直做到退休。他是新營人，我們兩個人很談得來，是非常要好的知心朋友。他經常把心裡的話告訴我，頗感有志難伸。我把報考臺南師範的決定告訴他，他很贊成，就借我一本考高中或高職的升學指南，裡面有一些學校的考題，對我幫忙很大。

考臺南師範要考數學，像是三角函數，但我讀過的商業學校只教算術、打算盤之類的，沒有學過三角。剛好家鄉有人讀過高中，我下班就到他家裡請教，英文、國文也一樣。總之，想盡各種辦法，就是希望能夠考上。還有一項難題是，要報考哪一科呢？我當時決定考美術科！為什麼？

念小學的時候，我畫的圖常常被老師拿出去展覽，還曾經代表學校到朴子國小參加畫畫比賽。心想我畫畫應該還不錯，才會被拿去展覽、被派去比賽；而且只要考上就好，考藝師科（美術科）的人也許比較少（臺南師範從那個時候才有美術科、體育科等），就這樣我填了藝師科。結果呢？成績沒有想像中的理想，沒能考上！但是，後來卻發生了影響我人生的轉折。

那個時候，報考臺南師範普通師範科的人很多，大概有三千多人，但錄取率很低，加上又有保送制度，光是保送就佔掉一半的名額。許多在臺南的家長就去抗議，可能因為家長的持續抗議，結果教育廳就決定增加一班。

普通師範科原本只有兩班，一班幾乎都是保送，剩下的一班是招考進來的，報考的男生比較多，男生跟女生錄取又分開，對男生來講確實不公平，因此決定增加一班普通師範科。我們在鄉下並不知道抗議的事情，後來我接到通知，說我錄取在普通師範科，因為只要成績好就被錄取，不管原本報考的是什麼科。忠、孝、仁三班，我是仁班，孝班大概都是保送的，忠班才是原來考進去的，我這一班就是仁班，新增加的。說來也是運氣，假如沒有增加這一班，我絕對沒有機會。

我決定報考臺南師範時，事先並沒有跟我母親商量。因為我決定不讓自己受命運左右，一心想靠自己的努力走出自己的路。考試地點在臺南，剛好我嬸嬸有一個哥哥住在臺南，我問了住址，考試前兩天就住在嬸嬸的哥哥家。等到確定錄取了，才讓母親知道，我要去念一所「不花錢就可以讀書的學校」！

因為體育成績，緣慳師範學院

考上臺南師範學校，對我一生影響很大。我從考取的第一天就下定決心，將來無論如何都要繼續升學，念到大學，不要再受失學之苦，所以還沒到南師報到，就去問人打聽。知道鹽水有一位臺南師範畢業、正在念師範學院（今之國立臺灣師範大學）的鄭瑞澤先生，我就去拜訪他，他後來成為政治大學教育系的教授（他父親當時在鹽水郵局服務），現在也已經退休了。我請教他師範畢業後如何能夠考大學。他告訴我，臺南師範畢業後，如果在學成績優異，服務一年後，就可以報考師範學院。報考的資格是，體育平均要七十五分，學科平均八十分以上，操行成績要甲等，再加上實習一年的成績也要甲等才行。

小時候，我讀過不少的文學名著，對文學很有興趣，曾經有過日後往文學發展的念頭。就讀南師的前半階段，教我們國文的導師農實圖先生，廣西人，教學熱忱，還特別利用課餘時間指導我，幫我修改課堂作文以外的文章。不過，在二年級的一次教學觀摩時，我看到其他同學的作文，發現他們表達的內容比我好得太多，尤其是外省籍同學寫的文章，好像只要按照他們平常說話的方式就可以寫出不錯的文章。我平常沉默寡言，又不善言詞表達，根本寫不出太好的文章，想在文學這條路上有所發揮、出人頭地，似乎不太可能。認清這點後，就毅然放棄了文學之路。

1952年7月，我（前排右一）與就讀省立南師的南英商職校友合影。

我進南師時即知道如何考大學，一開始就自己準備。比如說，自己念英文，當時的師範學校不重視英文，沒有英文課，只有一個禮拜一小時的課外活動，而且還是選

1952年 5 月，我（後排右三）與南師英文選修同學合影。

修，對我來說卻是必選，但是不能只靠這一個小時來念。於是我到臺南市美國圖書館借書，完全靠自己讀英文。再來是大代數，也是考大學的科目。因為師範學校是訓練學生以後當小學老師，不需要教大代數之類的知識，所以只能自己學。一方面到圖書館借考大學相關科目的書籍，自行閱讀，另外跟一位也想考大學的孝班同學辜旭東互相學習。他數學特別好，我常向他請教，我們一起將大代數教科書的題目，從頭到尾不知算過多少遍。就這樣一步一步地準備，努力朝就讀師範大學的目標邁進。不料，大部分都沒問題，卻差在體育，沒有過關。

由於家父本身就體質虛弱，加上我們家境貧窮，三餐只求飽腹，無暇顧及營養均衡，我的身體自幼真可說是「先天不良、後天失調」。初商時又瘦又小，在隊伍裡老是排在最前面的位子；打起籃球站在罰球線投籃，投了好半天還是碰不到籃框。進了特別注重體育的師範學校裡，體育標準非常嚴格，自然是格外吃力。我的體育成績，一年級第一學期是六十分，剛好及格，第二學期六十八分，再來是七十四、七十八分，慢慢進步，到了最後一學年都達八十分以上，在班上前幾名。可惜平均之後還是不到七十五分，無法在服務一年之後報考師範學院，與咫尺之遙的大學之門擦身而過。

雖然體育平均成績不到七十五分，不能報考師範大學，但只要服務滿三年，完成應盡的義務之後，每一所大學都可以考，不限於師範體系。那時候有幾位南師的前輩考上臺大，告訴我們念臺大不比師大貴，而且容易申請宿舍，還有獎學金可以拿。南師臨畢業時，或許因為我經常準備額外的功課，同學們都知道我一心想要讀大學，這也間接影響到一些同學，讓他們也想考大學，希望可以跟我分發到同一地區，一起準備功課。於是在畢業前夕，大約有五位同學一起去找當時的校長朱匯森先生，請他幫我們分發在同一縣市，因為朱校長曾當過教育廳的科長。結果我們都被分派到高雄市服務，雖然不在同一所學校，至少大家可以住在一起，相互照應。其他四位同學是陳啟輝、陳益進、徐瑞勳、翁專發，我們至今還有聯繫。那段充滿革命感情的日子，是我們共同的回憶。除了翁專發後來因故放棄考大學外，我和其他三位都順利考取大學。

總之，無論如何，這次不再是失學的危機，而是人生的轉機。升學之路不侷限於師範一條，可以攻讀進取的領域更加開闊。更重要的是，就讀師範的三年期間，生活規律、營養充足，加上勤加運動，我的身體逐漸健壯起來，身高超過了一七〇公分，也培養出愛好運動的習慣，這對我日後的人生影響很大。不僅如此，在南師受業於許多好師長，除前面提過的農實圖導師外，還有陳世傑導師以及實習導

我和同樣也是南師畢業的楊日然兄（左），與朱匯森校長（中）合影。朱校長當時擔任教育部部長。

師周ㄏ瑞，他們都受中華文化陶冶，國文根基深厚。我從他們身上吸收了不少文學養分，也使我有了正確的人生觀，並且熱愛教育。南師讓我對人生充滿希望，是我人生中最大的轉捩點。

擔任小學老師三年

民國四十二年（一九五三年），師範學校畢業後，我剛滿二十一歲，八月被分派到高雄市立成功國民學校服務。初為人師，充滿活力熱情，全心投入教學，在校園裡看到人性的真善美，受到學生的敬愛，內心感到無比的喜樂。若非早已下定讀大學的決心，還真願意一輩子擔任小學老師，知足愉快地度過一生！

成功國民學校[10]，原本是苓洲國民學校，民國四十二年（一九五三年）二月分開設立，首任校長是王來旺先生，澎湖人。第一年，我擔任一年級的班級導師，對教學充滿熱誠。一年後，我的考績獲得甲等，隨後被調任五年級升學班的導師[11]。帶領升學班是一件充滿挑戰且備極辛苦的任務，負責的又是女生班級，白天上課晚上補習，

1966年，我回國於臺大任教，當年成功國小我教過的幾位學生考進臺大，與我相聚於臺大法學院圖書館前合照留念。

結束後我都親自送她們出校門，熄完教室的燈後再返回學校宿舍。回到宿舍還要改考卷，同時出隔天的試題。我從早到晚忙著幫學生「升學」，早就決定先將自己的升學計畫推遲一年，卯足全力為學生準備升學考試。在我努力之下，當時班上學生平均成績高居全校同年級四班之冠。

成功國小三年期間，讓我深刻體會到教學的樂趣，也領悟到服務與奉獻的意義。雖然經常忙得要到洗手間都必須跑步，卻毫無倦意。經過一年多的耕耘，學生們準備考試日漸緊張，到了最後一學期，適逢教育廳的防癆巡迴車至各校進行X光檢查，我被診斷出罹患肺結核（俗稱肺癆），顯示我的健康亮起了紅燈。這是相當嚴重的疾病，我擔心傳染給學生。為了學生也為了自己，百般無奈之

2012年3月28日，我在1955年高雄成功國小任教時的學生北上來訪歡聚。左起：黃愛惠、我、田芝瑛（班長）、孫淑珍。

下，不得不在最後一學期辭去了升學班導師一職，向校長自請調動職務。恰好校長對生物學有專長，剛成立了一個「生物研究室」，想請我負責製作標本，便同意把我轉為自然科的科任老師。

當時，我感到非常難過，最後一學期了，竟然必須離開帶了一年多的學生們，那真的是非常意外且無可奈何的抉擇！直到今天，我和其中幾位學生都還保持聯繫，對她們一直存有絲絲的愧疚。民國九十三年（二〇〇四年）十二月，成功國小歡慶建校百年[12]，我以現任司法院院長的身分回到這所自己服務過三年的學校參訪，並與小朋友們暢談往事。幾位當年教過的學生，例如孫淑珍特來敘舊，往事歷歷，當場感動落淚。

除了學生之外，我與當年同事的情誼亦維繫下來。例如陳啟輝老師現在是我的鄰居，他的公子陳彥良，大學念法律，在我引介下前往德國留學，於美茵茲（Mainz）大學獲得法學博士學位，現任臺北大學法律學系教授，專長是證券交易法、銀行法、公司法、企業併購法、金融法。另外，屏東師範畢業的陳耀才老師，分發到成功國小任教，至今仍有聯繫。

大專聯考，一試中第

臺灣光復後，專科以上學校入學考試原本是由各校獨立辦理，考生必須分別前往各校應試（專科以上學校入學試驗）。民國四十三年（一九五四年），教育部責成當時四所公立大學：國立臺灣大學、臺灣省立師範學院（今國立臺灣師範大學）、臺灣省立農學院（今國立中興大學）、臺灣省立工學院（今國立成功大學），組成大專聯招會，負責辦理聯合招生事宜，統一命題，統一考期，再依考生的分數及志願錄取分發，就是所謂的「大學聯合招生考試（大學聯考）」，當時叫「大專聯考」。

我因病改任自然科專任老師後，依然投入教學，盡心盡力。王來旺校長過去是省立高雄中學的生物老師，在我的辦公桌旁也有他的辦公桌，他要學生把家裡死的動物都帶來學校讓我製作標本，暑假時我還特別隨王校長遠赴小琉球採集標本。那時候，每天幾乎都有小朋友抱著死貓、死鳥來讓我製作標本，在眾人努力之下，完成幾乎是不可能的任務，回想起來頗為自得。不過，在教學之餘，眼見幾位一起住宿的年輕老師都去補習，準備參加大專聯考，積極地做「最後的衝刺」，不禁讓我重新燃起升學的夢想！

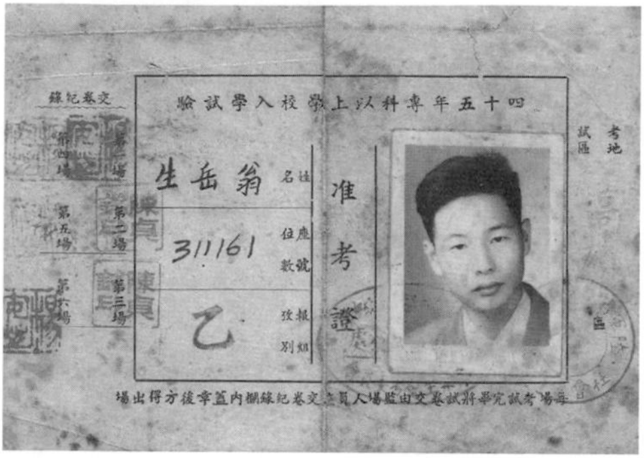
四十五年專科以上學校入學試驗
准考證
姓名　翁岳生
座位號數　311161
報考組別　乙
考試地區
交卷紀錄
第一場　第二場　第三場　第四場　第五場　第六場
每場考試完畢將試卷交由監場人員在交卷紀錄欄內蓋章後方得出場

1956年，我參加大專聯考的准考證。

因為原本就打算晚一年報考，加上距離考期只剩下三個月，是否參加一年只有一次的大專聯考，起初有點猶豫不決，陷入兩難。恰巧那年，也就是民國四十五年（一九五六年），聯考第一次在高雄設考場，心想既然交通方便，不妨一試，就當作一次經驗，明年再全力以赴。於是我抱持著增加經驗的心態應試，憑著過去南師時期累積的實力答卷，考完試之後，對於是否上榜不甚在意。

五十年代臺灣公布大學錄取名單的方式是透過廣播，而且是凌晨十二點鐘，考生或親友家人通常會守在收音機旁聆聽播放，一般叫做「聽榜」[13]。記得放榜當天晚上，我早已入睡，沒有收聽廣播報榜。室友從收音機中聽到我的名字，立刻把我叫醒。本來只是想試試看，無心插柳，竟一試中第，當下真有彷彿作夢一般的感覺！

當年法律系被歸在「乙組」，考試科目有：國文、英文、三民主義、數學、歷史、地理。我開始準備時，距離聯考只有三個月。拜原本想考師範學院打下基礎之賜，我不大需要準備國文，英文也不用費心太多，代數之前計算過幾次，唯獨史、地、三民主義等科目要花時間背誦記憶。因為時間有限，我集中在這幾個科目上，甚至放棄數學的幾何。結果考試時，差點把一道三角應用題誤認為是幾何題而放棄作答，所幸及時發現並解出答案，沒有失分，也才能夠考上第一志願——國立臺灣大學法律系司法組。我一方面自覺幸運，另方面感謝先父在天之靈的保佑！

1 胡先德先生，一九二二年生，本籍臺南，一九四一年至義竹國民學校任職，當時的官職名是「助教」。《臺灣總督府及所屬官署職員錄》，頁六四一。

2 這句話出自南宋．黎靖德編，《朱子語類》卷八《學二．總論為學之方》：「陽氣發處，金石亦透。精神一到，何事不成。」

3 在查閱資料時，看到胡先德老師曾經請求任用省籍警官的陳情案。參見臺灣省參議會（一九五〇．〇八．二二）：「臺灣省參議會為轉送中央警官學校臺籍畢業生胡先德請依照部頒中央警校畢業生待遇條例登用省籍警官陳情案，電請省政府吳主席查照，本培植省籍青年之旨予以提升任用。」《數位典藏與數位學習聯合目錄》。http://catalog.digitalarchives.tw/item/00/17/25/9a.html（2020/05/13瀏覽）。

4 湯德章（一九〇七～一九四七年），臺灣臺南人，曾考進臺南師範，因家境清寒，輟學返家務農，在糖廠兼差打工，後考進臺北警察練習所，畢業後擔任臺南州巡查，赴東京中央大學深造，在日本高等文官考試司法科中及格。一九四三年九月，正式受臺灣總督府登錄為「辯護士」（律師）。於二二八事件中，被推任為二二八事件處理委員會臺南市分會治安組組長，後遭逮捕，槍決於民生綠園（現今湯德章紀念公園）。參考《二二八事件研究報告》，行政院研究二二八事件小組，賴澤涵總主筆（臺北：時報文化，一九九四），頁三二六。

5 張英哲（一九一四～一九八八年），畢業於日本大學法文學部法律學科，曾任省立高級工業職業學校訓導主任、嘉義縣立中學校長，第一、二屆嘉義縣議員；一九五六年考試合格司法官，擔任過高雄、屏東地方法院檢察官。

6 唐智（一九一八～一九九二年），湖南省邵陽縣人，於一九四五年來臺，初任嘉義市政府民政科長，並獲選為臨時參議會議員。一九四七年，轉任臺灣省立嘉義工業職業學校校長，後歷任臺灣省立高雄高級工業職業學校校長、省立高雄工業專科學校校長、國立臺北工業專科學校校長等職。一九八四年退休後，先後被派赴巴拉圭及沙烏地阿拉伯王國擔任教育顧問。參見《嘉義縣志》，〈人物志〉，頁六七。

7 沈之岳（一九一三～一九九四年），前調查局局長，主政調查局十四年，將代表特務的「蔚園」正名為調查局。

8 據載，彭德出任建設廳長未及半年即因部分人士反對而下臺，後轉任行政院參事，並在國民黨擔任臺北市黨部主任委員。之後，又出任臺北市政府社會局局長，卸任後即離臺赴美，一九八二年辭世。參見臺灣省諮議會出版，《臺灣省參議會參議員小傳》，二〇一四年五月，頁一九七。

9 六桂，是洪、江、翁、方、龔、汪等六姓的總稱，代表同源一脈。

10 現高雄市成功國小，設立於一九〇四年（明治三十七年），最初校名是苓雅寮公校，歷有高雄第二公校、高雄市青葉公學校、高雄市青葉國民學校等名。光復後，改名為高雄市立苓洲國民學校。民國四十二年（一九五三年），第二校區移到成功路，即改稱為成功國民學校。

11 民國五十七年（一九六八年）一月二十七日立法院三讀通過，同年一月二十七日總統公布實施「九年國民教育實施條例」起，小學畢業後才不需要考初中。

12 在高雄市成功國小百週年校慶特刊中，我被列在光復後歷任教職員名冊中，參見《成功百年》，二〇〇四年，頁七二。

13 參見吳夢澤，〈聽榜〉，《民聲日報》副刊，一九五〇月九月十九日。吳夢澤是吳福助的筆名，東海大學中國文學系教授退休，國立中興大學中國文學系兼任教授。

卷二

大學生活

整日待在圖書館的大學新鮮人

歷經種種挫折，飽受失學之苦，在我二十五歲的那一年，考上臺灣大學法律系，同時也被保送師大。我選擇進入臺大就讀，懷著依依不捨的心情，告別成功國小，北上就學，投入我夢寐以求的知識殿堂。當我看到臺灣大學如此優美的校園環境，走在書香紛飛的椰林大道上，細想自己從八掌溪畔一個撿拾番薯的小孩，到台糖農場的臨時工，一步一步成為全國最高學府的新鮮人，一切宛如夢幻，既興奮又深感慶幸！

在法律系大一的班上，我是一位較「老」的新鮮人。小學畢業後多念了一年高等科，初商畢業後，做了一年的「牌仔工」，接著念師範學校，再教三年書，足足比同班同學平均大了五歲之多。因為曾經備嚐失學之苦，又自覺起步較遲，必須加倍努力才能迎頭趕上。因此入了傅園之後，我的大學時代幾乎沒有一般人想像「由你玩四年」的悠遊閒散，更談不上有多采多姿的大學生活，而是鎮日埋首於書本。大一時，我住在男生第八宿舍。每天早上起床，都覺得美好的一天即將展開，連到洗手間盥洗都用跑的，精神奕奕，身心都覺得愉快。一大早就去總圖報到，門還沒開就在外面等。除了上課以外，幾乎整天都待在圖書館裡，如果不是管理員來催，恐怕會把時間給「讀忘了」。在別人的眼中，我好像是一位「書呆子」。實際上，當求知若渴的心靈被逐步澆灌時，內心的喜悅是難以形容的！想想看：好不容易贏得金礦的窮人，能不歡欣鼓舞，天天拿著鋤頭勤加挖礦嗎？

常聽人家說：「苦讀、苦讀」，但我讀書從不覺得苦，一直樂此不疲，全神貫

1950年代臺大舊總圖二樓閱覽室。

圖片來源：康有德攝影，臺大校史館提供

注在書本中，如魚得水般地享受求知之樂！當時，臺大校門口立著一座石碑鐘，上頭刻著「時間就是生命」，每次經過時都以此自勉，至今仍然印象深刻。

與法律的初步接觸

進臺大念書，住在學校宿舍裡，開始大學生活，正式接觸法律。大一法律系的重頭戲是「民法總則」。當時，洪遜欣老師執教法理學，民法總則由梅仲協老師講授。他的《民法要義》是文言文的寫法，一頁一頁的讀，字是看得懂，卻不知道在講什麼，好不空虛。我本來對於文學就有興趣，從小也讀了不少世界名著或小說，但是看了梅老師的書，裡頭一個形容詞都沒有，跟文學作品相差甚遠，讀起來備覺辛苦。

當時班上有一位同學叫洪鎌德，新竹中學保送進臺大法律系，後來改念政治系，和我有不少話題，頗聊得來，大部分時間都一起在圖書館念書。當時他的憲法不及格，決定轉到政治系，大概也是因為法學教科書用詞艱澀難懂。一度我還勸他留下來，說要不找一些用白話文寫的書來讀，靠這樣先瞭解法律的一些基本概念[1]。

比如說王伯琦或胡長清的民法總則，用詞行文就比較淺白，容易理解，只是民法總則是由梅仲協老師講授。梅老師雖然是留學法國，但也相當重視德國民法。我國的民法主要是綜合德國與瑞士民法，其中有一部分是參考瑞士民法的精神而制定。至於法國民法，也就是一八〇四年的《拿破崙民法典》，雖然不是我國民法直接取法的對象，但是法國實務判例所形成的法律原則，對於我國民法的解釋與適用也有相當大的參考價值。

讓我印象比較深刻的是「權利濫用原則」，最先應該是瑞士民法將之成文化，接著是一八九六年《德國民法典》第二二六條明文：「權利之行使不得以損害他人為目的。」我國民法第一四八條：「權利之行使，不得違反公共利益，或以損害他人為主要目的。行使權利，履行義務，應依誠實及信用方法。」就是繼受自德瑞民法。不過，在此之前，法國已透過判例形成了此項原則，強調權利的非絕對性。當時，梅仲協老師在課堂上為了說明，舉了一個例子：甲、乙二人為兩筆相鄰土地的所有權人，甲在自己的土地上開設一家生產飛船（Zeppelin）的工廠，想要擴大規模，打算跟乙買地，但價錢一直談不攏。於是，乙就在自己土地鄰接甲地的地方豎立置有釘子的高木架，致甲施放的飛船遇刺破損，想藉此迫使甲以高價購買他的土地。甲因損害不輕，向乙提起侵權行為損害賠償之訴。乙主張他是在自己土地上行使權利，結果一、二審都判甲敗訴。到了最高法院，法官想這是權利的行使嗎？就問乙豎立這些木架的目的是什麼？乙答不上來，最高法院就以權利行使不能以損害他人為主要目的為理由判定這是權利的濫用，確立了權利濫用禁止原則[2]。

初步接觸法律，起先讀起來很辛苦，我就從簡單的讀起，刑法也按此方法，同時讀一些有關刑事政策的文章，瞭解死刑存廢的論辯理由，並且慢慢接觸法學緒論中比較深奧的部分或法理學，由簡入難，漸漸地培養出對學習法律的自信心。

宿舍情誼與校友照應

大學第一年住在第八宿舍，和黃大洲、黃守高等同寢室，二年級以後搬到第一宿舍，就是在溫州街，學校校門旁邊，靠近新生南路邊的一間平房，一個房間大概住二十人左右。我跟高年級的學長同一寢室。那個時候，李敖也住過第一宿舍。另外值得一提的是就讀經濟系的黃連福，臺南一中畢業，精神充沛，講話聲音宏亮，認識在農經系開課的李登輝總統，後來留學美國，學成之後留在美國華盛頓哥倫比亞特區霍華德大學任教，李登輝當總統的時候，經常邀請他回國徵詢國是。

有一次過舊曆年的時候，我們都沒有回家留在宿舍過年。那時候回家一趟相當不容易，坐普通車要七、八個小時才能到，火車票很難買到，都是要透過學生會向鐵路局申請，保留一個車廂給我們，不然大概買不到票。過舊曆年的時候，外面都沒有賣東西，大家必須設法解決吃的問題，於是就自己下廚，大夥兒一起用餐彼此也就認識了，像是黃連福幾位都是這樣認識的。來自各地的離鄉學子，佳節齊聚一室，倒也其樂融融，別有一番滋味。

火車票難買，要有座位坐也不容易，用筆記簿、書本佔位子的，一佔就是一大堆，搶位子是常有的事。記得大一寒假，我和楊日然一起坐火車回家過年。上車後，楊日然自己有位子坐，看我沒有位子，就把別人佔位子用的書本拿起來，並且跟佔位子的人理論。當時他為我爭取座位時表現出來的嚴正態度，令我深受感動，並深刻體會到溫文儒雅、與世無爭的他，內心涵蘊的正直與友愛之情。

國立台灣大學南師校友四十五年度迎新會紀念

1956年，我進臺大法律系就讀，受到南師校友的頗多照應，特別是楊日然兄（前排左一）。

楊日然（一九三三～一九九四年）在臺大高我一班，在臺南師範也高我一班，我則虛長一歲。在南師就讀時，我就聽聞日然兄成績相當優異，當時我因忙於課業及準備大學入學考試，彼此並無交往，不想日後一直受到他的照顧，讓我感念至今。我進臺大時，南師校友共有十位，舉辦迎新會時，曾邀請前校長吳鼎先生參加。我在臺大期間深受南師校友的照顧，臺大同學大部分都是中學畢業生，南師校友有十位相當不容易。法律系比較多，也有政治系、經濟系，比較特別的是化工系的顏叢杭，他後來跟南師同一期、同時進臺大、就讀經濟系的周秋霜結婚，與我一直保持聯繫。我去美國特倫頓（Trenton）的時候，還曾經去找過這對夫妻。另外，就讀臺大期間，

1958年，義竹鄉旅北同鄉會與該年度大專畢業生合影留念。翁通楹教授（前排右三）當時在臺大機械工程系任教。我在前排左一。

我也受到臺大東石區同鄉會同學們的多方照應。

其實，我在大二那年曾經想過要轉系，想轉動物系。我本來對生物、遺傳、探索生命來源之類的學問就有興趣，更重要的原因是，那時候讀動物系有獎學金可領，如果成功轉系，或許在大學期間就可以基本生活無虞。當時，我一直受到蔡奮鬥[3]的父親蔡仁貴先生的資助。那時候蔡先生是高雄煤氣廠的負責人[4]，得知我家境不好，經濟拮据，就讀大學相當辛苦，剛好他的煤氣廠在臺北有個辦事處，便請我過去幫忙。不過，臺北辦公室主任拿錢到學校給我時說是「薪水」，但我不需要去上班，只要在學校讀書就好。雖然他很有誠意，但我覺得過意不去，不太願意繼續下去，於是到了第十三個月，便堅持回絕這份善意，決定自食其力，一方面找看看有沒有家教的機會，同時考慮如果可以轉系，也許能夠解決生活上的困難。

雖然有這樣的想法，但猶豫不決，一時拿不定主意，就去找當時在機械工程系任教的同鄉叔公翁通楹教授討教商量。他得知我兩學期都拿書卷獎，就表示反對，希望我慎重考慮，三思而後行。因為既然在法律系已經讀得不錯，沒有必要放棄，改讀動物系；而且就算是轉到動物系，是否能跟預期的一樣適應得好，也未可知，不如還是留在法律系，不要因為經濟問題而貿然轉系。我從善如流，於是更積極找家教的機會。

說到家教，楊日然就曾幫我介紹過，記得是在新生南路往仁愛路方向再北的地方，楊日然親自帶我去，結果到了那裡，學生家長卻說已經另請他人了。我深感失望，獨自一人走回宿舍。後來，透過南師高我一班、念經濟系魏連才兄的幫忙，在他的朋友處找到家教的工作，勉強解決了基本生計的問題。

大二考取檢定考與高考

既然決定不轉系，對於念法律的人來說，國家考試是非常重要的，於是我開始準備參加國家考試，在大二那一年就報名檢定考考試。大約是二年級上學期期末二月左右，順利通過檢定考。緊接著在大二下學期參加八月的高考。那年是民國四十七年（一九五八年），我在同一年把檢定考試及高考一舉考過。當時的司法官考試是全國高等考試的司法官科，錄取的人數約有五、六十位，我幸運上榜，位置在中間，同時考上的還有同寢室的施啟揚、張迺良，我當時是二年級，施啟揚是四年級的學長，名列榜首，張迺良是三年級學長，名次在我之後。此

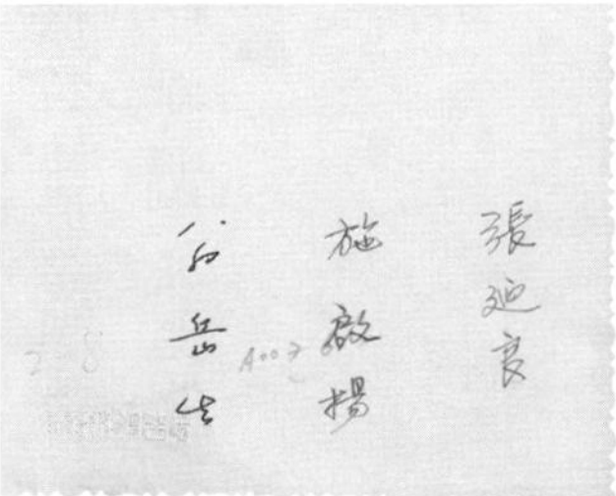

1958年，司法官考試通過後，我、施啟揚、張迺良三人特地到相館拍照，並在照片背面簽名，各執一張留念。

外，楊日然兄亦榜上有名，列名第五。我在大二就能夠通過司法官考試，多少有點僥倖，因為有些考試科目還沒上過。不過，我看室友學長念什麼書，我就跟著念，也就這樣幸運地考取司法官。我們三人住的是第四宿舍第二十七寢室，從此之後，很多法律人都來住過，像是林國賢、吳啟賓等人。說起我在這間寢室的床位，原是日然兄的，我升大二時，他搬到第三宿舍，把床位禮讓給我，使我有機會認識品學兼優的室友，對我日後的求學過程有重要的影響。

中華民國四十七年十一月十二日

高普特銓考試放榜
錄取九百七十七人
全國性高普考榜首均台省學子
莫德惠典試長今主持放榜儀式

1958年，施啟揚通過司法官考試、名列榜首的報導。

資料來源：《聯合報》，1958年11月12日，第3版

四十七年度 高普特考錄取名單

四十七年全國性公務人員高等考試錄取名單
司法官五十七名

1958年，司法官考試錄取名單。

資料來源：《聯合報》，1958年11月12日，第3版

參加司法官訓練

考上司法官的隔年，要升大四的那個暑假，司法官訓練所第四期開訓，此前我接到受訓通知，因為考量到學校的課業，對於是否參加受訓，一開始頗為猶豫。當時一位講授法院組織法及刑事訴訟法的老師，徐世賢老師[5]，也就是李元簇先生的岳父，得知我考取司法官，即建議我去參加受訓。因為司法官訓練不是每年開班，兩、三年才辦一次，下回還不知道等到什麼時候，機會難得。至於課業問題，他說應該還是可以兼顧，臺大平日上課沒有點名，只要考試的時候請假出來應試即可。

在徐世賢老師的力勸之下，我決定一試，參加之後卻有一點後悔。司法官訓練所當時位於博愛路，即現在臺北地方法院的旁邊，原淡江文理學院（現淡江大學）的舊址，利用禮堂作為上課的教室，相當寬敞。所長是石志泉先生，同時講授民事訴訟法。受訓期間，接受類似軍事化的管理，例如每天早上要讀訓、採班長制等。我這班的班長是王文，政工幹校第一期畢業，後來當過檢察長。除此之外，上課方式基本上與學校沒有太大差別。

1959年6月29日，司法行政部司法官訓練所第四期開訓典禮大合照。

　　司法行政部司法官訓練所第四期於一九五九年六月二十九日開訓，受訓人數將近一百二十人，成員多元，有正在研究所就讀的研究生，例如楊日然、陳東璧、蔡墩銘、王文田、李文忠等，大概有五、六位；也有大學剛畢業的，主要是女生，因為不用服兵役，像是孫森焱的夫人黃綠星女士，她跟施啟揚是同班同學；在學大學生只有我一位。由於受訓的人數相當多，漸漸有風聲傳出來，這一期不一定會全數通過結訓後分發。於是就有人開始緊張起來，尤其經由檢定考試考取的學員，擔心競爭不過研究生。倒是研究生都比較無所謂，像是王文田是彭明敏的學生，碩士論文是〈內亂與國際法〉，後來去德國念書。還有陳東璧，在訓練所裡多半在念德文，之後去了美國，在耶魯大學獲得法學碩士、博士學位，並留在國外大學任教，曾任駐加拿大代表。

當時研究生在學校可以領獎助金，在司法官訓練所裡又有生活津貼可領，且暫時免服兵役，遂有人向臺大教務處密告，指說有一些研究生兩邊拿錢，又藉機逃避兵役。臺大訓導長韓忠謨老師的反應是：只要退訓回到學校，就既往不咎。於是密告中被點到名的人一一退訓，他們前後共受訓了六個月[6]。蔡墩銘平日比較沉默寡言，沒被告到，但也跟著退訓。我既不是研究生，又沒有兵役的問題，不過，民國四十九年（一九六〇年）初，所長石志泉先生過世，在參加完喪禮之後，剛好是二月底，大四下學期開學在即，我也就申請退訓，返校上課。

由於在司法官訓練所受訓了八個月，大四上學期幾乎都是缺課，儘管臺大不點名，但聽說洪遜欣老師上法理學時，在課堂上有叫到我的名字。我便去跟他解釋原委，因此機緣與洪老師建立了亦師亦友的關係。有了這樣的轉折，在重返校園之後，心想既然如此，不如專心學業，逐漸步上學術研究之路。

學術初體驗

八個月司訓所的日子，說來不算長，只是求學過程中的一段小插曲，卻是我人生的另一個重要轉折。回想受訓的種種與退訓的原因，心裡總有股莫名的鬱悶與不滿足感。司法官訓練的宗旨，除了增進法學知識外，應該是培養司法人員良好的品格，重在司法人員人格尊嚴的樹立。但是我們接受的訓練卻非如此，上課多半只授課、少討論，還有每天的晨間讀訓、聽訓等等，似乎都與司法官養成的宗旨背道而馳。從事學術工作、做學問，相對而言，應該來得單純多了，比較合乎自己的興趣，投身其中更讓人喜悅。因緣於此，就在大四要畢業那年，我決定撰寫畢業論文。

彼時大學有畢業論文的制度，採自願制，非強制性質，但寫的人不多，我決定一試。由於小時候經歷過美軍的空襲轟炸，目睹人為武器的強大破壞力，親身體驗到戰爭的恐怖，因此始終懷抱著世界和平的夢想，經常思考如何才能維持世界和平，能否透過法律解決戰爭問題，個人可以發揮什麼樣的作用或貢獻？適巧當年正在學習國際公法，授課老師彭明敏教授相當年輕[7]，上課內容豐富，講課靈活而精彩，引人入

1960年4月16日，臺大東石區同鄉會為我們幾位畢業生舉行歡送會。我在前排右二。

勝，因而萌生撰寫有關國際公法論文的想法，即去請益並請他指導。幾經討論後，選定以戰爭犯罪的國際刑事審判作為探討的主題，這是二次世界大戰之後的熱門問題。於一九四六年至一九四八年間舉行的東京大審判，判決的結果引發正反意見，論辯不休，餘波蕩漾，值得探討。另外一個因素是，我具備日文閱讀能力，可以直接運用日本的第一手資料，尤其是研讀橫田喜三郎[8]國際法的相關論著。他認為東京大審判是戰勝國對戰敗國的審判，不合乎公平正義原則，特別是罪刑法定主義於國際法上應該也適用，這是文明社會的基本原則；國際法上雖然有禁止戰爭的規定，但對於違反這些規定是否構成犯罪、應如何處罰，並無明文，所以東京大審判不符合罪刑法定主義。固然，檢察官起訴時，再三強調是代表文明社會提起公訴，但既然是文明社會，為什麼審判組織中沒有戰敗國的成員，法官沒有一個是戰敗國的代表？我對這樣的看法很感興趣，加上目睹鹽水被炸得死傷慘重的場面，對於第二次世界大戰盟軍轟炸的猛烈記憶猶新，便以「論戰爭之犯罪性」為題，在論文中特別加以分析，論述發動戰爭也是一種犯罪行為。這是我第一次寫學術性論文，參考文獻不以日文為限，在我的求學過程中，算是一項新的嘗試與體驗！

1 洪鎌德後來還是改讀政治系，畢業後獲得扶輪社獎學金，先後到西德、奧地利留學。一九六七年在維也納大學獲得政治學博士學位，曾任教於慕尼黑大學、新加坡南洋大學，後來回到臺大社會系及國發所教書，現在已經退休，擔任交大講座教授。

2 在法國稱為Clément-Bayard判決，CASS. REQ., August 3, 1915, S.1920.1.300, D.P.1917.1.79.案情略以：Clément-Bayard與Coquerel為兩筆相鄰土地的所有權人，前者在自己的土地上施放飛船，後者無法忍受鄰居的飛船在起降時通過自己的土地，於是在自己的土地上豎起十六公尺高的木架，上頭置放尖銳的鐵條，目的使飛船遇刺破損，以終止其飛越。廢棄法院在其判決中指出，該建物對Coquerel的土地開發利用而言沒有任何用處，且其豎立的唯一目的是危害鄰地所有權人，故該所有權人濫用其權利。在此之前，早有判例，例如Cour de Colmar, 02/05/1855, D.1856.II.9，案情略以：某一所有權人在其屋頂上豎起一座假烟囪，其唯一目的是遮蔽鄰居的光線。相關討論，參見Vera Bolgár, Abuse of Rights in France, Germany, and Switzerland: A Survey of a Recent Chapter in Legal Doctrine, 1021, 35 *La. L. Rev.* (1975).

3 蔡奮鬥是留美太空科學家，美國華盛頓大學（聖路易）化學碩士及物理化學博士，曾任職美國國家研究院駐加州理工學院噴射推進研究所（JPL）研究員、加州理工學院研究員、美國太空總署登陸月球任務月岩分析主要研究員，並擔任第一屆僑選立法委員。

4 根據史料，蔡仁貴先生曾經催請迅辦高雄煤氣工廠開放民營，請臺灣省政府核辦。參見中央研究院，臺灣史檔案資料系統：tais.ith.sinica.edu.tw/sinicafrsFront/search/search_detail.jsp?xmlId=0000227480。

5 徐世賢老師當時主要職務是司法行政部（現在

的法務部）常務次長，司法官訓練所就是設在司法行政部之下。

6 到現在，陳東璧的經歷一直都還寫有：司法官訓練所第四期肄業（一九六〇年）。參見臺南一中校友會，歷屆傑出成就獎校友傑出成就獎，http://alumni-ntfshs.org.tw/aboutAlumni01.php?CID=3&CID1=6&CID2=12&ID=143。

7 彭明敏（一九二三年～），民國五十年（一九六一年）就任臺大政治系系主任，是戰後臺大最年輕的正教授與系主任。

8 橫田喜三郎（一八九六～一九九三年），日本知名的國際法學者。

卷三

留學起步

助教與研究生的抉擇

撰寫畢業論文的過程中，讓我體會到學術研究的樂趣，漸漸有了出國留學的念頭。我大學畢業論文的資料，多數是指導教授彭明敏先生幫忙蒐集的，可說惠我良多，照顧有加。有一次，他去美國途中經過日本，因為知道我想出國念書，就順道替我申請東京大學，並且擔任推薦人，結果拿到了入學許可。

民國四十九年（一九六〇年）六月我自臺大法律系畢業，那年我同時參加研究所考試及自費留學考試[1]，皆獲錄取。自費留學考試，我和楊日然都參加日文組，結果楊日然考第一名，我大概是十名左右，主要還是考慮到經濟問題，沒特別準備應考。如果沒有獎學金的話，根本不可能出國。

我原本希望可以留校擔任助教，多少有一份收入。當時高我兩屆、曾跟我同寢室的施啟揚於民國四十七年（一九五八年）畢業後，一邊在學校擔任助教，一邊攻讀碩士學位。他告訴我法律系裡還有一個助教缺，特地給我韓忠謨老師家的地址，讓我親自去韓府找老師談談。我曾經上過韓老師的物權及刑法分則，對他並不陌生，但初見面時，他似乎不太認識我。不過相談之下，韓老師知道我是師範學校畢業、曾教過書，對我很有興趣，一直叮嚀我要去系裡登記，結果沒有等到我。幾天後，韓老師又請何尚先講師到宿舍找我，囑咐我務必去擔任助教，但有一個條件，就是不能當研究生。據何老師轉述，當時在院務會議上，經濟系系主任張漢裕教授[2]表示研究生兼助教，容易產生弊端，建議不要再有像施啟揚這樣的情形。我不置可否，游移不定，遂去徵求彭明敏教授的意見。

彭老師聽到韓老師請我去擔任助教的事情，一開始的反應是覺得很奇怪。因為他已經介紹楊日然班上的一位女同學去擔任系助教。她的名字是沈翠華，新營人，成績優異，畢業了一年，想回學校，便透過彭老師引薦。根據彭老師的分析，沈翠華已經離開學校一年，如果要考研究所，未必有把握，還不如我去考。我想反正都是留在學校，助教或研究生皆無不可，於是聽從指導老師的建議，放棄助教一職，投入研究所的考試。

韓老師事後知道，相當不以為然，在他的想法，如果目的是要留在學校，助教當然勝過研究生。研究生只是一時的，助教卻可以一輩子。當時助教是學校正式的編制，可以升任講師，擔任教職。比如說何尚先生就是從助教開始，然後升任講師。另外，也有馬漢寶老師的前例在先，可供遵循。反過來說，研究所畢業的人不多，而且只是碩士，沒有博士班可以進一步深造。若要單靠碩士畢業留在學校教書，可能性不大。韓老師對於我的決定頗為不解，但我不便透露這是彭老師的建議，也就沒有多做解釋，反正已經決定了。後來，韓老師聘請由陳棋炎老師介紹的柯芳枝擔任助教。她是我的同班同學，成績很好，那年已經考上律師，是我們班上第一位律師。

畢業那年，因為司法官人數過多，沒有舉行司法官考試，只有律師考試，隔年才又恢復。像朱石炎、陳計男是在民國五十年（一九六一年）考取司法官，就是這個緣故。教我們親屬法的陳棋炎老師，對學生很照顧，鼓勵大家組成讀書會，柯芳枝就是成員之一，另外還有吳啟賓、林國賢等人，我也參與其中。那年我沒有參加律師考試，而是參加研究所入學考。

1960年，我在臺大畢業紀念冊上的照片。

說起研究所考試，民事訴訟法是必考的一

科，我們都知道，一定要準備蔡章麟老師強調的誠實信用原則！當年研究所只錄取五名，我幸運錄取，而且名列榜首。第二名是朱石炎，但他沒有入學就讀。那個時代念研究所的風氣不盛，報考和就讀都不太踴躍，錄取人數也不多。大部分的畢業生不是考取司法官先去受訓，就是考上律師隨即執業。

五日定終身

民國四十九年（一九六〇年）的夏天，我完成各種考試之後，啟程返鄉。雖不是少小離家老大回，但回想起大學期間為了利用時間多讀點書，並且省下交通費用，假期多半留在學校念書，不禁為之感慨萬千。

我先去高雄，走訪之前服務過的地方，然後跟幾位朋友一起回到嘉義義竹老家，順便拜訪故友。那年九月二日，我打算到嘉義朴子找一位南師的老朋友黃曉鐘，然後一起去嘉義市走走。走到站牌要搭車時，不巧往朴子的客運剛好開走，正在站牌前徘徊不知何去何往的時候，來了一輛從新塭開來的客運，要往嘉義市，猶豫了一下，心想反正都要去嘉義市，就上車了。抵達後，因久沒到嘉義市，隻身一人一時間也不知如何走，就沿著車站旁的中山路一直走，走過現在的市政府，不知不覺間來到了張俊雄的家，想起當年曾拜訪過他的父親張英哲先生，就是因為聽從他的建議，參加省立嘉商轉學考試，才有嘉商這段經歷。張俊雄是我大學同屆不同班的同學、好朋友，記得他曾提過，他畢業後將訂婚而且要邀請我參加。出於好奇，我來到他家門口，感覺屋內似乎有舉行訂婚的樣子，但因為沒有收到帖子，不敢貿然進去。此時也不知要去哪裡，沒有方向，只好再往下走，沒幾步就到了嘉義地方法院（舊址）。法院內有幾位曾經一起在司法官訓練所同期（第四期）受訓的朋友，被分發到嘉義地院實習，於是我就順道進去拜訪。大家久未見面，相談甚歡，其中兩位年紀較長的朋友好意請我吃中飯，恰好第四期其他同學原本就預定晚上一起聚餐，便力邀我共進晚餐，說什麼都不讓我回去。因此，那兩位年長的朋友請我用過午餐後，又想辦法把我留了下來。午飯後，他們帶我到他們共同的朋友——蔡汶石先生家裡坐坐，想讓我看看蔡先生的妹妹。他們不知道，其實我早已在臺北認識她了，因為翁通楹教授，也就是我的叔公，就是蔡先生的親舅舅，但我們互相沒有那種意思。

大夥在蔡先生家裡聊天時，蔡先生的妹妹一直沒有出來，後來法院的朋友要回去上班，必須先行離去時，還一再交代蔡先生務必要把我留下，此時他的妹妹才出現。我們聊沒兩句話，她就問我：「有沒有女朋友？」我回答：「沒有！」她接著問：「要不要給你介紹女朋友？」我說：「好啊！」就這樣，她就約了兩位小學同學來家裡，一位是嘉義上池醫院黃文陶醫師的女兒，另一位就是我後來的內人莊淑禎。大家彼此介紹認識，簡短交談後，她們原本希望我留下來，隔天跟她們一起出遊。不過，我表示事前沒有跟家母稟報，必須先回家才行。於是約定隔二天之後，也就是九月四日，我再來嘉義拜訪她們。

不料，九月四日那一天我到了嘉義，卻遍尋不著蔡汶石先生的家。正在路上躊躇不定時，恰巧遇到臺大法律系的同學蔡碧松[3]。得他之助，我才能再次去訪蔡先生府上，然後與蔡先生的妹妹一起到我內人家裡拜訪。就在我內人家稍作交談後，正要出門時，她哥哥在旁突然對著我問道：「我好像在什麼地方看過你？」我說：「我待過嘉義，但就只在嘉商念過書啊！」他接著問：「你在嘉商是念哪一屆？」我說：「嘉商初級部第一屆畢業的！」他又問：「你是哪一班？」我回答：「甲班。」兩人

1960年 9 月18日，內人莊淑禎與我舉行文定儀式。

1961年 1 月，我與內人的結婚照。

同時「啊！」的一聲，原來我們是同班同學，卻彼此認不出來，天下竟有如此巧合的事情。以前我的營養比較不好，體格較差，現在我長得比她哥哥還高，難怪他認不出來！

隔兩天，也就是九月六日，我再到嘉義與我內人見面，這是第三次，她家人讓我們兩人單獨出遊。我問內人要去哪裡？她說要帶我到吳鳳廟走走，一路談到出國深造的未來生涯規劃，兩人談著談著就在吳鳳廟決定要訂婚了！我們只見三次面，就許定了終身，文定儀式在一九六〇年九月十八日舉行，距決定訂婚不到兩個禮拜，就算是在今日，恐怕也很少有人如此勇敢吧！或許千里姻緣一線牽，彷彿前世已註定！

內人是嘉義女中畢業，與黃文陶醫師的女兒是手帕之交，感情非常好。黃院長是日本京都帝國大學醫學博士，次子黃伯超也是學醫，曾擔任臺灣大學醫學院院長，可說是醫生世家。我和內人結婚時，黃院長還特別親自題了一幅鏡屏送給我們當賀禮。

黃文陶醫師題字送給我與內人的結婚賀禮。

考取公費留學

雖然通過了自費留學考試，但對我來說意義不大，想的總是如何才能獲得公費，出國留學。其實大學畢業那一年，也就是民國四十九年（一九六〇年），自費留學考試與公費留學考試合併舉行，但我沒有報考公費。因為簡章規定：男性須服過預備軍官役。我雖然當過兵，受過四個月的訓，但服的是第一期預備士官，不是預備軍官。

想當年，臺南師範畢業，等於是高中畢業，於民國四十二年（一九五三年）分發到高雄成功國小服務，報到後不久就被徵調服役，當時是在臺中車籠埔，我被編入自動步槍組，只需受訓四個月，但操練激烈程度不減，無暇讀書，適逢農曆春節，也是留營過年。後來政府政策改變，役期改成二年，有些

1953年1月20日，我（前排右二）在臺中車籠埔服役，與預備軍士一期一團十連自動步槍組全體合影。

人被調去補訓一年八個月。適巧我已經進入大學就讀，不再是小學老師，因而倖免徵召。大學畢業時，兵役單位曾建議我去服預備軍官役，否則隨時有被徵調補足一年八個月役期的可能。不過，這個難題後來就迎刃而解，因為我考上了公費留學考試！

不是說不能考嗎？那是我研一時候的事了！同宿舍的同學紛紛去報考公費留考，他們都當過兵再來念研究所。剛好同寢室的一位室友，陳耀逐學長[4]，也要報考，我抱著姑且一試的心態，請他順便幫我兵役一關報報看，其餘我自己來，結果竟然通過審查，可以參加考試，我以四個月士官後備軍人身分應試。本以為不能考，正準備要考律師或外交官之類的，結果教育部放榜了，幸運榜上有名，其餘考試也就跟著放棄了。

話說公費留學考試，教育部於民國四十四年（一九五五年）經行政院核准，舉辦政府遷臺後第一次公費留學考試，共錄取十八名。其中有一位名叫林福順[5]，是臺大法律系畢業，後來獲得哈佛大學碩士、紐約大學博士，曾經在一九六八年至一九七〇年期間擔任臺大政治系（代）主任[6]，比連戰還早[7]，應該算是臺灣第一位拿公費出國的法律人。另外一位讓我印象比較深刻的是王九逵，專攻數學，於民國四十八年（一九五九年）獲得美國史丹福大學博士學位，翌年元月搭乘泰勒總統號輪抵達基隆，返國服務，時年二十五歲，後來進入臺大數學系任教。

第一次公費留學考試是撥用清華大學（庚子賠款）基金部分利息。隔年，隨即因經費困難而停辦四年。民國四十九年（一九六〇年），政府正式編列預算，恢復舉辦，每年一次，選派十名公費生出國留學。由於設有最低錄取標準，且每一科都有最低標準，若有一科未達標準，其餘分數再高也沒用，因此經常錄取不足額。例如該年只錄取五名，丘宏達是其中一位，後來獲得哈佛大學法學博士。剩下的名額及經費一部分用在培養運動選手（由楊傳廣取得），其餘四個名額留到下一年度，所以我考的那一年才有十四個名額[8]。公費一般是以美元計算，因為以留學美國為主，留德相對較少，一個月就是一百美元，沒有其他的津貼，不像施啟揚兄拿的是德國學術交流協會（Deutscher Akademischer Austauschdienst，以下簡稱DAAD）獎學金，還會提供買書或旅行的費用。不過，在年限上，留美及英國給二年，其他留歐是三年。其實，三年也沒辦法完成學位。我是在一九六六年二月九日通過論文口試，從一九六一年十月二十五日出國起算，前後總共花了四年多的時間，最後一年是靠指導教授的推薦得到大學獎助金才得以完成學位。

當時公費留考已經有領域的分類，但因為國家經費有限，每一類科僅錄取一名，沒有再下分領域，我考的法律類科當然也只有一個名額[9]。名額少，競爭相當激烈，而且不是每年都會錄取學法律的，我之後那一年，法律類科就從缺；王澤鑑兄是民國五十三年（一九六四年）考取，慢我兩年。不像現在有多個領域可供報考，分別錄取，且年年都有法律人拿公費出國。

戰後第一批留歐公費生

民國五十年（一九六一年）的自費及公費考試於七月五日舉行。據報紙記載，共有二百多個人報考公費，其中不乏研究所畢業的博碩士生。我參加的類科有多少人報考，並不清楚。原本預計錄取十四名[10]，留學國別包括德、法、英、美、日等五國[11]。因為錄取標準從嚴，結果只錄取八名。與我同榜錄取的還有繆龍驥（赴德研究數學）、王安權（赴美研究遺傳學）、孫長貴（赴美研究土木工程）、莫辭中（赴美研

1961年8月3日，蔣經國邀請公費留學生合影留念。

究機械工程）、李鍾桂（赴法研究國際政治）、俞國燾（赴英研究經濟學）、王增才（赴英研究史學）。

考取公費留學，在五〇年代是一則大消息，算是頭條新聞！那時候社會相當封閉，一般人不能出國，能夠拿公費出國，在地方上是一樁大事，鄉親們都很高興，其中有記者寫信請我回去接受訪問。一九六一年，蔣經國當時是救國團的主任，特地設茶會接見我們八個人，並且合影留念[12]。李鍾桂是唯一的女性，政大外交系畢業，在松山初中當教員，出國攻讀國際政治，一九六四年獲得法國巴黎大學博士學位。回國後於政治大學外交系任教；一九六六年，當選第一屆十大傑出女青年；一九七二年，出任教育部國際文教處處長，自費留學考試制度於一九七七年廢除，就是在她任內。一九八七年任救國團主任至二〇〇五年卸任，並轉任召集人，比施啟揚成名還早呢！

我們八位公費生中，王增才的分數最高，他是山東臨沂人，目標是赴英國收集並研究散布在英國的中國史學資料，後來取得英國劍橋大學哲學博士，回國後於臺大任教，曾任臺大文學院院長，是孔德成的得意門生。一九八四年，孔德成擔任考試院院長，即請他擔任考試院秘書長，之後又出任考試委員，現已移民加拿大。繆龍驥出生於江蘇鎮江，父親亡故、母親留在大陸。一九四七年，他隻身來到臺灣，在航業公司當船員。一

五十年度教育部考取公費留學生名冊

姓名	性別	年齡	籍貫	畢業院校及科系別	錄取分數	留學國別與研究科系	曾否加入政黨	詳細通信地址
王增才	男	27	山東臨沂	台灣大學史學研究所	351分	赴英研究史學	中國國民黨	新店七張130號
李鍾桂	女	23	江蘇泰興	政治大學外交系	335分	赴法研究國際政治	中國國民黨	台北市大直東園38號
繆龍驥	男	32	江蘇鎮江	台灣大學數學系	350分	赴德研究數學		台北縣木柵溝子口40之一四九號
王安權	男	25	湖北孝感	台灣大學動物系	344分	赴美研究遺傳學		高雄市左營合群新村十四號
余國廡	男	28	上海市	政治大學外交研究所	331分	赴英研究經濟學		台北市安東街52號
莫辭中	男	25	浙江吳興	兵工學校	344分	赴美研究機械工程		台北市和平東路二段四十六巷廿號
孫長貴	男	26	河北玉田	成功大學	340分	赴美國		石門水庫大壩處
翁長生	男		台灣嘉義	台灣大學法律研究所	324分	赴德研究法律	中國國民黨	嘉義縣義竹鄉六桂村二八一號

1961年，五十年度教育部考取公費留學生名冊，我的名字還被誤繕為「翁長生」。

九五八年臺大數學系畢業，留校擔任助教。一九六一年赴德國哥廷根（Göttingen）大學留學，一九六五年獲博士學位，同年八月返臺於臺大數學系任教。

我是唯一臺籍，成績最低。不過，錄取分數非常接近，而且專業不同，很難比較。記得當時的民法題目據推測是出自史尚寬先生，因為考題內容只有他的書上有。施啟揚說，在看到題目的當下，心想：「啊！今年考法科的人完蛋了。」因為一般書上看不到這些內容。由於有最低錄取標準，所以我考取也算是有點運氣。

值得一提的是，我們是戰後第一批到歐洲留學的公費生，除了美國之外，還有英國、法國、德國等，八位中有三個到美國，五個到歐洲。更特別的是，往年各科的留學國別是由考生自行選擇，這一年則改為由教育部規定，分別是：國際政治學，赴法國；法律學，赴西德或法國；經濟學，赴英國；歷史學，赴英國；數學，赴西德或法國；物理學，赴西德或英國；基礎醫學，赴美國；遺傳學，赴美國；生物學，赴西德或美國；化學，赴西德或英國；統計學，赴英國或美國；土木工程，赴美國；機械工程，赴美國；海洋學，赴日本[13]。李鍾桂之所以到法國留學，是因為外交系屬於國際政治學門，規定必須留學法國[14]。考試科目除了國文、三民主義、本國史地專門科目外，這次多了留學國語文。例如王增才、孫長貴到英國，考的是英文，而李鍾桂考的是法文，我和繆龍驥則是德文。留學國別與報考專業科目有關，比如說工程方面是到美國，莫辭中便是到美國南加大取得博士學位。這項政策是時任教育部部長的黃季陸先生[15]提出來的，而當年的國民黨中山獎學金也以歐洲為主[16]。主要原因可能是，留美學成之後不回國服務的比例相當高（先取得長期居留，再取得美國國籍）[17]，相對來說，學成後要留在歐洲就比較困難。出國前，依規定需要填寫出國同意書，後備軍人同時還要有「店保」。當時我請翁鐘賜先生幫忙[18]，因為他有一家公司，主要是開發陶瓷，可以作店保。不過，後來他經商失敗，因為建設廳已經核准並發給執照，他組織設立公司之後，卻又吊銷執照，造成破產。

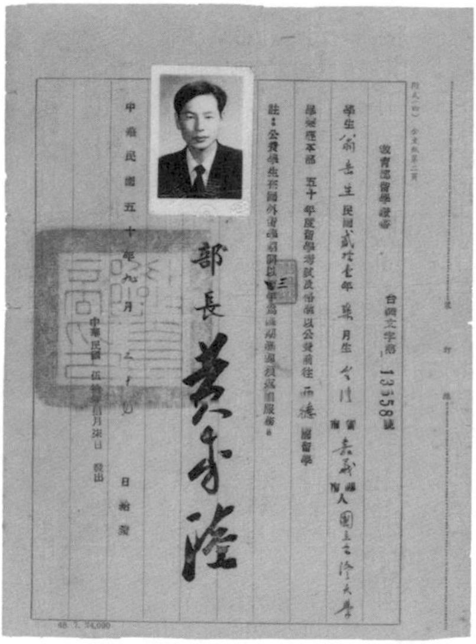

教育部留學證書。

1 過去自費出國需要經過考試，源於大陸時期教育部於民國三十二年（一九四三年）頒布的「自費留學派遣辦法」，民國三十六年（一九四七年）改為「國外留學規則」，規定凡赴國外留學之學生，出國前皆須通過教育部之留學考試及格。民國四十六年（一九五七年）起，在臺每年六月開放舉辦自費留學考試，報考資格為大專院校畢業學生，或高等考試及格。直到民國六十五年（一九七六年）教育部才廢止自費出國留學規定。自費也需要考試的原因，據了解是因為出國要拿外匯，通過考試的自費生可以用公價換外匯（主要是美金），不用受到黑市的盤剝。參見《唐德剛與口述歷史》，中國近代口述史學會編輯委員會編，二〇一〇年，頁一〇；鄭世興，《中國現代教育史》，一九九〇年，頁三三三以下。

2 張漢裕（一九一三～一九九八年），第一個獲得日本東京經濟學博士學位的臺灣人，一九五六年至一九六六年擔任臺大經濟學系主任兼研究所所長，凡十年。

3 蔡碧松，國立臺灣大學法學士、國立臺灣大學法碩士、瑞士弗萊堡（Fribourg）大學法學碩士、瑞士弗萊堡大學法學博士。

4 陳耀逐學長於一九五七年自臺大法律系畢業，曾在何孝元老師的指導下，撰寫畢業論文〈權利濫用之研究〉。

5 林福順，南投人，一九二八年出生。

6 前財政部部長顏慶章（一九四八年～），於一九七三年在林福順指導下取得臺大政治研究所碩士，論文題目：在華美軍之法律地位。

7 臺大政治系網頁上歷任系主任的名單上並未列有林福順。http://politics.ntu.edu.tw/?p=4。

8 參見《聯合報》，一九六一年三月二十六日，第二版。

9 此種情形維持了相當時間才改變。例如許宗力於民國六十九年（一九八〇年）報考的時候，法律類科還是只有一個名額。當時他擔心會不會因為不是國民黨員而被淘汰。我一直請他放心，這是國家獎學金，不是中山獎學金。結果他錄取了，到德國留學，學成歸國成為公法學者，並從事憲法實務工作。

10 計有數學、物理學、基礎醫學、遺傳學、生物學、化學、統計學、土木工程、機械工程、海洋學、國際政治學、法律學、經濟學、歷史學等十四個學門，各錄取一名。

11 參見《聯合報》，一九六一年四月十四日，第二版。

12 參見《中央日報》，一九六一年八月三日，第四版。

13 參見《聯合報》，一九六一年四月十四日，第三版。

14 參見李鍾桂口述，《為者常成・行者常至，李鍾桂的生涯故事》，一九九七年，頁三一～三六。

15 黃季陸，於一九六一年至一九六五年，任教育部部長。

16 參見《聯合報》，一九六一年三月二十六日，第二版。

17 參見當時的一則社論，〈留學辦法要變〉，《徵信新聞報》（《中國時報》前身），一九六一年一月二十日，第三版。

18 翁鐘賜，慶應大學商科畢業，是清華大學翁曉玲教授的祖父。

卷四

留學之路

赴德深造，是偶然也是必然

民國五十年（一九六一年）是我的「彩年」！年初（一月二十七日）完成了終身大事，三十歲生日過後不久，公費留學考試放榜，幸獲錄取。開始新人生的同時，留學大道、學術之門，也在我面前敞開！

那年七月三十日，自費與公費留考同時放榜。隔日，各大報刊出榜單，公費生錄取名單以略大的字體，名列在前[1]，其他版面登載錄取人的照片，並稍作介紹。其中我的部分，除了不約而同地提及我是農家子弟、自幼家境清貧外，還特別寫道：「這位力求上進的法律公費留學生，於今年與師大家政系畢業之莊淑禎女士結婚」[2]；另外一份「公費留學金榜題名錄」的標題竟然是「翁岳生電報治病」，簡介的結尾：

今年元月與同鄉莊淑禎女士結婚，當他獲知考取公費的消息後，他從臺北打了一個電報告訴他的太太說：「幸獲考中」，正患感冒、臥床養病的翁太太，接到這個喜訊後，因為高興，所患感冒竟然勿藥而愈。[3]

選擇到德國留學，看似偶然，實則也是必然！

除了上述公費留學考試「制度因素」外，在偶然情形下接觸到德文，也是另一個機緣。前面提過，司法官訓練所的退訓是我人生重要的轉捩點之一。我離開司法官訓練所、返回校園之後，就決定走學術路線，往法學研究發展。大一結束時，因經濟因素的考量，暑假留在學校，沒有返鄉。為了充分利用時間，我向楊日然兄及他班上成績較好的學長請教二年級應該選哪些課程，要如何準備、預習課業，讀哪些書？他們告訴我，如果要走學術路線，一定要學德文。

我大二就開始學德文，三年級再選一次。老師是顧華教授，他年輕時沒有出過國，卻靠自學通曉三十幾種語言[4]，相當不容易，教學認真而精彩，開啟我對學習德文的興趣。大四的時候由一位德國文化中心的德國人來教，比較重視對話。進入研究所後，我又去旁聽蔡章麟老師[5]在大四開的第三年德文，他用德國民法當教材，一條一條地唸，他唸我們就跟著唸，然後解說條文的意旨，打下法學德文的基礎。蔡老師雖然是留日，但德語發音還不錯，很崇拜德國。我在德國留學的時候，一次，他到德國參加民事訴訟法研討會，聽我談起德國的情形，眼睛就亮起來，精神也上來了，他是老一輩留日學者中德文最好的一位。當時一起上這門課的，還有王澤鑑、馬志錳、徐壯圖、林永謀等，人數不多。馬志錳是王澤鑑班上第一名畢業，在洪遜欣老師指導下，一九六八年以〈不法原因給付之研究〉獲得法學碩士學位。徐壯圖畢業後在銀行界發展，嫻熟金融法務[6]，與王澤鑑常有往來，王澤鑑的書上經常提到「畏友徐壯圖」。

除了大學部的德文課，於臺大法研所期間，每週還要上十二小時的德文課，每天二小時，週六也不例外，不算學分，但一定要通過，碩士論文才會被接受。當時由第二屆中國小姐馬維君[7]的母親馬郭淑嫻女士[8]負責。這是梅仲協老師當年定下的政策，影響深遠。不過，因為時數吃重，而且從頭教起，對於一些在大學部時已經有德文基礎的同學來說，難免形成不必要的負擔。我回國之後，便建議當時系主任劉甲一老師修改此項規定，劉老師參酌戴炎輝、洪遜欣老師的意見之後，同意另開「德國法學名著選讀」的課程，給已有德文基礎的同學選修。這門課一學期每週四小時，起初便由我來負責，三年後才交給戴東雄講授。隨著時間的推移，這項德語學習政策逐漸鬆動。先是時數從每週十二小時減為八小時，再是自一九九五年起，碩士班第二外語必修不以德語為限。語言的開放，讓臺大法研所的發展呈現多元繽紛的景象。

記得當時除德文課之外，我只選修兩門課，一門是戴炎輝老師的「唐律」，另一門是洪遜欣老師的「法理學」。兩位老師當年都參加臺大法律學研究所老師們發起共同翻譯「德國民法」的計畫，利用寒暑假課餘時間一起討論研究。很多老師從來沒到過德國，卻能把德國民法逐條翻譯出來，並且在民國五十四年（一九六五年）編譯出版[9]，研究與合作無間的精神，令人感佩。

由於研究所一年級只能上兩門專業課，其他時間都是要念德文，學生很少，跟老師接觸的機會比較多。洪遜欣老師非常親切，也很愛護學生，他的導生結婚，他都會親自參加。有一次他到鹽水幫他的導生曾宗廷律師證婚，剛好新娘跟我有姻親關係，所以那一次婚禮我也參加了。由於鹽水離我家很近，洪老師看到我，堅持要到我家。當時，我的祖父還在世，洪老師本身也是農家子弟，和種田的祖父很有話聊，兩人相談甚歡。後來我回國任教時，洪老師知道我當時的薪水無法維持生活，就請他在省議會擔任秘書長的弟弟洪樵榕先生，介紹內人到謝東閔議長主持的實踐家專任教，恩情感懷至今。

1961年9月18日，南師同學為我舉行出國歡送會，會後合影留念。前排左二人是內人與我，右二是特別到場的黃宗焜縣長。

踏出國門，送行場面感人

我於一九六一年七月考取教育部公費留學，沒隔幾個月，就要離家遠赴他國。親朋好友除了表達恭賀之意外，紛紛想為我餞行。我不好勞煩大家，也不敢貿然領受，多半婉謝。只有一次，南師同學共同發起為我舉行歡送會，再三邀請，盛情難卻而應允。當日，承蒙同樣也是南師畢業、時任嘉義縣縣長黃宗焜先生到場致意，深感榮寵。

一九六一年十月二十五日，臺灣戰後第一批赴德國留學的公費生——我和繆龍驥，在松山機場準備啟程。這在我的家鄉是大事一樁，那時候還沒有電視，地方報紙大幅報

1961年10月25日，臺灣第一批赴德國留學的公費生在松山機場準備啟程，全家在機場合照。左二、左三是內人及家母，右一是叔公翁通楹教授。

導，廣播電臺記者訪問、播送新聞。熱情的鄉親們集資要設宴為我餞行，我沒有接受，他們就改送一大塊紅布，集體在上面簽名，高興與祝福之情，躍然布上。這份充滿鄉情的禮物，迄今仍然珍藏在家裡。當日，教育部特地派專人到場致意，研究所老師及同學們前來送行，如洪遜欣老師、陳祺炎老師全家等，還有一位是我的叔公翁通楹教授，場面盛大、溫馨感人。尤其兩位老師親自到機場送機，讓我非常感動。

我們兩人經香港轉搭乘德航到德國法蘭克福機場。在香港轉機的時候，一位算是我叔公輩的遠親翁清瑤叔公，剛好被日商派駐在香港，特來歡送，我帶了他喜歡吃的虱目魚（香港沒有啊！），他則買了一件類似風衣的雨衣送給我，禮輕情重，這件雨衣至今還保存著呢！

踏出國門，對我來說，當然是人生的一大轉變。到了德國，要面對的是全新的生活。起初我都跟繆龍驥一起，我們兩個人共同租房子住。剛開始的時候，真的很辛

帶著鄉親的祝福，在松山機場啟程赴德。

陳祺炎老師全家前來相送，場面溫馨感人。後排左一、左二是陳祺炎老師夫婦，前排左二是他的公子陳時中。

苦！

記得在法蘭克福機場剛下飛機，人地生疏，「舉目無親」，於是與在香港偶遇的一位僑生揪團湊資，三人一起完成直接從機場搭計程車到海德堡的「壯舉」，後來成為一項紀錄，引為笑談。

為什麼會選擇到海德堡？

邂逅海德堡，初嚐別愁

大學快畢業的時候，雖然立下了從事學術研究的志向，也對德國的法學相當嚮往，但對於如何到德國念書，起初完全沒概念，自然無從計議。留學德國，對我來說，曾經是一種遙不可及的奢望。大學畢業那年，去考了赴日自費留學，當時很多人報考。雖然我已不在學校，也沒有選修日文，但自己會看日文，想要拿高分大概不會有太大問題。不過，當時一心只想取得公費出國深造，於是自己加強德文，希望將來有機會能夠去德國念書，自費留學考試雖然通過了，也沒有積極地準備赴日行程。因

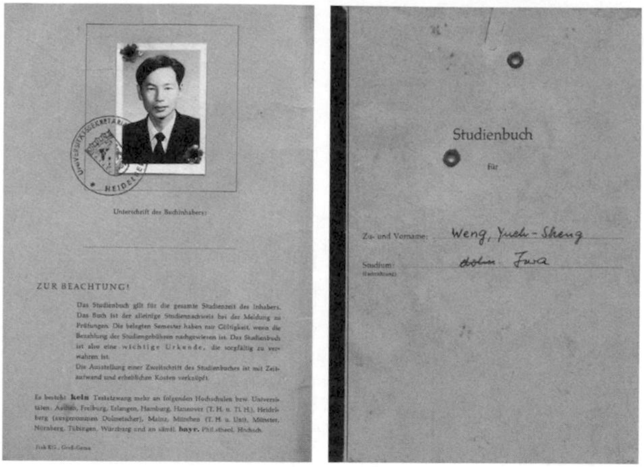

在德國留學期間的學生手冊封面，最開始是念語言班，之後再改為法律。

此，當彭明敏先生往返美國、途經日本時，特地幫我申請到日本東京大學入學許可；楊日然兄於一九六〇年四月赴日留學，也帶去我的東京大學入學許可，一直替我申請延長，只不過我的赴日留學始終沒有成行。

能夠考取留德獎學金，對我來說，確實是一個意外！放榜後，我去求教大學的德文老師顧華先生，請他指點留德的迷津。他建議我最好不要去大城市，十幾萬人的小地方或大學城或許比較合適，例如哥廷根、馬堡（Marburg）、杜賓根（Tübingen）、埃朗根（Erlangen）或海德堡等地，並且幫我申請了這些學校。結果，我最先收到海德堡大學的入學許可；到德國了之後，又收到了埃朗根的入學許可。

與大部分留學生的經驗相同，初到異邦面臨的首先多半是語言問題，我也不例外。到了海德堡，先進德語班上課，必須通過語言考試，才能夠到法學院註冊，入學就讀。語言班老師是德國人，當然是用德文講課，一開始聽不太懂，真的很苦。

到達德國是十月底，十一月初開始上課，已經進入冬天，天氣日漸寒冷。我和繆龍驤一起住在一棟房子的頂樓房間，底下是提供喝啤酒之類的餐飲店。房子是繆龍驤在臺灣就已經先託人租好的。他出國有計畫，原本想去美國，因為是單身，在當時是拿

UNIVERSITÄT HEIDELBERG
STUDENTENAUSWEIS
für stud.
Yueh-Sheng Weng
Vor- und Zuname (in Blockschrift ausfüllen)
geboren am 1. Juli 1932
zu Taiwan
Wohnort der Eltern: Taiwan /Formosa
des Ehegatten:
Staatsangehörigkeit: China
8. Nov. 1961
(Immatrikulationstag)
DER REKTOR:
(Eigenhändige Unterschrift des Studierenden)

海德堡大學的學生證。

1961年10月底，我初到海德堡，於火車站前留影。

不到美國簽證的。由於他曾經在航業公司當過船員，認識一位在海德堡大學讀醫科的學生，透過他的幫忙，我們得以在出國前便租到房間，一到德國就有落腳的地方。不過，因為是頂樓，沒有暖氣設備，天氣越來越冷，有點受不了，不得不向房東租用電暖爐，按小時計費，但只能祛除周身區塊的寒氣，卻抵不住不斷從窗戶縫隙灌入的冷風。又為了練習德語的聽說讀寫，我們共同請一位德國女大學生當家教，學費亦是以小時計。

吃，也頗傷腦筋。剛開始的時候，有點適應不良、食不知味。樓下開餐飲店的房東好意為我們煮飯，只不過德國人煮飯的方式，沒到過德國的人可能不知道，米煮起來是一粒一粒的，實在很難下嚥！我倆住處離海德堡火車站不太遠，每當不願意跟房東有太多交流的時候，就跑到火車站買東西，那裡有自動販賣機或小型的商店。幸運的是，結識了黃顯昌，他拿DAAD獎學金，在歌德學院上德文班，約早一個禮拜到海德堡。他比較靈活，生活經驗豐富。記得第一次他為大家做蛋炒飯，對我們來說，簡直就像山珍海味，非常難忘。

繆龍驥閱歷豐富，比我成熟，同時也較為感性。出國前，他交了一個女朋友（後來的繆太太）；我是一月結婚、十月到德國，算是新婚時期。我們一到德國就立刻寫信，用航空郵件寄回臺灣。一般來說，航空郵件寄達臺灣大約需要七天，回信也是，一去一回大約是兩個禮拜左右的時間。我記得繆龍驥一直在算時間，結果十四天過去了，沒有信來，頓時就傷心地哭了出來！

繆龍驥在海德堡待不到一學期，就轉到哥廷根大學去了，因緣是當時剛好在哥廷根大學念數學的師範學院老師，徐道寧女士[10]。繆龍驥因為德文還不太行，起初有點猶豫。但徐道寧說沒有關係，數學是用符號的，於是繆龍驥就決定轉校了，剩我一人獨守閣樓。恰巧海德堡來了一位畢業於東吳法律系的留學生彭聲祥，他成為我的新室友。由於德國已進入嚴冬，住在沒有暖氣設備的頂樓總不是辦法，於是我們就透過學生服務處另找房子，後來搬到齊格爾豪森（Ziegelhausen），加油站在旁邊。那個時候從住處要搭渡船，再坐巴士或小火車之類的交通工具才能到海德堡市區和學校附近。我在那裡一直住到內人來德國為止。

總之，初到德國，那是一段話不太通、天氣又冷、吃不方便、住也不舒適、心裡又寂寞的辛苦日子！

受聘工作，異鄉團聚

內人可以到德國，完全是得助於王仁宏[11]的大姊王貞婉，我們都叫她王大姊。王仁宏在我之後來到海德堡，王家是高雄的望族[12]，原本經營合會，後來改為企銀。王大姊畢業於臺南神學院，在海德堡深造，人很熱心，幫我們不少忙。王仁宏另外還有一位姐姐王貞美，臺大法律系跟我同屆，但不同組（我是司法組，她是法學組）。

王大姊在海德堡讀神學院，住在教會的學生宿舍，後來留在德國。或許是家裡有兩位弟妹念法律的關係，又都是臺大法律系畢業，所以對我特別照顧。當時，她看我一個人獨在異鄉，不大快樂的樣子。想想我和內人新婚不久就分開了，心情鬱悶，那是當然的。於是，她就想方設法，看看如何把我內人接來德國。

當時要來德國，基本上不是自費就是公費，兩種方式都要經過考試。內人就讀師大，比我早一年大學畢業，在省立嘉義家事職業學校（嘉義家職）任教。我考取教育部公費之後，她也跟一位德籍神父學德文。這位神父住在阿里山的奮起湖，有時候下山到嘉義市區，內人就利用這段時間向他學德文，一個禮拜大概一次或兩次，準備將來或許可以參加留學考試，爭取出國的機會。

沒想到，王大姊打聽到另一種來德國的途徑，就是獲聘來德工作，但需取得德國方面的聘書或邀請函，程序繁複，其實並不容易。剛好王大姊所屬的教會經營一間旅館，她便請旅館出具一份邀請函給我內人，聘請她去旅館工作。王大姊同時又認識一位任職於大學外事處（Ausländeramt）的主管，也是念神學院。或許因為這層關係，經過重重關卡，內人的德國簽證竟然就辦出來了！回首當年，我一九六一年底出國，內人一九六二年三月左右來德，中間相隔四個月不到的時間，我們能夠在海德堡團聚，真心感謝王大姊的鼎力相助，還有家父及上天的保佑。當時的簽證、聘書等等

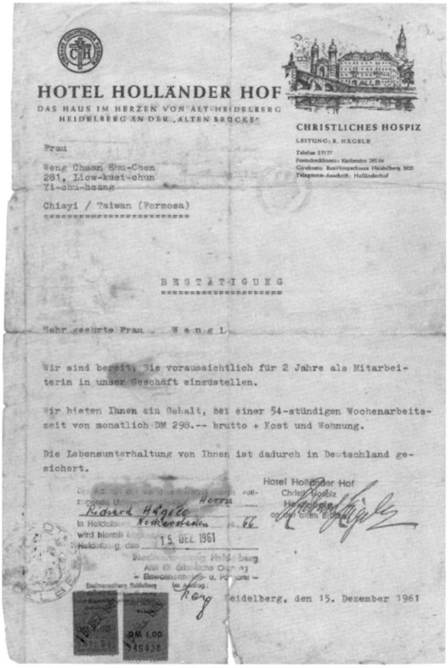
HOTEL HOLLÄNDER HOF
DAS HAUS IM HERZEN VON ALT-HEIDELBERG
HEIDELBERG AN DER „ALTEN BRÜCKE"

CHRISTLICHES HOSPIZ
LEITUNG: R. HÄGELE

Frau
Weng Chuan Shu-Chen
281, Liow-kuei-chun
Yi-chu-hsang
Chiayi / Taiwan (Formosa)

B E S T Ä T I G U N G

Sehr geehrte Frau W e n g !

Wir sind bereit, Sie voraussichtlich für 2 Jahre als Mitarbeiterin in unser Geschäft einzustellen.

Wir bieten Ihnen ein Gehalt, bei einer 54-stündigen Wochenarbeitszeit von monatlich DM 298.-- brutto + Kost und Wohnung.

Die Lebensunterhaltung von Ihnen ist dadurch in Deutschland gesichert.

Hotel Holländer Hof
Christl. Hospiz
Heidelberg
an der alten Brücke

Richard Hägele
15. DEZ. 1961

Heidelberg, den 15. Dezember 1961

這封由Hotel Holländer Hof於1961年12月15日發給內人的聘僱確認函，是我們夫妻得以在德國團聚的關鍵。信函大意是：尊敬的翁女士，我們樂於聘用您擔任本飯店的工作人員，聘期預計二年。我們將提供您每月298馬克（每週54工時）的薪資及住宿。

文件，我們自然是奉為珍寶，留作永恆的紀念。我到現在還留有內人當年出國的飛機票，機票價格是六百美元（約新臺幣二萬五千元左右）。當時內人薪水一個月才幾百塊，要好幾年的薪水都不用才能買一張機票，出國之不易，可想而知。

內人既然是以受聘工作的名義到德國，就真得去那間旅館工作，同時她也到大學翻譯學院學了將近一年的德文。在學習德語方面，她比較常講也敢講，所以口說比我好很多！二〇〇八年間，我們全家回海德堡，故地重遊，就住在這間旅館裡，位於老橋（Alte Brücke）旁邊，大門與橋頭相望，讓孩子們知道過去媽媽工作的地方，景物依舊，別有一番趣味。

定居夫妻學生宿舍

內人來了之後，不方便再跟彭聲祥一起住在齊格爾豪森，就搬到比較靠近市中心的地方，住沒多久又搬到學校附近，旁邊是安納托米花園（Anatomiegarten），前面有電車經過。一年之內，搬了好幾次家之後，終於申請到學校給夫妻住的學生宿舍。

這棟宿舍是一位老教授遺贈給校方的一棟房屋，門牌是十二號，位於施洛斯山（Schlossberg）的山腰，房子有一個名字，叫勒文尼希之屋（Haus Loevenich）。這位老教授在遺囑裡特別註明要提供給學生使用，學校便將它規劃為夫妻學生宿舍，租給四個家庭。我們樓下是兩個德國學生家庭，和我們同一層的是一個韓國家庭，先生是一位姓安的小兒科醫生。

初到德國，人地生疏，讓我備感溫暖的是，海德堡大學的學生會，每學期都會安排旅遊活動，讓新生彼此認識，增加交流的機會。

1962年間，我參加海德堡大學的學生會舉辦赴柏林的旅遊活動，與德國同學們合影。後立者右六是施啟揚，我在前排蹲者右一，背後立者是我內人。背景建築是柏林音樂廳。

德國生活點滴

在海德堡施洛斯山「定居」之後，我們成了當地「中國留學生」[13]中唯一的留學生「家庭」，又因為我是教育部的公費生，所以家裡常有國際文教處駐外單位寄來的《中央日報航空版》（不知今天還有沒有？）。雖然學校圖書館偶爾也有，但必須向管理員借閱，不是很方便。於是在留德期間，我家就成了當地留學生聚會的地方，座上常客來自各領域，還有一些僑生。有一位在那裡已經二、三十年了，與德國人結婚，後來太太隨同一起回臺灣，在中山科學研究院服務。另有一位姓馬，學物理的，前幾年已經過世了，據說他的德國夫人比較不適應臺灣的生活，後來回德國；曾任遠東貿易服務中心駐西德辦事處主任的汪威錞，有時候還會跟她聯繫。一九六四年，李鍾桂完成法國巴黎大學法學博士學位論文，回國前利用假期到德國遊歷，其中一站是海德堡。我隨即邀請她來家裡小住幾天，當地許多男留學生聞風而至。她在留學生們陪同下參觀海德堡大學的時候，在校園裡與施啟揚相識，二人先後回國後，正式交往，結為夫妻。

於海德堡留學期間，與內人及大女兒幼德於宿舍合影。

內人後來離開旅館的工作，於設在海德堡的美軍總部工作[14]。雖然一直都有在教育學院註冊，但為了幫我取得學位，加上需要照顧出世不久的小孩，其實只上了一學期的課。白天的時間，多虧韓國太太幫忙照顧小孩，內人才有辦法去上班。

念公法的體悟

內人的犧牲與奉獻，讓我得以集中精神、專心學業。大部分的時間，我不是在學校的圖書館，就是到馬普外國法及國際法研究所[15]（以下簡稱馬普公法研究所）。馬普公法研究所位於比較郊外的地方，要搭電車才能到。不過，那裡的藏書很多，各國的都有，包括東吳大學以前出版或大陸時期出版的書籍。此外，在那裡比較能夠接觸到德國及其他國家的學者。比如說，我就是在那裡認識格克（Wilhelm Karl Geck, 1923-1987）教授。他幫我不少忙，經常提供德國最新的法律訊息，並且彼此交換意見。例如一九六一年制定公布、隔年正式生效的「德國法官法」及相關參考資料，如註釋書等，就是他告訴我的。至於學校圖書館的圖書及資料也很齊全，例如《聯邦法律公報》就是一長排，取閱很方便。一般進出圖書館不需要帶太多東西，就可以整天浸淫在書中，享受學術研究的樂趣。

除了上圖書館之外，平日的聽課也很重要。一開始大概所有課都聽，不以公法為限。在臺灣就讀研究所時期，曾經旁聽過蔡章麟老師開的德文課，跟著老師逐條讀過德國民法條文，加上德國與我國民法內容與觀念相當接近，聽起課來不會太吃力。在這樣的基礎之下，如果在德國攻讀民法，相信應該比較容易上手，不致有太大的困難。不過，我當時的想法是，德國的憲法和行政法與臺灣的差別很大，對我們的法治發展幫助也會較大。像是不確定法律概念或比例原則的觀念與問題，當時德國的討論已經相當發達，而臺灣相對來說仍屬陌生、甚至沒有聽過。

更重要的是，我親身體驗到德國社會的秩序、紀律，各色人種都有，但很少看到有人吵架或打架，路上發生車禍也很快就解決。我覺得應該是憲法和行政法落實的成就，不像我們的憲法在當時似乎是一個遠不可及、純供欣賞用的，根本沒有落實。行政法與憲法的理念與實踐是分不開的，如果決定到德國念公法的話，就要有這份體悟！

指導教授開出的條件

我在海德堡的第一年主要是在德語學院中度過，雖然其間偶而也去法學院聽課。正式註冊成為法學院學生、就讀了一年之後，除了繼續聽課、學習之外，主要就要找指導教授了。當時馬堡大學有一位憲法教授，海法特（Heinrich Herrfahrdt, 1890-1969），對來自臺灣的留學生頗有興趣。一次，他到海德堡開會，我親自去找他，相談之下，他表示願意收我為指導學生。為此，我還特別跑了一趟馬堡，登門拜訪，確認指導論文一事沒有問題。

不久之後的某一天，我走在海德堡的路上，巧遇一位來自日本私立天主教上智大學畢業的留學生，名叫久保敦彥，當時在馬普公法研究所進行有關國際公法的研究。日本上智大學是一所教會學校，非常重視外文，久保出國之前德文就非常好，德國人又喜歡日本人，加上他爸爸久保正幡[16]又是東京大學的教授，專攻西洋法制史，所以他朋友很多。實屬湊巧，我在路上遇到久保敦彥，那時我還不曉得他爸爸是誰，只因為日本話我也通，便藉機交流，並告訴他：我可能要離開海德堡。他問：「為什麼要離去？在這裡不是很好嗎？」我說：「正在找指導教授，但這裡我不認識任何的教授，馬堡大學有位憲法教授願意收我當學生，因此有意前往。」他聽了隨即表示他認識莫斯勒（Hermann Mosler）教授[17]，時任馬普公法研究所的所長，可以幫我引介，不妨試試。我無比喜悅，當下應允。經由久保的引薦和教學助理的聯繫，莫斯勒教授與我碰面談話後，表示有興趣擔任我的指導教授。因為他在外國公法研究所服務，所以要我寫有關臺灣法的題目，談司法權的憲法地位問題，並暫訂以「司法權在中華民國憲法上的地位」為論文題目。同時，他提出一項接受我為指導學生的條件，就是我的論文未來要由他認識的一位既懂法律又懂中國法的學者邦格（Karl Bünger）[18]來鑑定。

我與莫斯勒教授（右二）、久保敦彥（左一）於海德堡合影。

海德堡的馬普公法研究所主要是國際公法與外國公法，與之相對的另一個研究所在漢堡，以國際私法與外國私法為重點，通常都會與熟悉外國法的學者合作研究，邦格教授就是其中一位，他是莫斯勒教授的好朋友。我欣然接受這個條件，就這樣留在海德堡跟隨莫斯勒教授寫論文。在撰寫論文過程中，我發現邦格教授對我國的憲法相當瞭解，曾把中華民國憲法翻成德文，正式發表在馬普公法研究所的刊物上，我的論文中提到我國憲法的部分多半引用他的翻譯。據說，當年我國制定商法時，他也曾受邀擔任諮詢工作。後來，因德國與中華人民共和國建交，邦格教授就被派駐到韓國擔任大使，之後又轉任香港總領事，我的論文就是送去香港給他鑑定的，這是畢業的條件。

我的指導教授教學研究偏重在國際公法與憲法，對於納粹時期侵犯人權相當反對，注重人權保障，戰後受到重用。另一位公法學者耶利內克（Walter Jellinek），在納粹時期擔任海德堡大學公法教授，因為猶太血統而被當局革職、在戰爭期間不受信任，戰後才恢復教職。

專攻憲法行政法

在德國憲法和行政法是分不開的，行政法許多基本原理原則都和憲法有密切關聯，所以我在德國念書的時候，相當留意憲法與行政法的關聯，參加好幾門研討課（Seminar），同時也去修實例演習（Übung）的課程及其考試，初級及進階都有。開始聽一些民法的課程，之後就集中到公法、憲法方面，授課老師是施努爾（Roman Schnur）教授。不過成績都不是很好。因為都是實例題，案例事實的敘述中偶有一般日常生活的特有用詞，例如Karussell（旋轉木馬／車）或Riesenrad（摩天輪），在答卷時不甚理解，又沒辦法查字典，如何解答？還記得施啟揚就笑我說：「你哪裡去背這些東西啊?!」

施啟揚比較不需要去修民法的實例演習，除了法條相近外，還是要拜當年在臺大法研所打下德國民法基礎之賜。對臺大出身的留德學生來說（包括我自己），民法都比較沒有問題。當初我要出國時，韓忠謨老師也是希望我念民法。他當時是系主任，認為系裡最缺乏的就是民法的老師。那時候教民法雖然有洪遜欣、蔡章麟、戴炎輝等人，但都是留日的，不是正宗留德民法學者。有一位留德的老師叫安裕坤，好像娶德國太太，講授債各，但教書不是很認真，上課總是講些其他事情，等到快要下課時，才念一下條文充數，給人的印象不好。真正好的留德老師是徐道鄰[19]，但他沒開憲法的課程，而是教德文，後來研究法制史，大概是知道在當時的政治環境下不允許碰具有政治敏感性的憲法。

我在德國跟隨莫斯勒教授寫論文，原本想學國際公法。因為在大學時對國際公法就有興趣，還寫了畢業論文，加上我的博士指導教授是國際公法權威，學國際公法再適合不過了！但是，我後來發現德語不是國際語言，法語還比較通用，所以對於以國際公法作為專研的課題開始有點遲疑，後來慢慢體會到憲法、行政法對臺灣法治發展的重要性，又發現當時我國公法制度與體系，相較於德國的憲法與行政法差異頗大，值得研究，幾番琢磨之後，決定專攻憲法行政法（公法）。好在莫斯勒教授除了國際公法外，另外還教一門憲法史，尤其是德國近代憲法史的部分，可以一邊修習他在學校開的課，另方面在他指導下撰寫有關憲法的論文。此外，馬普公法研究所的學術活動不限於國際法，也及於一般的國內公法（尤其憲法方面），曾經舉辦國家責任的國際學術研討會，加上圖書館有豐富的藏書，還包括東吳大學在大陸出版的雜誌，甚至可以查出張君勱用德文撰寫批評中國國民黨的文章，文中他比較蘇聯共產黨的制度與中國國民黨的制度等等之類的，就登在德國的期刊上。讀後，我才知道原來國民黨是向蘇聯學的……

1 例如《徵信新聞報》（《中國時報》前身），一九六一年七月三十一日，第四版。

2 參見《徵信新聞報》（《中國時報》前身），一九六一年七月三十一日，第三版。

3 參見《聯合報》，一九六一年七月三十一日，第三版。

4 曾任臺大文學院院長的朱炎教授，在一篇短文中提到：顧華教授是傅斯年校長口中的「臺大之寶」，三十多歲時自學（靠唱片和書本）三十幾種語言，一直未出過國門，直到年近花甲時才應邀到德國講學，德文之好，把德國學者嚇了一跳。參見朱炎，〈一種外國語言、一個新奇世界：我學英文、法文及西班牙文的經驗〉，收於《十分精采：名家談如何學英文》，二〇〇〇年，頁一四五～一四六。關於顧華老師的治學精神、上課風範及為人處事之道，參見蔡元奮，〈追憶一位精通三十種外語的老師——顧華老師〉，《臺大校友雙月刊》，二〇一五年九月號，頁四六以下。http://www.alum.ntu.edu.tw/wordpress/wp-content/uploads/2017/12/e58fb0e5a4a7e6a0a1e58f8b101e69c9fefbc8de585b8e59e8be59ca8e5a499e69894-e894a1e58583e5a5ae.pdf.

5 蔡章麟（一九〇八年十月三十一日～一九八八年十一月一日），臺北高等學校文科畢業，一九三二年獲日本東京帝國大學法學碩士學位，同年通過文官高等考試行政科，一九三四年通過司法科，歷任日本青森、神戶、大阪等地方裁判所判事（法官）、大阪地方裁判所所長。二次大戰後，退職返臺，一九四七年起，任臺灣省行政長官公署法制委員會委員、臺灣省政府法制室參議，臺灣大學法律系教授。一九四八年，任臺大法學院訓導分處主任。一九五二年出任大法官，是臺籍第一位大法官，一九五八年卸任。

6 參見曾建元、鄭曉薇，〈徐壯圖：攀登金融法務的高峰〉，《月旦法學雜誌》，第十一期，一九九六年三月，頁一三六。

7 第二屆中國小姐是在一九六一年五月十五日選出，共三位，代表中華民國分別參加三個國際性的世界選美大會：馬維君，赴美國長堤；汪麗玲，赴美國邁阿密；李秀英，赴英國倫敦。馬維君的父親馬熙程博士，音樂家，創立「中國青年管弦樂團」，曾在國立藝專教授小提琴。

8 馬郭淑嫻女士後來因女兒馬維君當選中國小姐，為陪女兒出國而辭去教職。無獨有偶，這門「德語課」後來由馬漢寶的夫人蕭亞麟女士擔任，受惠者眾，人稱Frau Ma（馬太太），是許多臺大法律人的「師母」。她的傳奇一生，由Susanne Hornfeck（洪素珊）寫成*Ina aus China*一書，後由馬漢寶的女兒馬佑真譯成《銀娜的旅程：一個中國小女孩在納粹德國的故事》，二〇一〇年出版。

9 譯註計畫由臺大法研所老師組織編譯委員會共策進行，由梅仲協老師擔任總纂，各編負責老師分別是，總則編：蔡章麟老師；債編：洪遜欣老師；物權編：劉甲一老師；親屬編：戴炎輝老師；繼承編：戴炎輝、洪遜欣老師。參見韓忠謨，〈序〉，《德國民法》，一九六五年，頁三～四。

10 徐道寧（一九二三年～），臺灣第一位留德女數學博士，曾經在師範學院擔任助教，學成歸國後在清華大學數學系服務。參見計安邦，〈臺灣第一位留德女數學博士——國立清華大學數學系創系元老徐道寧教授〉，《傳記文學》，第一一二卷第一期，二〇一八年一月，頁四一～五一。

11 王仁宏，一九三九年出生於高雄市。一九六二年臺灣大學法律系畢業，一九七〇年獲德國海德堡大學法學博士。歷任臺灣大學法律系教授兼總務長、臺灣大學法律學系系主任兼研究所所長、行政院研考會主任委員、高雄大學創校校長兼教授、永達技術學院董事長等職。

12 王仁宏的父親王天賞先生，在日治時期任高雄市議員、商工會議所議員；臺灣光復之後，歷任高雄市政府教育科長、《國聲報》發行人兼社長、高雄市第一信用合作社理事主席、高雄市合作社聯合社創社社長、高雄區中小企業銀行董事長、永達技術學院創辦人、高雄市王氏宗親會創會會長、高雄市壽峰詩社創社社長、高雄市東區扶輪社創社社長、高雄市詩人聯誼會創會會長。

13 當時習慣講「中國」留學生，主要是來自臺灣。不像今天要說「臺灣留學生」，以便與來自中國大陸的留學生有所區別。

14 駐歐美軍（United States Army Europe, USAREUR）的總部，正式名稱是United States Army Europe and Seventh Army，德文簡稱7. US-Armee。

15 Max Planck Institut für ausländisches öffentliches Recht und Völkerrecht.

16 久保正幡，くぼまさはた（一九一一～二〇一〇年），日本法制史學者，東京大學名譽教授，專攻西洋法制史，著有《西洋法制史研究》。

17 莫斯勒（一九一二～二〇〇一年），德國著名國際法學者之一，一九六四～一九八〇年任馬普公法研究所所長，一九五九年起擔任歐洲人權法院法官，一九七六～一九八五年擔任位於海牙的國際法庭法官，是德國第一位任該職位的國際法學者。參見Bernard/Geck/Jaenicke/Steinberger (Hrsg.), Völkerrecht als Rechtsordnung, Internationale Gerichtsbarkeit Menschenrechte, *Festschrift für Hermann Mosler*, 1983; Felix Lange, *Praxisorientierung und Gemeinschaftskonzeption – Hermann Mosler als Wegbereiter der westdeutschen Völkerrechtswissenschaft nach 1945*, 2017.

18 邦格（一九〇三～一九九七年），德國法學者、漢學家及外交官。大學雙修法學與漢學。一九三一年，於杜賓根獲得法學博士學位。一九三六年，任柏林邦法院法官。一九三四年至一九四一年間，遊學中國。一九四一年至一九四五年，擔任德國派駐南京汪精衛政府之法律顧問。其間，先後於上海比較法學院（東吳法學院前身）及重慶大學任教，講授歐洲私法。二次戰後，先後於杜賓根、波昂大學任教，並曾任德國駐南韓大使、香港總領事，獲鐵十字勳章。參見Dieter Eikemeier and Herbert Franke (ed.), *State and law in East Asia: Festschrift Karl Bünger*, 1981; Walter Habel, *Wer ist Wer? - Das Deutsche Who's Who*. 26. Ausgabe 1987/88, S. 182.

19 徐道鄰（一九〇六～一九七三年），徐樹錚之子，生於日本東京。一九二四年，徐道鄰隨父遊歷歐洲；一九二七年，通過普魯士邦教育部考試，具備高中畢業資格，進海德堡大學學習法科，嗣轉學柏林大學。一九三一年，以論文〈憲法的變遷〉獲柏林大學的法學博士。一九五〇年間，曾於國立臺灣大學、東海大學任教，講授中國法制史和唐律，兼授中國政治思想史及綜合社會科學等課。

卷五

德國求學

亦師亦友的塞爾布

德國學界友人中，最早認識、與我交情最深的是塞爾布（Walter Selb）[1]。初到海德堡念書，來到陌生的地方，一切從頭開始。海德堡大學法學院為了讓念博士的新生熟悉環境及相關學習事項，提供類似輔導的課程，分成幾組，一組大約十人左右，每週一或兩個小時，由一位助教負責介紹圖書館的利用、如何選課及課程的大概內容。

我與塞爾布結識，他剛通過教授資格論文（Habilitation），同時擔任民法暨羅馬法教授布羅基尼（Gerardo Broggini）的助教，兼負責帶輔導課，我被分配到他這組。在相互介紹認識時，他知道我當過小學老師，剛好他太太的姐姐也是小學老師，對我很感興趣，就邀請我到她家作客，相互認識。他這位大姨子，我都叫她Frau Ofer，住在路德維希港（Ludwigshafen），離海德堡不遠，往來交通方便。當時，塞爾布利用他的名片背面寫了一份簡短而誠摯的邀請信給我，內容大意是：

尊敬的翁氏家庭：我們在路德維希港的親戚將會感到喜悅，如果您可以在一九六二年八月二十六日，週日，拜訪他們的話。Ofer先生將會在這一天到您在海德堡的住處接您，而且是在上午十點四十五分。[2]

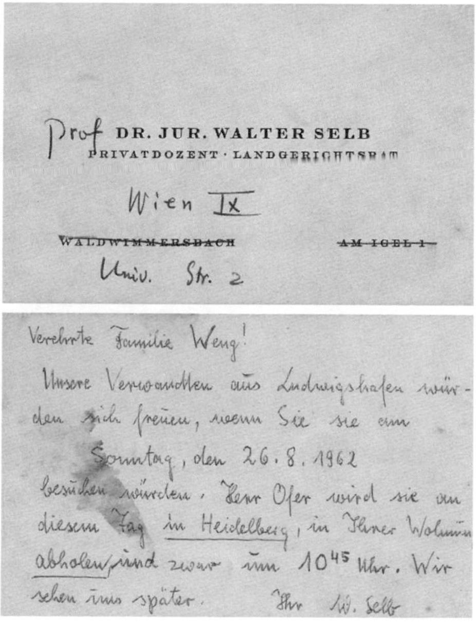
Prof DR. JUR. WALTER SELB
PRIVATDOZENT · LANDGERICHTSRAT
Wien IX
~~WALDWIMMERSBACH~~ ~~AM IGEL 1~~
Univ. Str. 2

Verehrte Familie Weng!
Unsere Verwandten aus Ludwigshafen würden sich freuen, wenn Sie sie am Sonntag, den 26.8.1962 besuchen würden. Herr Ofer wird sie an diesem Tag in Heidelberg, in Ihrer Wohnung abholen, und zwar um 10⁴⁵ Uhr. Wir sehen uns später.
Ihr W. Selb

1962年8月，塞爾布在名片背面寫的邀請信，當時他已經受聘到維也納大學任教。

接獲這份紙短情長的誠摯邀請信，我跟內人都深感榮幸而萬分喜悅，自然如期應邀前往，在相當溫馨的氣氛下結識了Frau Ofer（Ofer太太），從而維持長達近一甲子的深厚情誼。塞爾布則先在哥廷根大學任教，後來因維也納大學招考教授，他去應試獲錄取，便轉任到維也納大學，主授民法及法制史（羅馬法），一度與我失去聯繫。

一九七八年，我受溫克勒（Günther Winkler）[3]教授之邀到維也納大學法學院進行五月到八月的訪問。一日，在溫克勒教授的研究室裡，他突然說：「這裡有一位你的老朋友，很久沒有與你見面了，我讓他過來聊一聊。」一看，竟然就是塞爾布教授，久別重逢，無比高興。塞爾布住在維也納郊外一個叫蓋恩法恩（Gainfarn）的地方，車

與Frau Ofer一家維持長達一甲子的情誼。Frau Ofer手上抱的是我的大女兒。

1978年，在維也納大學法學院與溫克勒教授（左）、塞爾布教授（右）合影。他鄉遇故識，好友喜相投。

1980年間，塞爾布教授伉儷來臺訪問，兩家人一起出遊，於慈湖陵寢門口的合影。

程相當遠。其間，我多次受邀到他家作客。言談中，我們提到臺大與維也納大學之間學術交流與互訪的可能性。我說：「你只邀請我一人，意義不大，應該要建立制度，促進雙方的交流才好啊！」

於是，我回國後便積極安排雙方教師的互訪。首先，我推薦楊日然去維也納大學訪問。隔年，換塞爾布教授來臺訪問，就住在舟山路三十巷對面的臺大宿舍。他太太也一道來臺，在此期間，我們兩家經常一起出遊，留下美好的回憶。因為塞爾布教授的專長是民法及羅馬法，所以和王澤鑑、戴東雄等幾位老師在研究所合開過民法史的專題研究。繼楊日然之後，就是王仁宏去維也納大學訪問。不過，在此之後，維也納大學來訪的教授比較少，倒是臺大這邊陸陸續續都有老師去訪。值得一提的是，吳庚教授（一九四〇～二〇一七年）於一九七三年赴奧地利維也納大學留學，攻讀博士學位，指導教授正是溫克勒教授。而我於一九七八年受邀前往維也納訪問時，適逢吳庚教授學成歸國，他執教於臺大政治系時，亦曾循此交流管道再回維也納研究。此外，一九八一年，馬漢寶教授到過維也納大學進行學術交流，除了利用這項計畫管道外，另外是透過維也納國家科學院與中央研究院簽訂的互訪約定。總之，臺大與維也納大學之間持續有學術往來，溫克勒教授與塞爾布教授功不可沒。

博士論文：臺灣的司法制度

我的博士論文是有關臺灣的司法制度，所以特別留意德國的司法制度。好友塞爾布教授好意提醒我，德國的司法制度並不一定適合臺灣，大概他不認為德國的司法制度有那麼好。不過，我認為德國人民的法律意識強，對法院的信任度高，雖然他們的制度確實有一些地方值得商榷，但也在反省中。比如說把司法行政盡量集中到司法部，自二次戰後慢慢改革。在此之前，像是財務法院歸財政部管，勞工法院由勞動部管轄，這方面他們自己也覺得非常不妥。

二次戰後，德國制定「基本法」，第九十五條原本規定設立一所聯邦「最高」法院，以統一法院的見解，維持聯邦法的一致性。也就是統一各高等聯邦法院的裁判見解[4]。「高等」聯邦法院指的是，聯邦普通法院、聯邦行政法院、聯邦社會法院、聯邦勞動法院、聯邦財政法院。不過，實際上，「最高」聯邦法院一直沒有成立，反而在一九六八年修改「基本法」第九十五條，將上述五所「高等」法院改為各專業領域的「最高」聯邦法院，同時設置「聯邦最高法院總合議庭」[5]，由各聯邦最高法院院長及有關法院庭長組成，以解決最高聯邦法院之間的裁判歧見[6]。由此可見，德國的司法制度有其根基深遠的歷史背景與制度傳承。

另外，德國法院隸屬在各部會之下，例如聯邦普通法院隸屬於聯邦司法部、聯邦行政法院隸屬於聯邦內政部、聯邦勞動法院與聯邦社會法院隸屬於聯邦勞動部、聯邦財務法院隸屬於聯邦財政部。多年來，德國學者對於法院隸屬於聯邦各部的分歧，頗多微詞，曾倡議成立「審判部」[7]，統一行使所有法院的司法行政權，但遭到來自聯邦各部的強烈反對，並未實現[8]。我國在行政院之外，另有司法院的設置，兩者不能相提並論。

我在莫斯勒教授的指導下撰寫司法制度，特別關注到法院獨立性與人民對司法信賴的問題。據我觀察，整體而言，德國對於公務員制度的傳承有著相當高的評價。一般我們說的「官僚」體系，似乎帶有某種不那麼民主的味道，在德國卻是法治建設的重要基石，與我們的文官體制時有貪污、腐敗或紀律不彰，難以同日而語。德國過去講求國家利益，比較不是站在人民的角度，但是公務員在君主時期即是各諸侯的權力運行的重要環節，具有淵遠流長的理念與制度傳承，紀律分明、講求效率，法治文化同樣影響到人民對公務員乃至於法官的尊敬與信賴。

我國的司法改革，一直以來都傾向美國司法權與法官制度的倡議或方案，也逐漸朝此方向努力。但是否真能像美國的制度那樣，卻還是一個大問號。二次戰後，日本司法制度大幅仿效美國，但似乎並沒有很成功。因為，日本的制度根基還是考試制度，用人行政的方式也不同，思維模式更與美國不大一樣。

我國憲法賦予法官的特殊地位，制度上比照美國，但是待遇卻沒有美國那麼高。

很多法官希望待遇能夠再提高一些，但如果沒有唯本良心、公正獨立、依法審判的意識與表現，想要贏得人民的尊重與信賴，是很困難的。德國司法制度值得我們學習的地方，就是人民對法官的尊敬與信賴，不是不能批評，也不是沒有批評，但是用理性來批評，而非一味的否定、站在對立的觀念與態度，這可能是因為他們過去的法治教育。相對來說，我們現在的困難就是繼受外國的制度，但法律思想與法治文化並沒有同時跟著進來。歐洲的民主自由法治，過去有盧梭、孟德斯鳩、洛克等等一些很有名的法律思想家做主導，但我們缺乏思想根基，若只是移植別人的制度，而不重視理性的法思想、法學哲理，理性的社會就無法建立起來。

相比起來，我們跟美國比較像，美國的法治基礎也不是太好，他們兩黨的對立有一點類似臺灣，不大理性，連媒體也一樣，會作特定政治勢力的工具，反正就是要打擊特定的對象，新聞媒體已經不是客觀理性的代表。而這種非理性的現象，我想在歐洲社會可能會相對少一點。我不曉得我的判斷是否正確。總之，我經常思考，時有感嘆，尤其是在進入司法體系、從事司法改革之後，為什麼德國社會能夠理性的討論問題，法官比較容易得到人民的信任，是非越講越清楚，真理越辯越明，我們卻不行?!

我們似乎比較受到傳統影響，寧願相信權威，彷彿只要出了一位英明的天子，天下就可以太平，人治的觀念似乎還相當濃厚。

見證憲法訴訟

在海德堡，我觀察德國的社會現象，體會法治的精神，思考司法制度，耙梳文獻，構思、起草、修改、謄寫，不知不覺間，論文積稿盈尺，博士考試程序已經來到眼前……

一九六三年一月二十三、二十四日這兩天去旁聽史奈德（Hans Schneider）教授[9]出庭聯邦憲法法院第一庭舉行的言詞辯論，史奈德是聯邦政府的訴訟代理人。系爭案件是一宗由人民提起的憲法訴訟，涉及運輸稅法有關增稅規定是否違憲的爭議。雙方的討論、辯論相當精彩，對方的律師是一位傑出的國會議員，阿恩特（Arndt），那時候是當律師。史奈德教授透過助理史密特（Walther Schmidt）博士邀請我一同前往位於卡爾斯魯（Karlsruhe）的聯邦憲法法院（當時在舊址馬克斯親王宮〔Prinz-Max-

Palais〕），旁聽教授出庭表達專業意見的過程，讓我有機會瞭解德國最高司法機關的運作情形，並聆聽他的法庭辯論。史奈德教授代表聯邦政府出庭，他的發言在該庭頗受重視。不過，他私下透露原告勝訴的可能性較大，該案當時預計於同年四月二十四日宣判[10]。

我一九六一年底到德國，才過一年不久，就能夠親臨德國司法最高殿堂，機會相當難得，感到異常興奮。第一次親眼目睹學者擔任憲法訴訟代理人，見識到憲法問題可以如此理性、專業地在法庭上討論，如同學術研討會一般，對我來說，恍若夢境，難以想像，迄今難忘。當時，穆斯克隆（Reinhard Mußgnug）[11]也在海德堡跟史奈德教授寫博士論文，與我相熟，學術交情延續至今，因為剛好去柏林（Berlin）及曼海姆（Mannheim）等地，所以並沒有同行。

期前「小考」：首次德文寫作與報告

回想博士論文指導過程的細節，當時莫斯勒教授雖有興趣擔任我的指導教授，且提出我的論文需經邦格教授鑑定的條件，但並未馬上確定下來，而是要求我先參加他的研討課，並且要做一次口頭報告之後才正式接受。

一九六三年一月三十日晚上，我從卡爾斯魯聯邦憲法法院回來沒幾天，是我人生第一次用德文寫作並進行口頭報告，相當緊張，為了有良好的表現，在一月十四日左右就先寫好了初稿，然後請史奈德教授的助理史密特幫我修正或潤飾文字，在十六日繳交期限前趕交出去。一月二十九日報告前天，發現有不少錯誤沒有校對出來，心想已經給了教授不好印象，頗為懊惱，決定日後要靠自己，不要假他人之手。一月三十日下午五點四十五分，我在馬普公法研究所作了畢生的首次德文報告，曾經與我同時在司法官訓練所受訓、臺大法研所碩士畢業的王文田當時也在場。

隔天，我去拜見莫斯勒教授，他對於我昨天的表現讚賞有加，決定收我為指導學生，暫訂以「司法在中華民國憲法之地位」[12]為論文題目，並寫信給時任德國駐南韓大使的邦格教授，請他擔任我的副指導教授。談定了論文題目的同時，又討論博士口試資格考的筆試科目：法制史、國際公法、憲法及行政法（兩科合一），共三科。底定之後，我便積極展開論文的撰寫。有一天（四月二十日），莫斯勒教授開車從馬普公法研究所回大學，中間有一段路請我乘坐他的車，同行到學校，這是我第一次受到德國教授的禮遇，倍感榮幸。一九六四年，我完成了論文的初稿，提交給指導教授審查，同時準備參加口試。在此之前，必須先通過筆試，這又是另一項挑戰。

學位資格筆試

博士口試要先通過筆試這道程序是海德堡大學法學院自己的規定，不是每所學校都有此要求。那時候還沒有設碩士學位，外國學生不管曾經拿到什麼學位，都一定要先參加筆試，通過後才取得博士學位口試的資格，相當嚴格。

筆試有三科，依規定必須在一週之內舉行完畢，每一科考五個小時。出題與評分的老師不一樣，由院務會議決定分別推選。採申論題方式，以德文作答。因為不能考砸，所以我先把論文寫得差不多之後才去報名考試。在一九六五年五、六月左右完成論文，七、八月去報名筆試，考試時間訂在十月的中旬。考試的科目當初在與莫斯勒教授談指導論文時就已經講定：憲法及行政法合一科，外加國際公法及法制史兩科。時間的安排是：十八日考憲法及行政法，考題是「依法行政原則及其憲法上之意義」；十九日考國際公法，題目是國際與企業的宗旨、種類、方式及其相關問題；二十一日考法制史，題目是「德意志邦聯憲章與俾斯麥帝國憲法之差異」[13]。

因為這是為外國學生專設的考試，想要打聽如何出題，根本就找不到人問，更不要說有什麼「考古題」之類的可供參考。聽說好幾年前有一位好像是來自埃及的學生考過，但人早已不知去向，要上哪問？由於不知道如何準備，考前真的非常緊張！當時，已經有好幾位臺灣來的學生在那裡攻讀法學博士，因為我是臺灣留學生中有史以來第一個參加這項考試，所以大家也跟著緊張起來了！

除了我之外，記得當時還有一位阿拉伯人也報名參加，結果他沒有出現，所以只有我一個人考。當時負責監考的是助理圖姆沙特（Christian Tomuschat）[14]，在海德堡大學攻讀博士學位，後來是專研歐洲法的著名學者，曾任教於波昂大學。他看只有一個人考，就跟我說考卷已放在桌上，旁邊有法典可以查閱。因為他沒辦法在場陪我五個小時，所以會把我鎖在試場裡面，如果我要上洗手間，可以打電話給他。我同意了，就這樣獨自一人在上了鎖的房間裡應試答卷。考過之後，大家就知道以後的方式大概也會是如此。一科五個小時，連考兩天，再隔一天，一週之內考完。原本最擔心的是法制史，結果重要之點都有答到，沒有太離譜，反而是第一科憲法及行政法，自覺考得最差，其餘則平平。

等待成績揭曉的煎熬

一如所有的考試，出題、答卷與評分、通知結果是分開的。考試是一回事，講求實力，還要靠幾分的運氣；等待評分結果則又是另一件事，需要的是耐心，除了忐忑不安之外，還是忐忑不安！

考完試之後，原本預期一個禮拜之後就能知道結果。在等待期間，一直都很照顧我的黃顯昌，看我身心疲憊，就去向施啟揚借金龜車，開車帶我和內人、老大全家到瑞士旅遊，算是慰勞，這是我到了德國以後第一次出國[15]。王仁宏剛到德國不久，也一道去，留有許多相片及美好的回憶。

去瑞士需要先辦簽證，可以在弗萊堡（Freiburg）申辦，我們就先前往該地，順便拜訪在那裡念書的臺大法律系畢業的蘇俊雄兄，卻未遇上，就直接轉往巴塞爾、蘇黎世，還有瑞士首都伯恩，這座城市最大的特色是有許多的拱廊，類似臺灣的騎樓，與德國很不同，住在那裡感覺上很新鮮。儘管如此，仍然無法消除等待成績的焦慮和緊張。

載著我們全家到瑞士旅遊的金龜車。

和王仁宏（左一）等人一起在瑞士伯恩。

考試成績的通知不是教授的事，主要是由法學院的秘書負責。當時法學院的秘書是鮑爾太太（Frau Bauer），所有科目評分結果的通知都是由她經手，是整個法學院裡面「最有權威」的人。因為院長迭有更替，只有持續在職的秘書才知道考試的細節及行政流程，所以經常去麻煩她，向她打聽消息。

當時憲法及行政法這科應該是由福斯特霍夫（Ernst Forsthoff）教授批改評分，但是那時候他好像不在法學院，所以還需要等上好幾天。十月二十一日考完一個禮拜之後，已經接近十一月了，卻還沒有消息。一直等到十一月八日，先知道憲法及行政法的分數，也是我覺得寫的最差的一科，結果得到六分，比及格多二分[16]。之後是國際公法，也是六分。我的指導教授當然沒有參與，是由法學院決定誰出題、誰評分，這是學校的規矩。法制史成績拖了將近快一個月，十一月十八日終於忍不住打電話問秘書，還是沒有消息！

法制史是誰改的呢？大名鼎鼎的伯肯弗爾德（Ernst-Wolfgang Böckenförde）[17]！他那時候剛在敏斯特（Münster）大學作完教授資格論文，在海德堡大學初任教職，三十出頭，很年輕，教憲法及法哲學，我有聽過他的課，他後來轉去弗萊堡大學任教一直到退休為止。法制史這一科的成績過了整整一個月還沒出來，我忍不住接連在十一月二十三、二十四、二十六日打電話問秘書，還是沒消息，她還特別打電話給伯肯弗爾德，請他早點改出來。終於在十一月三十日接到第三科目得六分的通知，三科終於都通過了！筆試過了，就是論文審查的問題，審查通過，就可以進行學位口試了。

博士論文審查

在論文還沒交出去、口試時間也未確定的時候，突然接到洪遜欣老師的來信，告知時任臺大法學院系主任的韓忠謨老師在系務會議上提案要增聘一位教行政法的老師。心想這應該是出於韓老師對我的愛護，洪老師特地來信告訴我這件事，暗示我將來回去要教行政法，也因此我在德國的最後一學期完全集中精神專研行政法，與斯拜爾（Speyer）大學烏勒（Carl Hermann Ule, 1907-1999）教授的結識，便是因緣於此。

莫斯勒教授擔任公法研究所所長[18]，兼任歐洲人權法院法官，加上擔任德國外交部的法律顧問，受託處理很多國際法的相關問題，甚至是南美或者非洲國家憲法的制定，也會委託公法研究所起草。我的指導教授平日異常忙碌，經常都在外面開會。因此，我的論文就先交由他的助理審閱。當時的助理是史坦柏格（Helmut Steinberger）[19]，後來擔任聯邦憲法法院法官，卸任後回到海德堡大學任教，並擔任公法研究所的共同所長；有點個性，對我的論文審閱相當詳細。在寫論文的過程中，主題雖然是我國司法的憲法地位，但也必須先瞭解德國的司法制度。當時，「德國法官法」剛於一九六一年制定公布，一九六二年正式生效，相關註釋書已經問世，但我並不知道，多虧格克提供訊息。格克也是莫斯勒教授指導的博士生，後來跟他作教授資格論文，所以在公法研究所有一間研究室。莫斯勒教授的另外一位學生是伯恩哈特（Rudolf Bernhardt）[20]，頗受器重，剛作完教授資格論文，還沒有正式的教職，在海德堡大學擔任講師，在學校有開課。我的指導教授開的研討課，他都來參加，並且安排瑣碎的事情，像是印發資料之類的。伯恩哈特後來到法蘭克福大學任教，再回到公法研究所，繼德林（Karl Doehring）教授[21]擔任第二位共同所長之後，續任第三位共同所長。莫斯勒教授自歐洲人權法院卸任後（任期一九五九～一九八〇年），即是由伯恩哈特教授接替他的職位（任期一九八一～一九九八年）。莫斯勒教授過世時，也是由他代表學生致詞。

我的博士論文除了闡述臺灣的司法制度，當然也會有所批評，像是法官的法律地位、獨立性及社會地位，如當時法官的判決事先都要送院長或副院長看等等。同時，我也關注德國的司法制度，包括司法的概念、司法權在憲法上的地位等問題。尤其「基本法」第九十二條以下規定或第一〇一條至第一〇三條等涉及到司法權的領域相關的註釋書，都比較注意、研究，因而也對德國司法權早期的問題有所涉獵，知道德國歷史上早期曾經有過邦領主將司法權「出租」的問題，還有所謂的「卷宗移送」制度，過去德國法院常將案件的全部卷宗移送到大學法學院，經法學院研判案情、作成鑑定，並附帶提出判決的建議[22]。因為德國法是繼受羅馬法，但法官不一定有到過羅馬學習，只有少數教授有此經驗，法院就必須請教這些教授，所以法學院對於司法審判扮演重要的角色。直到今天，法院將案件送給教授鑑定的風氣還相當盛行，不只是憲法訴訟，其他民刑訴訟也都沿襲這種傳統。臺灣法院過去少有請法律學者提供意見，近來雖有，但仍不是很普遍。為了寫博士論文，同時瞭解到德國早期的實務運作情形，也是另一番寶貴的經驗與收穫。

等待是人世間最令人焦煩的事了！在歷經翹首以待學位資格筆試成績的過程後，最後一關就是等候論文書面審查結果的出爐。

當初與指導教授說好，我的博士論文要送給邦格教授審查。一九六五年五、六月間，我提交論文的時候，他剛好在香港擔任總領事。因為教育部的公費只給三年，我提交論文時年限已至，莫斯勒教授考慮到我有家庭小孩，也知道我若早日取得學位，即可進臺大法律系服務，歸心似箭，為了不耽誤我的時程規劃，特地打電報到香港，並透過不下五次的電話，與邦格教授聯繫，甚至一度還有備案，若香港方沒有反應，將改由此地的教授審查。同時，莫斯勒教授囑我去找大學外事處的主任辦理大學獎助金的延長，並偕同史奈德教授出具推薦函，以利申辦。德國教授出具博士論文鑑定書，並無固定的期限，拖上半載一年者，事所常有。若非指導教授的大力幫忙，不會如此順利。外國學生受到德國教授如此厚愛，當時並不多見，令我萬分感激，師恩難忘。

參加口試的眉角

一九六五年十二月十五日，我去參加莫斯勒教授的專題課程時，他主動告訴我：「邦格先生昨日來電，接受你的論文了，einverstanden（通過）！」他同時要我向撤迦（Zacher）先生談延長獎助金的事，延到明（一九六六）年一月下旬，那時的海德堡大學法學院院長是哈納克（Harnack）教授。除了邦格的特別鑑定外，依規定還需要有第二份的論文鑑定書，記得是由德林教授出具的，全部的條件具備後，才敲口試的時間，訂在一九六六年二月九日。

我要參加學位口試，對當地的臺灣留學生來說，是一件大事，加上我是公費生，連教育部的駐外人員都知道，倍增緊張的氣氛。過程中，我特別感激史密特博士的幫忙，他對來自亞洲的留學生很友善，曾經安排我去旁聽聯邦憲法法院開庭，他當時雖有博士學位，但還未正式取得教職。

參加口試者為表達對口試老師的尊重，通常會著西裝應試，而且以黑色最為允當。我出國在外，西裝自然沒有全帶在身邊，更不要說剛好是黑色的。史密特知道了，主動張羅，幫我借了一套黑色的西裝。我以為黑色西裝就應該配黑色領帶，最有禮貌而且莊重，便自作主張去買了一條黑色領帶。所幸史密特為人熱心，事先到家裡來看我穿怎麼樣，順便提醒一些事情。當他看到我打著黑領帶配上黑西裝，當場就說：「我跟你講，你今天這樣去口試，就完蛋了！」原來，這樣穿等於是對教授的挑戰，我哪裡會知道?!於是，他趕緊去向同學借了一條白色領帶，解了我燃眉之急，也避免了一場可能發生的「大災難」。

德國法學博士學位的口試，又叫Rigorosum。不像臺灣是針對論文的內容進行提問與答辯，而是測驗法律專業知識，不限於受試者的專業科目，多人一起應考，而且是多（口試委員）對一（考生）的方式。這次口試共有四人參加，除了我之外，其餘三位都是德國學生。一般來說，口試科目主要是國際公法、民法、刑法及公法（憲法及行政法）；口試老師的人數，按規矩通常會有四位。不過，學校對外國學生有一項「優惠」，就是可以少考一科，而且由考生自選。我選擇不考刑法，也就是只考國際公法、民法及公法（憲法及行政法）。但是因為我的指導教授負責國際公法的提問，依規定，公法必須再多一位口試老師，再加上刑事法的老師在場，但不發問（不問我，但會問其他的考生），結果我總共有五位口試老師，讓我的學位口試平添趣事一件。

博士口試正式登場

口試當天，史奈德教授及尤尼格（Othmar Jauernig）教授[23]把我領到口試的教室，桌上放著兩本一般常用的大法典。先發問民法，首先是代理的問題，前兩天才聽過，記不大清楚，只說出一部分而已，又問到「給付障礙」（Leistungsstörung）的問題，由簡而深，有時也問到羅馬法，還問起「積極侵害債權」（Positive Vertragsverletzung）概念的創始者。因為我本來是想讀民法，對民法比較有信心，也有把握，基本上答得還不錯，反倒有一位德國學生被問得答不出來。接著，史奈德教授拿起一本憲法法典，唸了一段一八一八年巴伐利亞邦憲法的前言，問我這部分與徵收的關係，尤其徵收部分與現行法比較，當時規定賦予地主保障。

三十分鐘後，進到考場的是莫斯勒教授跟瑟里克（Rolf Serick）教授[24]，後者是民法物權的知名教授，還有一位刑事法教授勒費倫茨（Heinz Leferenz）[25]，後來好像是尤清的指導教授。莫斯勒教授先問我五權跟三權的區別，然後問到國籍及國家繼承的問題；瑟里克教授問我中國對於法的概念，也就是Billigkeit（衡平或公平）與法律衡突時如何調和的問題，中國法與德國法有何不同？又問損害賠償及國際私法等問題，例如中國人在德國收養德國人時，如何適用法律？之後，尤尼格教授又提問，對象是同時應考的其他同學。

口試結束後，四位考生出場。當時在德國認識的日本好友室井力[26]已經回日本了，高田敏[27]還留在海德堡，過來與我互相問候，並聊些考試的情形，史密特也在場。大約三十分鐘過後，我們四位被叫進去聽「宣判」，結果我的成績是cum laude，不是magna cum laude或summa cum laude[28]，成績不是最好，但是通過了（好像有一位沒有通過）！莫斯勒教授當場囑我星期五找他，討論論文中需要修改的部分。

出了考場，秘書、高田敏等人趨前向我道賀，令我意外的是，住在我樓下的鄰居夫婦（在海德堡讀化學）也到場為我祝賀，竟然會知道我要參加博士學位口試！眾人信步來到海德堡大學總圖門前，內人牽著大女兒、懷著二女兒，王仁宏、郭石城、黃顯昌、汪威錞、鄰居夫婦、高田敏等人一起留下我通過口試後的第一幀珍貴的大合照。

多年的辛苦、期待，終於有了成果！晚上，王仁宏帶了一大瓶香檳來為我慶祝，

1966年2月9日，我歷經人生中最重要的一次考試——博士論文口試，走出考場後，與前來祝賀的友人在海德堡大學總圖門前合影。

1966年2月9日，我通過博士論文口試，榮獲海德堡大學法學博士學位，當地同學會設宴慶賀合照。

在眾人道賀聲中，過往求學的坎坷一一浮現，內心深處百感交集，內人為我的犧牲與奉獻，點滴在心，往事歷歷在目，每當憶起，莫不心頭悸動，不覺熱淚盈眶……。

友朋聚會，其樂融融

對於能夠通過口試，至今心存感恩，學位成績 cum laude 雖然不是特別好，但也不差，下面還有一級 rite。根據可以查到的資料，我應該是德國二次戰後第一個在海德堡大學獲得法學博士學位的中國人。在我之後，施啟揚與黃顯昌先後於隔（一九六七）年獲得法學博士學位，王仁宏則是在一九七〇年於莫斯勒教授指導下取得博士學位，續有傳承。

在海德堡留學期間，除了黃顯昌及王仁宏之外，稍晚還有王澤鑑、戴東雄、郭石城、汪威錞等人。彼時當地留學生中，夫妻同行的僅有內人與我一對，我家自然成為留學生們的聚會場所，大夥常常相聚，互通有無，彼此照應。很多臺灣留學生常到家裡來一起吃「中國菜」。所謂的「中國菜」，就是菜買回來，內人下廚炒一炒就有中

1964年間，臺大法學院施建生院長（左二）赴歐考察，蒞臨海德堡與臺大的當地德國留學生聚會。左一是施啟揚，右三是戴東雄，右二人是內人及我。

國菜了！有時候，黃顯昌來家裡作客，都會在廚房幫忙。偶有外來訪客，到當地館子小酌一番，每有別樣的趣味。一次，臺大法學院施建生院長訪問德國，順道來海德堡一遊，與當地留學生聚會。我們特別選在當年拍攝電影《學生王子》（The Student Prince）的啤酒屋「Roter Ochse」，一家約有三百年歷史的傳統夜店，大學生經常在此聚會、飲酒作樂，Drink Drink是經常可以聽到的問候語。當晚，在座的除了我和內人外，還有施啟揚、戴東雄等人，大家一起舉著傳統啤酒壺，其樂融融。

正因為當時臺灣來海德堡大學留學的法律人特別多，大家碰面習慣以母語交談，於德語的學習頗有影響。在言談中，我提到這樣的環境對初來德國的留學生來說，其實不是好事，加上海德堡大學的德文檢定考試特別嚴格，通過較為困難，不妨改到其他學校試試，換個環境也許是不錯的選項。聽了我的建議之後，王澤鑑在讀了一個學期之後，就轉學到慕尼黑大學。戴東雄因高中時的家教老師張昭鼎教授[29]正在美因茲大學原子分子研究所攻讀博士學位，於是去信詢問那裡的狀況。不久收到張教授的回信，也建議他過去，並表示樂於相助，便決定轉去美因茲大

1962年初，內人來德國與我團聚，在海德堡塞納河畔與留學生李香蘭（右二）、施啟揚（右一）合影。

留德時期，我與王仁宏（左）、王澤鑑（右）於海德堡合影。

1966年2月，我通過博士論文口試後，郭石城特別請我這位剛出爐的博士為他與侯渝芬證婚，由黃顯昌擔任介紹人（右二），我則按著他們寫的證婚稿宣讀。

學就讀[30]。剛好臺灣大學經濟系畢業的李香蘭正在該校攻讀經濟博士學位，經過她的幫忙，戴東雄很快申請到美茵茲大學的入學許可證[31]，並在四年內，也就是一九六九年順利完成博士論文，畢業歸國。郭石城[32]則仍然留了下來，後來因為他太太在「德國之聲」（Deutsche Welle）工作而轉去科隆（Köln），並且在科隆大學獲得哲學博士學位，長期旅居德國，曾以僑選身分當選第二屆立法委員。郭石城的太太侯渝芬，師大社會系畢業，兩人在德國認識，結為連理，婚禮在海德堡舉行。一九六六年（民國五十五年）五月五日，在海德堡當地的一家中國餐廳裡，郭石城請我這位剛出爐的博士證婚，由黃顯昌當介紹人，有照片為證。前幾年，他們夫婦從國外回來，提到外交部曾經認為他們的婚姻證件有點問題，我笑著說：「拿我證婚的照片給他們看，不就沒問題了！」

博士論文之成，除個人努力外，得自他人的幫忙甚多，尤其內容的檢視與文字的運用，幸賴德國同學的修改與潤飾，方不致有重大舛誤，其中一位是卓斯勒（Wolf-Dieter Dressler）[33]，曾任聯邦普通法院民事第七庭的庭長，現在已經退休了。他的父親也是法官，在卡爾斯魯一帶擔任高等法院法官。卓斯勒當時是大一學生，跟我一起聽課，成績非常優異。像是做實例演習，我們能拿四分或五分就了不得了，他都是十幾分以上，讓我印象很深刻，許多事情都向他討教。他很熱心，後來幫我修正論文的德文。

回首來時路

我在德國時有了兩個孩子。第一個孩子是在內人到德國第二年的時候出生的。那年，她懷著身孕在美軍總部的Cafeteria[34]打工的時候，德國已經是進入下雪的隆冬。

我們住在施洛斯山的房屋，雖然不是很高的山，但位於山腰，畢竟有一點坡度。山不高路陡，來回相當辛苦。當時，內人早上為了準時到店裡開門、上班，必須趕搭第一班電車，走在積雪路滑、坡度陡峭的途中相當危險。為了避免滑倒，她經常用大衣當墊子坐在地上從山上滑下去。這段期間，內人確實吃了不少的苦頭！

內人上班途中須走的陡峭坡路。

內人於美軍總部Cafeteria前。

內人在美軍總部服務期間，不僅工作盡心盡力，而且在換算匯率及找錢時（經常需要在美金與德國馬克之間換算），反應特別快（相較於她的前手及後繼者），深獲經理和店長的肯定，離職的時候還分別出具書面證明，褒揚內人在店裡服務期間的優良表現。經理的信是這樣寫的：

尊敬的翁淑禎女士：我非常高興可以對您在將近三年共事期間擔任Snack-Bar主管的工作能力，表達我個人對您的肯定。您總是表現出對工作的高度熱忱，獨立、相當忠實且極為可靠的提供服務。您尤其是勤奮與樂業的典範，誠實性情表露無

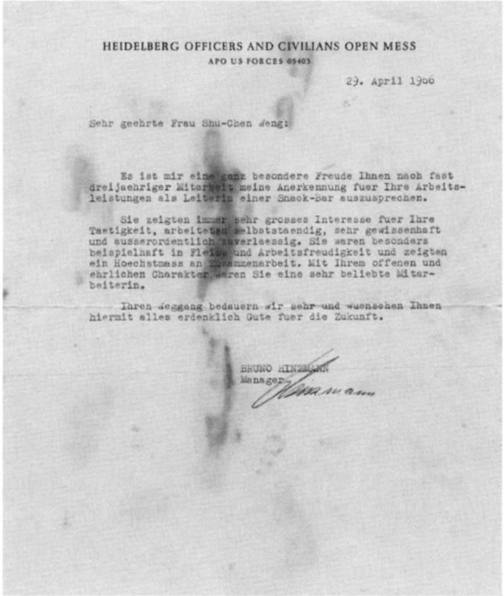

HEIDELBERG OFFICERS AND CIVILIANS OPEN MESS
APO US FORCES 09403

29. April 1966

Sehr geehrte Frau Shu-Chen Weng:

Es ist mir eine ganz besondere Freude Ihnen nach fast dreijaehriger Mitarbeit meine Anerkennung fuer Ihre Arbeitsleistungen als Leiterin einer Snack-Bar auszusprechen.

Sie zeigten immer sehr grosses Interesse fuer Ihre Taetigkeit, arbeiteten selbstaendig, sehr gewissenhaft und ausserordentlich zuverlaessig. Sie waren besonders beispielhaft in Fleiss und Arbeitsfreudigkeit und zeigten ein Hoechstmass an Zusammenarbeit. Mit Ihrem offenen und ehrlichen Charakter waren Sie eine sehr beliebte Mitarbeiterin.

Ihren Weggang bedauern wir sehr und wuenschen Ihnen hiermit alles erdenklich Gute fuer die Zukunft.

BRUNO HINZMANN
Manager

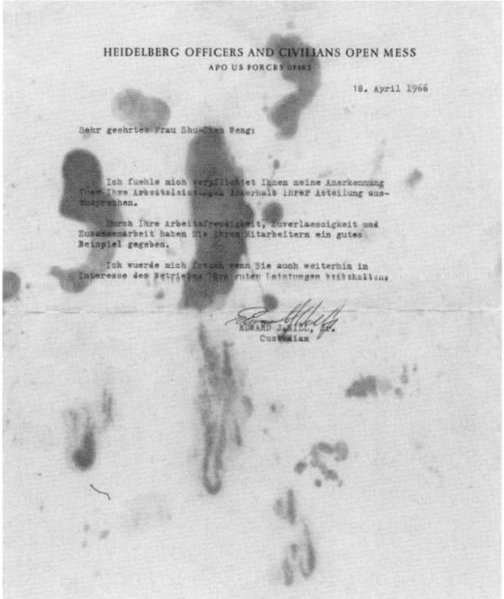

HEIDELBERG OFFICERS AND CIVILIANS OPEN MESS
APO US FORCES 09403

18. April 1966

Sehr geehrtes Frau Shu-Chen Weng:

Ich fuehle mich verpflichtet Ihnen meine Anerkennung fuer Ihre Arbeitsleistungen innerhalb Ihrer Abteilung auszusprechen.

Durch Ihre Arbeitsfreudigkeit, Zuverlaessigkeit und Zusammenarbeit haben Sie Ihren Mitarbeitern ein gutes Beispiel gegeben.

Ich wuerde mich freuen, wenn Sie auch weiterhin im Interesse des Betriebes Ihre guten Leistungen beibehalten.

EDWARD J. HILL, Jr.
Custodian

1966年4月，內人於美軍總部打工，離職時，經理Bruno Hinzmann（上）和店長Edward J. Hill, Jr.（下）寫的感謝函。

遺，是一位受大家喜愛的工作夥伴。對於您的離職，我們深感惋惜，謹此祝福未來一切安好。[35]

另一封是店長（美國人）的短箋，大意是：

尊敬的翁淑禎女士：對於您在所屬部門的工作表現，我感到有義務向您表達我個人的肯定。由於您熱愛工作、可靠及合作無間，已經為您的同事樹立了良好的榜樣。……。[36]

時間靜止不動的小屋

我的住處除了是留學生們的固定據點（Stammtisch）[37]外，也經常作為旅遊者停歇的地方。不少人從法國回臺灣，都會經德國而來到海德堡，聽人介紹就會來我家，因為我家客廳有沙發床之類可以打地鋪的「設備」，就成了歇腳的轉運站。例如施啟揚的大學同班同學張文中，第一次外派到非洲當駐外代表，在法蘭克福機場過境轉機時，曾到寒舍住過一夜。因為在我家過夜的人數不少，這事後來就淡忘了。我擔任大法官之後，一九七七年間，第一次帶隊出國考察，抵達美國西雅圖，張文中恰好在那

我在海德堡時期家裡的座上常客，林本添（左一）、施啟揚（右二）、王仁宏（右一）。

裡擔任處長，特地宴請來訪的所有大法官。晚宴開場時，他提到這段往事，我才想起有這麼一回事。之後，張文中被派駐蘇聯代表，曾任國安會副秘書長，已經退休了，現居美國，每年都還寄卡片給我。其他如陳繼盛、林菊枝夫婦，臺大數學系的賴東昇教授，甚至我國的駐外人員，都曾到過我的住處。賴教授也退休了，現在是我爬山的山友，不定期碰頭聚會。另外還有一位是臺大法研所畢業的林本添，曾經在海德堡一段時間，後來轉往慕尼黑就讀，獲得該校法學博士，留在德國。值得一提的

是，教育部的駐外人員胡維新先生。我考公費那年，他在教育部承辦出國留學考試業務，我公費留學出國啟程那天，他還代表政府到松山機場送我。一年不到，他被派到歐洲服務。一日，他來海德堡訪視留學生，在家裡看到內人嚇了一跳，對於公費生可以帶家眷來德國，而且還生有小孩，似乎有點不可思議！我心想，真有這個「禁令」嗎？如果有，我也不知道啊！這段時間，胡先生夫婦也在我那裡住過好幾次。

我們的住處離海德堡的主要景點城堡不遠，大約五、六分鐘的路程。有時候，我會帶孩子到那裡走走逛逛，經常會遇到來自臺灣的遊客。當時在德國難得有機會看到亞洲人，我們當然把他們當作客人，邀請來家裡坐坐。不管是有意來訪，或無意偶遇，相逢就是有緣，我們都竭誠歡迎，互道鄉情，其樂也融融。在異鄉求學雖然辛苦，但也覺得很有意義。

那時候比較辛苦的，就是孩子的照顧問題。因為德國法律規定，不能留小孩一個人在家裡，所以我們必須早一點送她們到幼稚園，但幼稚園收學童有最低年齡限制。為了這件事情，我特別去拜訪一位從前在中國青島當過主教的老先生，請他幫忙通融，才得以讓我們的小孩未足齡就能夠提前進入幼稚園就讀，內人也才可以利用白天的時間繼續工作。我們住的學生宿舍是特別供給結婚家庭的，同一層的鄰居是一對韓國夫婦，有一段時期多虧他們幫忙照顧小孩。上了幼稚園之後，就由我接送，因為學校圖書館離幼稚園不遠。

一九六五年九月十六日，海德堡的地方報《萊茵法爾茨報》（*Rheinpfalz*）刊登一則署名史坦（Miriam Stein）的小文章，標題是：在「勒文尼希之屋」時間靜止不動，副標題是「海德堡夫妻學生宿舍的一次拜訪」，內容描寫的就是我們四對夫妻（一對臺灣夫妻、一對韓國夫妻、兩對德國夫妻）在這棟房子裡生活的點點滴滴。文章中提到這棟房子裡每層都有廚房，上下相處融洽，絲毫無閉塞之感；有三本博士論文同時在此產出，法學、醫學、自然科學；中國人的慈善（Grazie）、韓國人的從容（Gelassenheit）、德國人的迅捷（Agilität），構成了幸運的絕配；這棟房子裡頭的氣氛，可說是出於人類最自然的群居本性；德國家庭說：他們簡直愛死了這裡……。文章旁還附有一張房子照片，上面寫著：深於數米高牆籬內的「勒文尼希之屋」，屋裡無歲月、寒暑不知年[38]。這份剪報深刻述說當年山中無甲子的歲月，至今我還完整無損的保存著，每讀一次，昔日的情景就生動地浮現在眼前，縈繞不去。

1965年9月16日，海德堡地方報《萊茵法爾茨報》刊登的文章，描寫的就是我們四對夫妻在「勒文尼希之屋」這間房子裡的故事。

Im „Haus Loevenich" ist die Zeit stehengeblieben

Ein Besuch im Studentenwohnheim für Ehepaare in Heidelberg

Zwei holländische Reporter waren es, die als erste auf ihren romantischen Pfaden durch Alt-Heidelberg entdeckten, was den Bewohnern der Stadt bisher so gut wie verborgen geblieben ist: das Studentenwohnheim für Ehepaare am Schloßberg.

Einrichtungen dieser Art gibt es auch in anderen Universitätsstädten. Über die Grenzen Schwedens hinaus bekannt ist das Studentenhotel Jerum in Stockholm. Ein großer moderner Bau bietet dort Dutzenden von Studentenehepaaren Unterkunft. Zu jedem Zimmer gehört ein eigener Duschraum und Toilette. Die Wäsche wird in vollautomatischen Waschmaschinen im Haus gewaschen und die Kinder nimmt der Universitätskindergarten — ebenfalls im Haus — in Obhut. Bis ins Kleinste ist alles durchdacht und durchorganisiert, damit das Studium der verheirateten Studenten mit einem Minimum an häuslicher Belastung ablaufen kann.

Wer etwas Ähnliches vom Wohnheim für Studentenehepaare am Schloßberg erwartet, muß enttäuscht sein. Es hat nichts von einem Heim im üblichen Sinne an sich, vielmehr hat es den Charakter einer Privatburg, in der ein altes, aussterbendes Geschlecht den Lauf der Zeit aufzuhalten bemüht ist. Da unten liegt sie, die Stadt mit ihrem bewegten Leben, mit ihrer modernen Hast — hier oben aber — hinter den meterhohen Mauern und Hecken hat die Zeit kaum Gewicht.

Für nur vier Ehepaare reicht der Platz in dem Hause, das einmal einem alten reichen Manne gehört hat und der Stadt Heidelberg von ihm geschenkt wurde, als er starb. Es heißt heute noch „Haus Loevenich", und man erzählt sich, daß der alte Herr in seinem Testament ausdrücklich bestimmt habe, daß in seinem Hause zukünftig Studenten wohnen sollen. Hierhinein, in dieses alte Gemäuer scheint sich der Genius der Romantik, der einstmals über der Stadt und der alten Universität waltete, aus den überfüllten Hörsälen, aus der unpersönlicheren Atmosphäre der Seminare und der drangvollen Enge der Mensa Academica geflüchtet zu haben. Hier gibt es keine Enge. Das einzelne scheint noch kostbar, weil es eine Geschichte hat — die Eibe im Garten, der Eisenring an der verwitterten Eingangstür ebenso wie der überdimensionale Spiegel im Vorraum des Hauses, das man über viele ausgetretene Steinstufen hinweg erreicht.

Vier kleine Namensschilder am Eingang verraten dem Besucher, daß neben Deutsch auch Chinesisch und Koreanisch zu den Umgangssprachen im Haus gehören. Zu jedem Stockwerk gehört eine Küche. In der der oberen Etage tauschen Frau Weng aus Formosa und Frau Ahn aus Korea in deutscher Sprache Kochrezepte aus. In der Küche unten wirtschaften die beiden Frauen der deutschen Studenten. Jedes Zimmer hat seinen ureigenen Stil — trotz des gleichen Grundinventars, das aus einer Doppelbettcouch, zwei Schränken, einem Schreibtisch und einem Couchtisch besteht. Die jungen Leute im Erkerzimmer haben große Gobelins an der Wand hängen, der Fußboden ist mit schwarzen Teppichen ganz belegt und die Tür mit Samt ausgeschlagen. Eine lange Bücherwand nimmt eine breite Seite des Zimmers ein. Das Waschbecken ist hinter einem Vorhang verborgen. „Es hat sogar dem Oberbürgermeister bei uns gefallen, als er sich einmal das Heim anschaute", erzählte das Ehepaar — offensichtlich ein wenig stolz auf das Lob des Stadtvaters. Ein Blick in das Fotoalbum, das auf dem Bücherbrett steht, zeigt auch Aufnahmen vom Haus, und das Bild auf dem Boden unter Gerümpel geauf einer Seite ist eine altmodische Fotografunden. Es ist der lange verstorbene Besitfie aus dicker Pappe eingeklebt. „Wir haben zer dieses Hauses, und wir sind ihm Dank schuldig für viele glückliche Tage." Die Geschichte dieses Hauses scheint hier pietätvoll bewahrt.

屋裡無歲月、寒暑不知年的「勒文尼希之屋」。

臨去秋波：難忘的時間、空間與人

在德國念書的階段，一開始大部分的時間都是在馬普公法研究所度過，後來有部分時間則是在海德堡大學法學院，因為要寫研討課的專題研究報告或實例演習的作業，法學院圖書館有所有的公法期刊，查閱比較方便。

小孩出生後，因為住處與學校總圖書館的距離較近，為了方便接送及照顧小孩，就改到總圖念書，公法的書籍雖然沒有馬普公法研究所多，但《聯邦法律公報》相當完整，重要的註釋書也都有，準備筆試或學位口試時很方便，於是總圖就成了我在德國後半階段讀書的好地方。

準備口試期間，沒有聽課的問題，最多是參加研討課。這段時間得到許多德國老師、同學或朋友的幫忙與照顧，經常受邀到德國家庭作客。

博士論文之成，備極辛勞，也倍感溫馨。一九六〇年代，寫報告或論文並無電腦可用，基本上是手寫，一字一頁的寫，寫完、修改、再整理、謄寫、打字。我的論文是由住在同棟樓的一位德國太太代勞打字。先生提利派珀（Tilipaper）在學校攻讀化

這裡就是產出三本博士論文（法學、醫學、自然科學）的地方。
左起：韓國太太及其小孩、兩對德國夫妻、內人及我的大女兒。

學博士，她自己也是博士生，主修哲學，利用上課之餘為我的論文打字，讓我省去相當多的時間，得以專心在論文寫作上。提利派珀先生不知道念了多少年，至少是十幾年，我離開的時候他還沒拿到學位，反而太太先拿到哲學博士，後來擔任記者工作。

論文撰寫過程，承蒙多位德國同學或友人的修改，如卓斯勒、維爾茨（Wirtz）等人。另外還有來自馬堡的博士生、馬普公法研究所的年輕研究員朱莉安娜（Juliana）等。論文完成後，指導教授指定先由研究助理史坦柏格審閱，他提供了不少實質性的建議。

在研究討論的夥伴或學術同好，例如普拉茨（Platz）博士，他後來走外交官路線，被派到日本，我們成了很好的朋友。另一位是格克教授，我們都受業於莫斯勒教授，是同門師兄弟，在馬普公法研究所經常討論公法問題，針對司法制度（法官法）

格克教授是我邀請來臺大法學院演講的第一位外國學者。左起：廖義男教授、我、格克教授、黃茂榮教授。

格克教授（第二排左二）於臺大法學院演講後，與會者共同在研究生大樓前合影。當中共有九位現任及未來的大法官：林子儀（前排左二）、鄭玉波（第二排左一）、我（第二排左三）、洪遜欣（第二排中立者）、姚瑞光（第二排右四）、范馨香（第二排右三）、黃茂榮（第二排右二）、廖義男（第二排右一）、許宗力（第三排右三）。

交換意見，成了莫逆之交[39]。他對於憲法法院不同意見書的制度與運作特別有興趣，曾經邀請我寫有關臺灣的情形，另外想找日本學者談日本的制度運作，就不同意見書的問題作較大規模的比較研究。我回國後，曾請他來臺大法學院訪問，是我邀請來臺大演講的第一位外國學者。

格克夫婦與我及內人在舟山路宿舍門口合影。

格克教授夫婦（左二、四）、杜勉教授夫婦（左一、三）、馬漢寶教授夫婦（右二、三），以及我和內人四對夫妻，在舟山路臺大宿舍裡聚會。杜勉教授時任德國薩爾大學東亞政治研究中心主任，曾任該校法學院院長，是政治大學第一位客座教授，夫婦皆通曉中文，當時亦住在舟山路臺大宿舍，常有往來。

那次，格克教授偕其美籍夫人來訪，除了學術行程外，特地介紹我和同樣來自薩爾大學的杜勉（Jürgen Domes, 1932-2001）教授夫婦認識，這位教授會講中文，是政治大學邀請的客座教授，於是我請他們及馬漢寶教授夫婦一起到我家裡作客。四對夫妻在舟山路的臺大宿舍裡，無話不談。

一九八五年，格克教授再次來訪，於四月十日應輔仁大學之邀，於該校法律學系每學期一次的系週會上做專題演講，題目即是「西德憲法法院之不同意見書」[40]。可惜他於一九八七年英年早逝，沒能完成不同意見書比較研究的心願[41]。

多出來的學期

教育部給的公費是三年，但我的論文一拖就是四年半。不像跟我同時出國的繆龍驥兄，他四年就完成了論文，在哥廷根大學取得數學博士學位，早我一年回國。

一九六六年二月九日，我通過了博士學位口試。因為韓忠謨老師來信希望我再多留一個學期，以方便他安排行政法的課程，我答應了，並且利用這多出來的學期全力

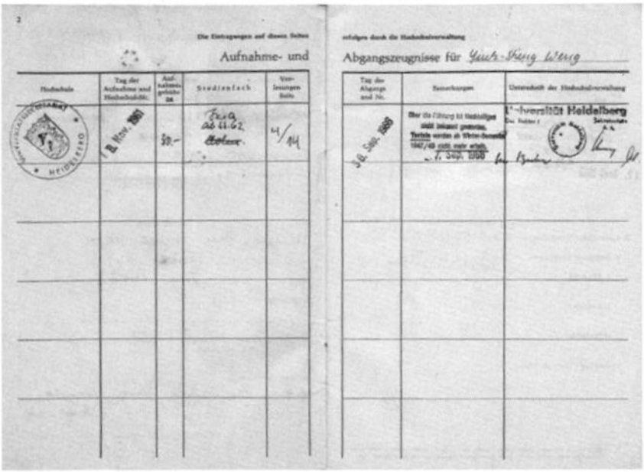

註冊手冊上記載我是在1961年11月8日入學註冊，1966年9月30日離校註冊。

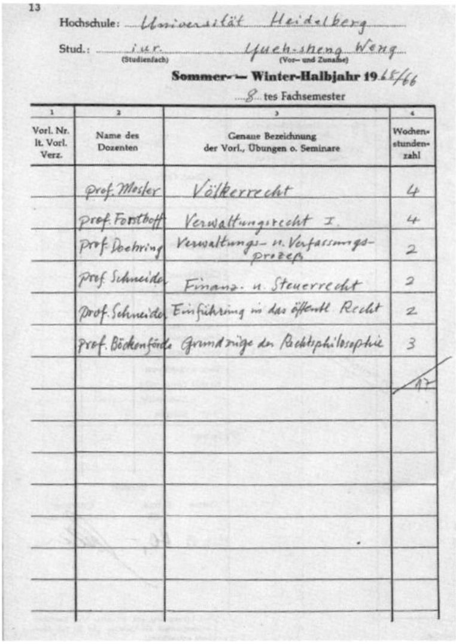

13

Hochschule: Universität Heidelberg

Stud.: iur. (Studienfach)　Yueh-sheng Weng (Vor- und Zuname)

Sommer- — Winter-Halbjahr 1965/66

8. tes Fachsemester

Vorl. Nr. lt. Vorl. Verz.	Name des Dozenten	Genaue Bezeichnung der Vorl., Übungen o. Seminare	Wochen-stunden-zahl
	Prof. Mosler	Völkerrecht	4
	Prof. Forsthoff	Verwaltungsrecht I.	4
	Prof. Doehring	Verwaltungs- u. Verfassungsprozeß	2
	Prof. Schneider	Finanz- u. Steuerrecht	2
	Prof. Schneider	Einführung in das öffentl. Recht	2
	Prof. Böckenförde	Grundzüge der Rechtsphilosophie	3
			17

德國大學學生註冊手冊中必須詳載每學期修習的科目及授課教授。

準備行政法，也因此有了與斯拜爾大學烏勒教授結識的機緣！

當時，德國正在討論行政程序法的制定及其草案[42]，烏勒教授是重要的推手之一，於斯拜爾大學開設行政程序法專題研究課程，針對草案內容逐條討論，由同學提出報告、詳細分析。課堂上有一位來自日本慶應大學的田口精一教授，專攻憲法，由學校出資到國外進修，他選擇來斯拜爾大學，與我一起參加研討課。因為他德文不是頂好，上課有點吃力。不過，他非常感念烏勒教授，兩人一直保持良好的關係。一九八八年，烏勒教授獲頒慶應大學榮譽博士學位，就是田口教授居中促成的。後來，我在臺大法律系有一位導生賴百合，一九六八年臺大法律學系司法組畢業，與蘇貞昌、朱柏松、葉百修等人是同班同學[43]，想去日本留學，經我推薦申請成為田口教授的指導學生，獲得法學碩士學位，後來嫁給東京大學一位醫學博士，留在日本。二〇一〇年間，她回到臺灣，新居落成時曾辦了一場同學會，席開三桌，請馬漢寶老師跟我夫妻參加，一起歡喜慶賀。

我雖然已經取得博士學位，完成學業，但為了這多出來的學期，我仍然需要在學校註冊，一方面可以正式修習課程，比如說福斯特霍夫的行政法專題研究，加強行政法的理論基礎，並深化行政法新知，另方面是因為內人那時候懷有身孕，隨時可能分娩，註了冊才有學生醫療保險可以支應生產費用。一九六六年六月，內人臨盆，順利產下一女。一九六六年九月十二日，我與內人、兩個女兒舉家回國的時候，二女兒還在襁褓中。在離開海德堡的當日，我們全家在住處旁合影留念，戴東雄等幾位好友協助我們去機場。同月十四日，抵達臺灣，結束留學生活。

回國途中，因為我是公費生，所以特別去我國駐比利時大使館拜會大使陳雄飛先生[44]。我們同時去了滑鐵盧。在比利時遇到在魯汶大學讀書的蔡政文[45]，回國後，曾有

1966年6月，我在德國多停留的半年，二女兒憶德出生。

1966年9月12日，我與內人、兩個女兒舉家回國，在離開海德堡前往機場時，我們全家在住處旁合影留念。

一陣子常常來往，他結婚的時候還請我代表他的家長去提親。也許因緣於此，黃錦堂後來才有辦法進臺大政治系，那時候就是蔡政文當系主任。當時政治系的教師留德的一個都沒有，留美的比較多。

拜烏勒教授為師

我在德國海德堡的最後一學期，已經取得博士學位，到斯拜爾大學參加烏勒教授的研討課，不是以學生身分。回國之前，決定要加強行政法，除了參加福斯特霍夫的研討課之外，另外的一項收穫是結識烏勒教授。在學期間，對於烏勒教授並不陌生，他的著作文字比較淺白，容易閱讀，尤其是行政訴訟法的教科書早有接觸。

烏勒任職於斯拜爾大學，不是海德堡大學的教授，住在海德堡，兩地往返，與日本學者來往甚密。京都市曾經有一件有關宗教的法律案件，涉及宗教捐款是否課稅的問題，延請烏勒教授提具鑑定意見，並提供頭等艙機票，讓他可以到日本出庭表示專業意見。他在日本相當受到尊重與禮遇，日本天皇曾頒給他二等文化勳章，一直掛在他的房間裡。

烏勒教授前後到過日本五次，其中三次順路來臺演講，在日本法學界相當有名，學者幾乎都認識他，當時重要的公法學者，如室井力、高田敏、村井正、芝池義一等京都大學系統的教授[46]，都曾因緣於此而到過海德堡或斯拜爾進行兩年左右的短期研

1978年，我到維也納短期進修，並借地利之便，回到海德堡拜訪友人，自然少不了就近探望烏勒教授。

究。另外，出身東京慶應大學的田口精一教授也與烏勒教授建立良好的交流關係。

我在海德堡留學期間，因略通日語，加上都是公法同好，與室井力等日本學者時常來往，建立友誼[47]。博士學位口試之後，經由高田敏教授的引介，於一九六六年三月四日先寫信給烏勒，並且約好時間（三月九日）前去拜訪。當日，高田敏教授也一起前往，我遲到了幾分鐘。烏勒夫婦很親切，烏勒教授還送我一本由他主編、一九六四年出版的行政法期刊 *Verwaltungsarchiv*[48]，其中有一篇日本學者寫的關於日本行政訴訟的制度，他不了解為何東方各國的行政訴訟制度發達不起來。他身體不是很好，不便多談，要我下週打電話和他約時間再談。之後，大概是十八日左右，再去他家請教行政法的問題，並且拜他為師，開始定期參加他的研討課。

忘年之交，情義感人

斯拜爾行政大學是一所相當特別的學校，沒有大學部，只有供通過第一次國家考試的法律人作實習場所，同時開設有各種專題研究課程，亦接受教授資格論文學程，圖書資源豐富，設備先進。斯拜爾距海德堡不遠，我偶而在那裡過夜，或上完課當日返回海德堡。有時候我會與烏勒及其來自東德的姐姐一起出遊，他們把我當作家裡的一份子，彼此建立起深厚的情誼。一九八七年，烏勒教授過八十歲生日時，我因公務在身無法前往德國參加，據說他還特別提到我。

烏勒教授對臺灣相當友善，不僅對我個人，對臺灣留學生的幫忙也不遺餘力。例如寫過《法律企業家林敏生傳》一書（一九九四年出版）的胡蕙寧，臺大經濟系與法律系雙學位，想到海德堡攻讀博士學位，請我引介指導教授。不過，她在申請入學許可時遇到問題。因為海德堡大學法學院博士班的入學資格非常嚴格，當時必須

1968年，烏勒教授第一次來臺灣訪問，並發表演講，由中華法學會查良鑑教授（左二）主持，我擔任翻譯。

有法學碩士學位或曾經通過司法官考試（相當於通過德國的第一次國家考試），施啟揚就是以臺大法研所的碩士資格入學的。我研究所沒有畢業，但至少司法官考試及格，黃顯昌也是，但是胡蕙寧兩項都沒有。後來還去拜託施密特・阿斯曼（Eberhard Schmidt-Aßmann）教授[49]幫忙，但也礙難從辦。於是她想去慕尼黑大學，請我推薦給巴杜拉（Peter Badura）教授[50]。剛好我在臺大法研所的學生陳雍之，考上教育部留德公費獎學金，我已經打電話請巴杜拉教授擔任他的指導教授，而且獲得首肯，自然不方便再作推薦。沒想到烏勒教授知道這件事之後，便替她寫信給巴杜拉教授，信中提到這位學生也是我推薦的，而巴杜拉教授也收了。烏勒教授幕後無私協助的故事，外人不得而知，我由衷敬佩，至今仍感念在心。

烏勒來過臺灣三次，第一次來臺灣時的演講，由中華法學會查良鑑先生主持，我擔任翻譯，談的是有關憲法法院管轄權的問題[51]。其後幾次，也都是我負責翻譯[52]。烏勒教授的太太喜歡吃臺灣的鳳梨，在德國最多只能吃罐頭，來這裡吃道地新鮮的鳳梨，特別高興。

記得一九八八年慶應大學要頒給烏勒教授榮譽博士的時候，慶應大學邀請我去參加授證典禮及晚宴。適巧同一時間日本一橋大學也請

烏勒教授夫婦來臺，我帶他們遊覽寶島風光。

1988年，與烏勒教授於日本東京飯店裡敘舊。

與烏勒教授及其夫人於東京合影留念。

我去訪問。經洽詢一橋大學我能否分身參加，因一橋校方已有既定行程安排而不克讓我前往慶應大學觀禮。會後，只好偕同內人到烏勒教授下榻的旅館裡面與他們夫婦會面，非正式地吃個晚餐，聊表慶賀之意。兩對夫妻四人安靜的敘舊，促膝長談，倒也另有一番情味。

烏勒教授夫婦把我當作自己的孩子一樣看待，留下許多珍貴的回憶。我回國後，有機會到德國，都會去看看他們。烏勒教授於一九九九年去世，我最後一次去看烏勒夫人的時候，她已經住在療養院了，身體不是太好。她看到我及一起前往的臺灣年輕老師們，非常高興，還陪我們去烏勒的公墓祭拜悼念。隔幾年，我再去的時候，烏勒夫人已仙逝了。站在他們夫婦合葬的墓位前面，追憶時光的流逝，令人感傷又感慨萬千！

1 塞爾布（一九二九～一九九四年），德國暨奧地利民事法及羅馬法學者。一九五四年於海德堡大學獲法學博士學位，一九六二年於同校通過教授資格論文。先於哥廷根大學任教，旋於一九六三年轉任維也納大學，至退休為止。曾任維也納大學法學院院長。

2 原文如下：

Verehter Familie Weng!

Unsere Verwandten aus Ludwighafen würden sich freuen, wenn Sie sie einen Sonntag, den 26. 8. 1962 besuchen würden. Herr Ofer wird Sie am diesem Tag in Heidelberg, in Ihrer Wohnung abholen wird, zwar um 10:45 Uhr. Wir sehen uns später. Ihr W. Selb

3 溫克勒（一九二九年～），奧地利公法學者。一九五一年於因斯布魯克（Innsbruck）大學獲得法學博士；一九六一年至一九九七年，任維也納大學公法教授。

4 最高聯邦法院的法官，則由聯邦司法部與由聯邦司法部部長及聯邦眾議院代表組成的法官遴選委員會共同決定（「基本法」第九十五條第二項）。

5 原文：Der gemeinsame Senat des obersten Gerichtshöfe des Bundes.

6 參見翁岳生，〈西德司法制度〉，《行政法與現代法治國家》，頁四四〇～四四一。

7 原文：Rechtspflegeministerium.

8 截至目前，德國聯邦法院仍由聯邦各部管轄，隸屬權限則稍有更動。聯邦社會法院與聯邦勞動法院，仍隸屬於聯邦勞動暨社會部（Bundesministerium für Arbeit und Soziales, BMAS）；聯邦行政法院及聯邦財政法院，則改隸聯邦司法暨消費者保護部（Bundesministerium der Justiz und für Verbraucherschutz, BMJV），與聯邦普通法院同受該部管轄。各該部對於聯邦法院的法官享有部分之任命權，並得為一般的職務監督。參見「基本法」第九十五條第二項、「法院組織法」（Gerichtsverfassungsgesetz, GVG）第一二五條。

9 史奈德（一九一二～二〇一〇年），一九四〇年於韋伯（Werner Weber）指導下，通過教授資格論文。先後於哥廷根、杜賓根及海德堡大學任教，一九八一年於海德堡大學退休。

10 實際上是在一九六三年五月二十二日宣判，結果是原告之訴一部分不受理、一部分駁回。參見BVerfGE 16, 147 ff.

11 穆斯克隆（一九三五年～），是史奈德的指導學生，一九六三年獲得法學博士學位，一九六九年通過教授資格論文。一九七八年起，為海德堡大學公法暨財稅法教授，同時兼財稅法研究所（Institut für Finanz-und Steuerrecht）所長，至退休為止。

12 原文：Die Stellung der Justiz im Verfassungsrecht der Republik China.

13 憲法及行政法考題：Grundsatz der Gesetzmäßigkeit der Verwaltung und welche Bedeutung in der Verfassung für die Verwaltung；法制史考題：Unterschiede zwischen der Deutschen Bundesakte und der Bismarckschen Reichverfassung。

14 圖姆沙特（一九三六年～），一九六四年於海德堡大學獲法學博士學位，一九七〇年通過教授資格論文。先後於波昂大學及柏林鴻堡大學任教，曾任聯合國人權委員會及聯合國國際法委員會委員。

15 在此之前，只有一次去西柏林看「柏林圍牆」。因為要通過東德，所以必須去外事處（Ausländeramt）辦簽證。那一次施啟揚也跟著一起去，那是在剛到德國第一、二年的事。

16 德國法學院考試給分採十八分制，四分及格，最高分十分，其間的等級是：四～六分：ausreichend（及格）；七～九分：befriedigend（滿意）；十～十二分：vollbefriedigend（非常滿意）；十三～十五分：gut（優）；十五～十八分：sehr gut（極優）。

17 伯肯弗爾德（一九三〇～二〇一九年），德國當代最重要的公法暨法哲學學者之一。一九五六年於沃爾夫（Hans Julius Wolff）教授指導下，在敏斯特大學獲得法學博士學位。一九六〇年間，與施努爾共同創辦國家法雜誌 *Der Staat*。一九六四年通過教授資格論文，先後於海德堡、比勒費爾德（Bielefeld）及弗萊堡大學任教。一九八三年至一九九六年，擔任聯邦憲法法院法官。

18 當時只有一位所長，後來增設共同所長，一位或兩位不定。

19 史坦柏格（一九三一～二〇一四年），德國國際法學者。一九七五年至一九八七年，擔任聯邦憲法法院法官；一九九五年起，擔任歐洲安全與合作組織（Organisation für Sicherheit und Zusammenarbeit in Europa, OSZE; Organization for Security and Co-operation in Europe, OSCE）仲裁法庭法官。

20 伯恩哈特（一九二五年～），德國國際法學者。一九六二年在莫斯勒教授指導下，通過教授資格論文。一九七六年任馬普公法研究所共同所長，一九八一年任所長，同時出任歐洲人權法院法官，一九九八年任歐洲人權法院院長。

21 德林（一九一九～二〇一一年），德國公法學者。為福斯特霍夫的學生，曾於哥廷根及慕尼黑大學任教，繼莫斯勒教授之後，接任馬普公法研究所所長（一九八〇～一九八七年）。

22 參見翁岳生，〈德國大學法學院對審判實務之影響〉，《政大法學評論》，第二期，頁九三以下，收於《法治國家之行政法與司法》，二〇〇八年九月，頁四七七。

23 尤尼格（一九二七～二〇一四年），德國民事法學者。一九六一年至一九九五年，於海德堡大學擔任民法及民事訴訟法教授。

24 瑟里克（一九二二～二〇〇〇年），德國民事法學者。一九五六年至一九八七年，於海德堡大學任教。

25 勒費倫茨（一九一三～二〇一五年），德國心理學暨刑事犯罪學者。一九六二年，任海德堡大學犯罪學研究所所長。

26 室井力（一九三〇～二〇〇六年），日本行政法學者。一九六二年，名古屋大學法學博士；一九六八年，名古屋大學法學部教授；一九九三年退休。

27 高田敏（一九三〇年～），日本行政法學者。一九五三年，京都大學法學部畢業；一九六九年，大阪大學法學部教授。二〇〇八年於近畿大學退休，二〇一四年獲德國總統頒發德國十字勳章（Verdienstorden der Bundesrepublik Deutschland）。

28 德國博士學位的成績以拉丁文表示，分成六個等級，分別是：1. summa cum laude（傑出）；2. magna cum laude（極優）；3. cum laude（優）；4. satis bene（佳）；5. rite（及格）；6. non probatum, non sufficit, non rite（不及格）。

29 張昭鼎（一九三〇～一九九三年），出生於屏東。一九五三年考入臺大化學系，一九五七年考上清大原子科學研究所。一九六三年獲得德國外交部宏博獎學金赴德國馬普化學研究所暨美茵茲大學深造，一九六六年獲得博士學位。一九六八年返回清大化學系任教，為臺灣無機合成化學研究之先驅，其後擔任清大化研所所長兼系主任。一九八二年任中研院原子分子科學研究所籌備處主任。一九九三年，同時被推為臺大、清大兩校校長候選人，在名單公布前夕，因病去世。

30 參見林銘亮，《李遠哲最敬愛的朋友：張昭鼎的一生》，前衛出版社，二〇一四年，頁七七。

31 參見戴東雄先生訪談紀錄，《臺灣法界耆宿口述歷史》，第六輯，頁二二〇。

32 郭石城，臺大法律系畢業，臺大政治學系政治學碩士（一九六二年），碩士論文〈民國以來地方行政組織的演變〉（指導教授：林紀東）。

33 卓斯勒（一九四三年～），德國聯邦普通法院（Bundesgerichtshof, BGH）庭長。一九六九年於海德堡大學擔任助理，一九七〇年起被任命為巴登-符騰堡邦法院法官；一九七八年至一九八一年，擔任聯邦憲法法院法官助理；一九八二年，任邦高等法院法官；一九九二年，被任命為聯邦普通法院法官；二〇〇二年，被任命為聯邦普通法院民事第七庭庭長。二〇〇八年屆齡退休。

34 店名是「Heidelberg Officiers ans Civilans Open Mess」。

35 全文如下：Sehr geehrte Frau Shu-Chen Weng: Es ist mir eine ganz besondere Freude, Ihnen nach fast dreijaeriger Mitarbeit meine Anerkennung fuer Ihre Arbeitsleistung als Leiterin einer Snack-Bar auszusprechen. Sie zeigten immer sehr grosses Interesse fuer Ihre Taetigkeit, arbeiteten selbststaendig, sehr gewissenhaft und ausserordentlich zuverlaessig. Sie waren besonderes beispielhaft in Fleiss und Arbeitsfreudigkeit und zeigten ehrlichen Charakter, waren Sie eine sehr beliebte Mitarbeiterin. Ihren Weggang bedauern wir sehr und wuenschen Ihnen hiermit alles erdenklich Gute fuer die Zukunft. BRUNO HINZMANN Manager

36 全文如下：Sehr geehrte Frau Shu-Chen Weng: Ich fuehle mich verpflichtet Ihnen meine Anerkennung fuer Ihre Arbeitsleistungen innerhalb ihrer Abteilung auszusprechen. Durch Ihre Arbeitsfreudigkeit, Zuverlaessigkeit und Zusammenarbeit haben Sie Ihren Mitarbeitern ein gutes Beispiel gegeben. Ich wuerde mich freuen wenn Sie auch weiterhin im Interesse des Betriebes Ihre guten Leistungen beibehalten. EDWARD J. HILL, Jr. Custodian

37 Stammtisch是德文的慣用語，相當於regulars' table，引伸為固定友人定期聚會的地點或處所。

38 原文如下：Hinter den meterhohen Mauren und Hecken, die "Haus Loevenich" umgeben, hat die Zeit kaum Gewicht.

39 我在臺大法研所的碩士指導學生朱武獻（一九五〇年～），於碩士畢業後，在我引介下到薩爾大學跟隨格克教授攻讀博士學位，於一九八三年學成歸國，曾任人事行政局局長、銓敘部部長。

40 中譯文，收於朱武獻，《公法專題研究（一）》，一九八六年，頁一六一以下。

41 薩爾大學於一九八八年七月八日為格克教授舉行逝世週年紀念研討會，由他的指導教授莫斯勒擔任開幕致詞，講述格克的生平、求學經過、研究生涯及學術貢獻。參見Hermann Mosler, Wilhelm Karl Geck, Rede in der Gedäcjtnisfeier in Saarbrücken am 8. Juli 1988, in: Friedler/Ress (Hrsg.), *Verfassungsrecht und Völkerrecht, Gedächtnisschrift für Wilhelm Karl Geck*, 1989, S. 1-9.

42 這份草案主要是在一九六三年完成起草工作，於一九六四年以「行政程序法標準草案」（Musterentwurf eines Verwaltungsverfahrensgesetzes）之名公布，其間曾邀請巴霍夫（Bachof）、弗洛勒（Fröhler）、烏勒教授提出審查意見。一九六六年，「聯邦與邦之起草委員會」應聯邦內政部之邀，於慕尼黑重新集會，綜合各方意見，完成新草案。於一九七〇年向立法院正式提出。可惜因國會議員任期屆滿，重新改選，該草案之立法工作隨之胎死腹中。參見翁岳生，〈論西德一九六三年行政手續法草案——行政法法典化之新趨勢〉，《行政法與現代法治國家》，頁一五三以下。

43 參見賴百合，〈似水流年〉，《臺大校友雙月刊》，第五十四期，二〇〇七年，頁四三～四五。

44 陳雄飛（一九一一～二〇〇四年），江蘇上海人。震旦大學、法國巴黎大學博士。一九四四年進入外交部工作，一九四九年奉派出使法國，其後歷任駐比利時、盧森堡、烏拉圭大使。參見許文堂、沈懷玉，《外交生涯一甲子：陳雄飛先生訪問紀錄（上下篇）》，中央研究院近代史研究所，二〇一六年。

45 蔡政文（一九四〇年～），臺灣大學政治系畢業，比利時魯汶大學政治學碩士、社會科學博士。國民黨智庫國策會執行長。

46 日本早期的行政法學者多半任教於其出身的學校，形成某種兼含地緣、人脈的學術勢力範圍。芝池義一後來轉到關西大學，但仍然是京都大學的名譽教授。不過，老一輩的那種關係比較對立，年輕人則愈來愈好，像塩野宏與室井力有一點合作關係。

47 室井力後來發起東亞行政法學會。

48 德國重要的行政法期刊之一。

49 施密特．阿斯曼（一九三八年～），德國公法學者。一九六六年於哥廷根大學獲得法學博士，一九七一年於同校通過教授資格論文。一九七二年於波鴻（Bochum）大學任教，一九七九年轉任海德堡大學，至二〇〇六年退休為止。

50 巴杜拉（一九三四年～），於一九五九年獲得法學博士學位，一九六二年通過教授任用資格。一九六四年獲聘於哥廷根大學，隨後於一九七〇年轉任教於慕尼黑大學直至退休。巴杜拉教授學術領域為公法學、法律哲學以及國家哲學。

51 參見烏勒演講，翁岳生譯，〈德國憲法法院管轄權之範圍與界限〉，《法學叢刊》，十四卷一期，一九六九年一月，頁一六～二五。

52 參見烏勒演講，翁岳生譯，〈德國行政法總則之新發展〉，《法學叢刊》，十四卷二期，一九六九年四月，頁九～一七。

卷六

學院際遇

初執大學教席

我留學德國前後大約五年，一九六六年二月九日通過博士論文口試，順利拿到博士學位。一九六六年九月十二日離開德國，十四日抵達臺灣。之所以在德國多待了半年，原因是當時在臺大法律系擔任系主任的韓忠謨老師來信告知，二月份回國的話，學校排課比較不方便，並囑咐我準備行政法的課程，於是我就利用這段時間充實行政法方面的知識，也就有前面提到與烏勒教授及福斯特霍夫教授的結緣。

一九六六年九月回國後，隨即獲聘為臺大法律系副教授，於該學年度開始授課，卻不是韓忠謨老師原先為我安排的大學部「行政法」。因為韓老師剛好於該年度轉任臺大訓導長，由劉甲一教授接任系主任。劉主任只安排我上兩門選修課——大學部的「比較司法制度」與研究所的「行政法專題研究」。回國時，我沒能立即在大學部講授「行政法」，其實是因為這門課當時在政治系與法律系同時都是由政治系老師授課，行之有年，不便請其讓出講授多年的課程。我上了「比較司法制度」三年之後，恰好由王澤鑑兄接任臺大法律系系主任。王老師相當熱心，認為法律系的行政法應該由本系的老師講授，便去同政治系老師商量，詢問他只教政治系行政法的可能性。這位老師對於一人包辦兩個系的行政法，也覺不妥，就答應讓出法律系的課。於是，行政法的必修課在我回國後第四年開始由我執教，「比較司法制度」同時停開。

回國執教之初，雖然只被安排上兩門課，大學部與研究所各一，每週合計四小時，實際上每週時數卻有十小時之多，主要原因是多了「德國法學名著選讀」。前面提過，我讀臺大法研所期間，每週要修十二小時的德文課，不計入學分，時數吃重，而且從頭教起，對於像我在大學時早已修過三年德文的研究生來說，形成很大的負擔，深以為苦。我回國後，自己在研究所開課，便以自身經驗為例，向系主任劉甲一老師提出建議，研究所的德文課採分班制，讓大學部已經修過兩年以上德文且成績及格者，改上「德國法學名著選讀」，其餘的才是上一週十二小時的基礎德文。由於這是梅仲協老師當年定下的政策，行之多年，劉老師剛上任，不敢作主，便帶我向戴炎輝老師及洪遜欣老師請教。經兩位老師同意後，劉老師就指定我負責這門法學德文選讀課程，每週四小時，如此研究所每週便有六小時的課，再加上韓忠謨老師請我代替他教授法學組大一的「法學緒論」，因此，我在臺大任教的第一年，每週共有十小時的課。授課加上備課，每週投入不少時間和精力在教學上，但初為大學教師的我，覺得非常愉快，樂在其中。尤其讓我特別開心的是，在臺南師範大我一屆、臺大也大我一屆的學長楊日然兄，與我亦師亦友、感情甚篤，對我相當照顧、提攜有加，在他留日期間還一直替我延長彭明敏老師幫我申請到的日本東京大學入學許可，剛好他也在

與楊日然兄（右二）教學相長，於學術路上一起努力。左三是蔡墩銘兄，右一是王澤鑑兄，都是我同系好友。

1967年間，日然兄與我同時任教於臺大法律系，相互切磋、時而出遊的日子，令人懷念。前排右起：劉宗榮、我、日然兄。

一九六六年自日本東京大學獲博士學位，返國後於臺灣大學法律系所任教，並且承接我之後，講授「法學緒論」。有朋同好各自從遠方而返、相聚於臺大，不亦樂乎！在臺大任教期間，我們二人有事相互商量、生活彼此關照，專心從事教學或研究撰寫著作，努力地想讓我們所學的法治理念在臺灣生根。

法學前輩的提攜照顧

第一年的「德國法學名著選讀」，我以一位德國刑法教授達姆（Georg Dahm, 1906-1963）所著《德意志法》（*Deutsches Recht*）一書為教材，與三名研究生分享德國法的歷史根基與體系精華，樂在教學相長之中。三年後，一九六九年，戴東雄老師自德國學成返國後，這門課就交由他接手。「法學緒論」是大一新生的法學入門，責任重大也相當具挑戰性，可說是卯足了全力。「比較司法制度」是我博士論文的延伸，同時是我在德國留學期間的切身領悟，教來相對嫻熟，更因得以貢獻所長、發揮所學而感到興奮不已。雖然只開了三年，於今想來，仍然回味無窮。至於「行政法專題研究」，應該算是我正式教「行政法」的第一門課，而且持續下來，即使後來轉任大法官、兼任教職，仍未間斷，多半利用週六下午上課。早期研究生很少，第一次開「行政法專題研究」時，只有一位學生選課，加上兩名旁聽生，與日後曾有超過二十位選課的「盛況」，實在是不可同日而語。

因為代韓忠謨老師上「法學緒論」的緣故，所以回國第一年就有機會開授臺大法學院這門重要的啟蒙課程。當時，分成法學與司法兩班，分由馬漢寶老師與韓忠謨老師同時在校總區普通教室授課。韓老師因出任學校訓導長之故，指定我代替他教這門課。對於新進教師來說，能夠得到韓老師青眼相待，感到莫大榮幸。但這門課程的講授並不容易，尤其韓老師寫的《法學緒論》一書，原是名著，義理深奧，讓我十分惶恐。所幸馬漢寶老師已講授該門課程多年，是長我六歲的新秀教師，二十幾歲即在臺大法律系服務，我雖沒有機會親炙教導，卻常聞馬老師的授課風采，向來私淑其學，事以師禮，一有機會就請教馬老師上課的方法及內容，在教學及處事上得到馬老師許多的指點。馬老師家學淵源，與許多國外法學泰斗論交，熟知法界掌故，又平易近人，十分好客，與國際友人間往來頻繁，經常宴請外國客人，府上總是高朋滿座，我常受邀作客、參加聚會，很得照顧。

馬老師很關照剛從國外回國的年輕學者，他愛護後輩的事蹟中，讓我畢生難忘的一件事，莫過於王仁宏教授擔任臺大法律學系系主任期間，有一位我指導撰寫碩士論文的學生自國外學成回國，即將進入臺大任教時，有關部門要求需有兩人為他提供安全保證。除了我一份外，另一份我央請馬老師出具。馬老師與這位學生並不熟稔，即慨然應允一起擔任保證人，促成其事。後來，這位青年學者成為法學界法治貢獻的重要人物，並位居司法要職。前輩愛才惜才的風範，令人感動。

馬老師自一九四〇年八月一日起至二〇〇二年七月三十一日止，在臺灣大學法律學系擔任教職，長達五十三年。為讓此逾半世紀的歷史性關係持續綿延，馬老師以其終生積蓄成立的馬氏思上文教基金會，與臺大法律學院達成協議，在該院設置馬漢寶法學講座暨馬漢寶訪問學者講座，於二〇〇二年開始運作。馬老師退休後，仍繼續回饋母校，不忘獎掖後進，為臺灣法學發展貢獻己力，其崇高情懷與師表典範讓人敬佩。二〇一五年間，馬老師邀請我擔任第六屆講座教授，並允許分兩次舉行。我雖自認早已非學術中人，但感於馬老師對我的師恩及對本講座的重視，不敢推辭。二〇一五年十一月二十八日，第六屆「馬漢寶法學講座」第一次演講會於臺灣大學法律學院舉行，由我主講「臺灣司法之現代化」；第二次是二〇一六年十月一日，講題是「臺灣法治之發展」。感謝馬老師給我任此講座的機會，得享尊榮，更讓我在這兩次演講的準備過程中，重溫法學研究著述的辛苦與樂趣，並且可以把長年的法治觀察與心得分享給師友同道。

與不同系所老師切磋交流

除了與法學師友同道切磋學問外，和其他領域老師的交往密切，也常常讓我獲益匪淺。值得回憶的是，臺大當時在臺北市舟山路三十巷蓋了一處學人宿舍村，巷裡住滿歸國學人，不問學門科系或留學國別，只要取得博士學位且在臺大任教，都可申請入住。我剛回國也住在臺大舟山路的宿舍，三十巷五弄八號，第三個小孩在這裡出生。因地利之便，得以和國外學者就近交流，同時和臺大其他系所的老師往來，其中多有來自大陸的流亡學生，我始終對他們寄予同情。想想我們再怎麼苦，總還是有親

於舟山路臺大宿舍自宅，與好友們過年聚餐。左起：朱炎、黃谷波、我、趙榮澄、王曾才。

人在旁相互照應，他們卻都是被迫遠離家鄉，與親人斷絕聯繫。例如前臺大文學院院長朱炎教授（一九三六～二〇一二年），幼年時遭逢戰亂，歷盡艱辛，隻身來臺，憑著天賦才資和刻苦力學，終能卓然有成。他說當年是校長帶著他們一批學生從山東一路向南流亡，抵海南島、經香港再到臺灣，卻在入境時受阻，被留置在澎湖。當局竟然要學生們從軍，當青年兵；校長挺身而出，堅決反對，表示這些學生要到臺灣讀書。結果校長被誣指為「共匪」，就地槍斃，成為大時代的犧牲者。其他還有朱堅章教授、易君博教授、王曾才教授、張豫生先生等人，也都有刻骨銘心的流亡經驗，聽他們講述九死一生的親身經歷，總是深受感動，覺得自己經歷過的艱困不算什麼，從此不敢再言苦。另一位好友，趙榮澄兄，臺大化工系教授，安徽人，才情洋溢，拉得一手好小提琴，尤擅書法，曾開過書畫展，我家裡牆上至今還掛著他相贈的墨寶。想當年，一大早我都會和朱炎兄到大學校園散步，無話不談。每逢過年或時令佳節，我們總會相聚，抒情暢懷，成為深交的好友。朱炎兄每次憶起往事，說到激動處總會忘情高歌，哽咽落淚。王曾才教授最近逝世於加拿大，故人已去，逝者如斯，令人懷念。

力邀福斯特霍夫來臺訪問

在德國多停留的半年期間，除了與烏勒教授建立友誼外，同時有幸結識大名鼎鼎的行政法教授福斯特霍夫。拿到學位以後，我參加的第一門課程就是福斯特霍夫教授開授的研討課，晚上八點到十點。課後，老師跟學生多半會一塊去小酒館喝啤酒，各付各的。因為只有這個時候才有機會跟教授近距離的接觸，我自然也去參加。一次，福斯特霍夫教授又邀上課的學生一起去當地小酒館喝啤酒，其中有四位外國人，義大利人、南非人、高田敏和我。他的助理克萊因（Hans Hugo Klein）[1]也在場。想不到這位名滿德國的教授相當和氣，關心地問我是否已經在莫斯勒教授完成了博士考試程序，沒架子地和我交談。我告訴他：「其實您批改過我最差的一份考卷，就是筆試憲法及行政法那一科啊！真的寫得不好。」在言談中，得知福斯特霍夫當講師的時候，曾經有個中國學生，當時是蔣介石部下的將軍或親戚的兒子，因為這層關係，中華民國駐德大使館原本要聘他去北京大學教書，結果因為新婚太太的反對而未能成行，後來戰爭就爆發了。不過，也因為有這段過往經驗，所以他對國民政府、對中華民國頗有好感。福斯特霍夫教授在日本很有名氣，日本法學者們競相邀請他到日本演講。席間，他談到計畫（一九六七年）三月到日本、香港、泰國等地旅行，我便力邀他旅日期間順道來臺灣訪問，他也欣然答應了。

我將這件事告訴當時在德國留學的三位中山獎學金公費生。教育部公費在法律學方面一年只有一個，國民黨的中山獎學金一次就給了三名，當年是戴東雄、郭石城、汪威錞。戴東雄去了美茵茲，其他二位留在海德堡，其中郭石城還是我第一次證婚的對象，他的婚禮在中國飯店舉行。

福斯特霍夫教授要到日本的消息，對我來說非常難得，隨即請中山獎學金的留學生跟我國駐波昂的新聞處聯繫，詢問由他們邀請的可能性。得到的回應卻是，他們對邀請記者比較有興趣，學者則無，且不在其權限範圍內，至多就是轉給教育部。總之，似乎就是興趣缺缺。

我在回國之前，除了上福斯特霍夫的研討課外，還參加過一次的研討會，是他與一位相當有名的政治學者弗里德里希（Carl Joachim Friedrich）[2]合開，後者擔任過美國政治學學會（American Political Science Association）的會長，當時在海德堡開課。亞洲人除了我之外，日本學者像高田敏等人也都有參加這場研討會。

福斯特霍夫有一學期不在海德堡，那是大約一九六〇年到一九六三年之間，他擔任賽普勒斯（Zypern）憲法法院的院長，往返其間，因為土耳其與希臘對該地的爭端而備受注意。一九六九年，維也納大學六百周年紀念時，頒給福斯特霍夫榮譽博士學位，結果因為他在納粹時期的一些言行引發學生抗議而未前往領獎。當時我得知他有興趣訪臺，便極力想促成這位國際聞名的教授來臺訪問。

因邀訪而遭監控

在離開德國之前，我去找了福斯特霍夫教授幾次，未獲謀面，特別請他的助理轉告，如果臺灣政府沒有邀請，我個人也竭誠歡迎他的來訪，並且會負責接待相關事宜。

歸國後，已是近一九六六年末了。快到聖誕節的時候，我寫一張卡片給福斯特霍夫，同時又再次提到邀訪的事，但他回信透露正式邀請函之類的東西好像被卡住。一日，我在教員休息室遇到徐世賢老師，也就是李元簇先生的岳父，歷任軍法處處長、司法行政部常務次長，與政府當局頗有關係。當年我就讀大學的時候，他知道我考取司法官，曾建議我去受司法官訓練。現在我學成回國進臺大任教，他還是在學校上課。我就把邀請福斯特霍夫來臺的事情告訴他，語帶埋怨：「這麼有名的一位教授願意順道來臺，而且先到我國，再去日本，我們竟然沒有興趣，還說不在權限範圍，真的很奇怪！」徐世賢老師聽了也深感不解，對於新聞局駐外單位的反應很不以為然。

與徐世賢老師談話過後不久，一日突然接到新聞局的來電，問我有沒有收到福斯特霍夫來信告知何時來臺，我說沒有。隔天，才知新聞局已經正式邀請福斯特霍夫來臺訪問了！

事後回想，徐世賢老師知道這件事之後可能去追查，或至少把我的話傳到內部。時任新聞局局長是魏景蒙，當年是政治上非常紅的人，據推測可能向波昂查證、瞭解原委，甚至追究責任。波昂方面的人員是否找藉口搪塞，不得而知，但據說反過來咬我一口，說我在德國如何如何……。

我從來不涉政治活動，專心學業，原本不需要擔心被說什麼，然而就在這段期間，我感覺到似乎有治安人員在跟蹤我。有一位與我同一年臺大法學組畢業的同學，我知道他在調查局工作，來家裡拜訪我，談話的時候手上拿著一樣用報紙包著的東西，大概是錄音機之類的，不像現在那麼精密。後來又到我的研究室，問東問西，那一陣子弄得我非常地不安。

曾經有一次，我坐在校車的後排，因為害怕可能會被失蹤，心想沒有人知道你發生了什麼事，於是就公開地跟大家說：「我在外國沒有做過什麼事，但是我知道，安全人員在調查我。」有人說：「調查是好事啊，戴炎輝以前也被調查過，那又怎麼樣！」這是事後解讀、聊添趣味的後話。當時我真的感到極度的不安，還特別去跟時任法學院院長的經濟系教授施建生先生報告這件事情，說我在國外沒有做過對不起國家政府的事或搞過什麼政治活動，卻感覺到有安全人員一直在跟蹤，身邊總發生一些奇奇怪怪的事情，讓我很不安寧。也因此，福斯特霍夫到臺灣的時候，我不能去機場接他，只有他到臺大法學院的時候，帶他去拜訪施建生教授，另外陪他去見司法行政部部長鄭彥棻先生。接著參加新聞局為他安排的簡報，由局長魏景蒙親自在新聞局向他做臺灣政情報告，我雖然也在場，但不敢太過接近。

當時在新聞局有一位名叫張京德的工作人員，警官學校畢業，在學校上過一位奧地利人教的德文課，學了一點德文，在新聞局凡是涉及德國方面的事情都由他處理，曾經為了翻譯法學方面的書請教過我，略有相識。福斯特霍夫教授來訪剛好由他專案負責，我便藉機向他請教如何是好？這才透露有人告我狀的事情。我覺得不可思議，明明是一件單純學術交流的好事，如何演變至此。再問張京德後續會有哪些行程，他表示會去金門等戰地參觀；至於有沒有請他演講、安排學術活動？答案是沒有！此時我自覺已不便介入，也無法介入，於是託張京德在福斯特霍夫離臺時幫我送給他一份小禮物，聊表心意。

帶政治味道的學術交流

福斯特霍夫教授那次的訪臺，也是唯一的一次，對臺灣印象並不好。一九七二年，我出任司法院大法官時，美國邀請我訪美，我請求先到德國再轉往美國，特地去拜訪福斯特霍夫教授。那時他已退休，在他府上我們聊了一些事，但沒有特別提到去臺灣不愉快的事。不過，我從旁得知，他對那次臺灣之行頗有微詞，且多少有點怪我。後來，大概有其他教授跟他解釋臺灣當時的政治情勢，也不知是否能夠化解他的誤解。總之，出於好意的初衷，竟是如此的結局收場，代表了那個時代的縮影，多少反映出臺灣法治發展的過程與軌跡。

與現在大不相同，那個年代學術交流總帶點政治味道，比如說，一九七六年史塔克（Christian Starck）教授[3]應教育部之邀，以哥廷根大學校長的身分第一次來臺訪問時，雖然已經差不多相隔十年了，政治氣息似乎還是如此。他的演講是在政治大學舉行，而不是臺灣大學。我跟他第一次見面是因為蔣緯國先生擔任中德文化經濟協會理事長，邀請我一起參加，在那個場合認識史塔克教授，雖然此前我到過哥廷根，但那次是受萊布霍爾茨（Gerhard Leibholz）[4]教授之邀，座上客沒有史塔克教授，未得謀面。在此之前，史塔克教授與我素昧平生，因讀到我於一九七二年在德國《當代公法年鑑》發表的一篇題為〈第三權在中華民國憲法上的地位〉的論文[5]，主動寫信與我聯繫，希望得有面晤的機會，因而結識。在來臺的演講稿「有關德國聯邦憲法法院」中，他還特別提到閱讀過我文章的事[6]。在臺北有機會見面時，我親自送他一本我的博士論文[7]。之後，史塔克教授與我建立深厚的友誼，並與臺灣法學界往來密切。

發表第一篇法學文章

回國後，我在張劍寒老師及幾位朋友的介紹下參與《思與言》雜誌文章的撰寫。它是一份屬於人文社會科學的刊物，由中央研究院、臺灣大學、政治大學幾位學者共同創辦。他們向我邀稿，因為有出刊壓力，希望我儘快供稿。我想起在德國留學期間，曾受公務員懲戒委員張鏡影[8]的委託，針對德國公務員懲戒制度進行研究，並完成研究報告，寄交給張委員，遂向其索取該份報告，稍事改寫後，定名為〈西德聯邦公務員懲戒制度的研究——與我國公務員懲戒制度之比較〉（下稱〈德國與我國公務員懲戒制度比較〉）交稿，算是我回國後最早對外發表的文章。殊不知這篇文章在《思與言》出版時有些耽擱，發表後又引起一些學者的注意，完全出乎我的預料。

原來，當時的行政院院長俞鴻鈞[9]於一九五八年遭到彈劾而辭職[10]。政府當局認為行政院院長如此位高權重的政府首長，若是交由司法院下屬的公務員懲戒委員會審理，萬一委員會對行政院院長作成撤職的決議，不就等於是倒閣？如此的制度設計與運作妥適嗎？政府當局對此制度甚感不安與不以為然。

我在〈德國與我國公務員懲戒制度比較〉一文中指出：我國法制將彈劾與懲戒兩種不同的制度混在一起。彈劾是針對政務人員；懲戒則是針對事務官的制度；彈劾是憲法明定的制度，為國會權力的一部分，屬於憲法層次的問題；懲戒與公務員保障互有關聯，只有受保障的人員才有懲戒的問題，目的在防止公務員怠於職守或不服從長官命令，透過懲戒制度以資因應，屬於行政法層次的問題。這原本是兩回事，我國法制卻把兩者混在一起，才會造成屬於政務官性質的行政院院長受懲戒的怪現象。

文章刊出後，有幾位前輩師長向我索取抽印本，其中一位是史尚寬先生[11]。他在法學界是一位相當資深的前輩，擔任過大法官、國大代表、考選部部長，並曾負責起草民法、刑法的立法委員，著作等身，深受敬重。他透過系上的周治平教授傳達拜訪我之意，我不敢承應，便央請周教授帶我前去拜會，相談甚歡。之後，史先生常到我的研究室借閱德文資料，互動頻繁。一九六九年，史先生被任命為司法行政部司法官訓練所所長，請我到第九期的司法官班授課，擔任「行政法」課程的教席。那一次的「行政法」課排了二十四個小時，司法官訓練所從未如此重視行政法，司法官國家考試的科目也沒有行政法。當時，我還只是副教授的身分，深感榮幸與責任重大。

後來我聽三民書局老闆劉振強先生提起，史先生那時候經常到書局閱讀各類法學著作，然後按此聘請各科目的講師。因為改請學者教課，而解聘了一些以實務專長為主的原任教師。由於史先生的動作不小，改革幅度過大，第九期結束後，就換由王任遠先生兼任所長，第十期司法官訓練所的講師群又一次的大搬風，我未獲聘。同（一九七〇）年，我升等教授。第十一期開始，由張彝鼎先生擔任所長，我又被請回去教課，之後未曾間斷，直到第三十八期，一九九九年，我接任司法院院長一職，從事司法行政事務，時間上無法兼顧才辭掉這份很有意義的工作，這是一段令人懷念的經歷。

重視〈德國與我國公務員懲戒制度比較〉一文的還有薩孟武老師[12]，他是我大一時期「政治學」的授課教師。在當時的政治環境下，薩老師的課程及《政治學》一書是青年學子獲取現代化法治知識及自由民主理念的重要泉源。我回母校任教時，薩老師年事已高，但每週仍有兩小時研究所的課。上課當天，他通常很早就到教員休息室，因此常有機會向他請益。薩老師主張內閣制，雖然憲法規定的政府體制具有內閣制的色彩，但在當時威權體制下，報紙不能出現「閣揆」之類的詞彙，我們也不便公開討論，只能私下對談。因為理念相近，談論起來甚感愉快。從薩老師身上，我得到許多過往的憲政資訊，同時也提供他一些德國戰後公法的發展與資料。在交談的過程中，我深刻感受到學者相互間追求真理、討論學問的喜悅，讓我領略到做學問的快樂！有幾次，我們在教員休息室裡不便放聲高談，便移到老師的家中繼續討論，天南地北、古今中外，暢所欲言，沒有什麼不能傾訴，真可謂談到「忘我」的境界！

筆耕行政法

受到薩老師愛護學生的身教影響，讓我也格外關注學生的生活，喜歡和學生往來。特別印象深刻的是，陳水扁考上臺大法律系司法組的那一年，也就是一九七〇年，我是他大一的導師。導師會後，他特地來找我表示：他原本保送臺大商學系工商管理組，讀了不久後，覺得所學與志趣不合，棄商從法，對法律有高度的興趣與熱誠，休學後重考，希望我可以指導他。大二時，他嫌學校宿舍吵雜，不易專心讀書，學校圖書館又有開放時間的限制，於是我下班後把我學校的研究室B404給他使用，方便他晚上唸書。大三那年，他考上律師，即開始從事律師工作，專辦海商法事件。一九八一年間，他有意競選臺北市議員，特別偕同夫人吳淑珍到家裡來問我的意思。由於我向來對政治沒有興趣，因此告訴陳水扁與其從政，不如出國留學，他是海商法專科律師，更應該到國外拓展視野，我建議可以到海商法重鎮的美國杜蘭大學深造，並且為他寫推薦信。不過，他後來選擇投入選舉，走上政治之路。因為我不碰政治，之後我們接觸不多，但師生情誼依然存續。

在臺大專任這段時間，我比較不談憲法，學校並非沒有教授憲法的機會，但我儘量不接觸憲法，專心致力於行政法的教學與研究，對人民權益的救濟、行政訴訟權，以及依法行政原則的實踐方面下功夫，因此在這個時期我寫了不少這一類的文章。除了前面提到〈德國與我國公務員懲戒制度比較〉一文外，諸如〈論行政處分之概念〉、〈論「不確定法律概念」與行政裁量之關係〉、〈論命令違法之審查〉、〈論特別權力關係之新趨勢〉、〈新訴願法之商榷〉、〈行政訴訟制度現代化之研究〉等文章，還有關於德國及奧國行政程序法（當時稱「行政手續法」）等多篇系列論文（全部譯文），都是我返國十年內勤於筆耕的學術成果。這些研究心血後來以《行政法與現代法治國家》為題集結成書，於一九七六年付梓，列為「臺大法學叢書（二）」，是我出的第一本行政法學術著作，距今超過四十年。其間再刷數次後，絕版多年，承三民書局劉振強先生厚愛，重視本書作為我國行政法現代化過程的見證，保留原來的內容，重新打字編排，於二〇一五年出版。劉兄於二〇一七年仙逝，感佩他為臺灣學術出版的貢獻。

雖然說我不碰憲法，《行政法與現代法治國家》一書卻收錄了我一篇名為〈憲法之維護者〉的文章。此文先後刊於《憲政思潮》及《臺大法學論叢》[13]，分為六部分，未設標題，依序抒發我個人對司法院作為憲法維護者的想法，包括對大法官會議釋憲功能的評估、司法院釋憲權的範圍及其界限，還有憲法解釋與人民權利保障關係，最後還談到「釋憲機關的正名問題」。這篇文章的寫作，純然出於我留德期間受到憲政法治的薰陶，並就近觀察及鑽研德國司法審判及憲法訴訟制度，加上曾經旁聽德國憲法法院舉行的言詞辯論程序，印象深刻，乃有感而發，為文闡述，寫作當下完全沒有想過我會被任命為大法官，親身參與釋憲工作，並成為憲法維護者的一分子。

被提名為大法官

臺大任教四年後，我升等為教授，繼續從事學術研究與教學工作，並且打算到美國哈佛大學進修一年，邀請函、簽證皆已辦妥，住宿問題也在日然兄的協助下解決了。在此當口，我的人生卻出現了重大轉折，被總統提名為第三屆遞補大法官！

為何出任司法院大法官，走上司法的漫漫長路？

一九七一年十月二十五日，聯合國大會通過「恢復中華人民共和國在聯合國組織中的合法權利問題」決議。次日，總統發表「中華民國退出聯合國告全國同胞書」。政治局勢嚴峻，政府需要曾出國留學的年輕之士擔任公職，同時積極延攬本省籍人才投入黨政各部門。

一九七二年五月的某一個星期日下午，時任銓敘部政務次長的程德受先生來到我當時位於舟山路臺大宿舍的住所，進門便說當局有意請我到司法院擔任大法官。當時，我未滿四十歲，資歷尚淺，自覺如何能夠擔當大法官的大任，立刻就拒絕了：「我太年輕了，不合適。」他卻說：「魏道明先生二十八歲就當上外交部部長，而且我們知道你的年紀，請你考慮一下吧！」我覺得當面回絕沒禮貌，只好回答說：「好，我會考慮。」於是，程德受先生留下名片與聯絡電話便離開了。隔天一早，星期一上午七點左右，我立即打電話給他，明白表示：「我考慮過了，我不能擔任這項工作。」

過了兩天，也就是星期三，在臺大教員休息室遇到系裡的一位教授高化臣先生[14]，曾任臺大總務長及教育部常務次長，在國民黨黨部服務過，他告訴我：「政府現在有一項政策，假如一個部會設有兩位常務次長，其中一位一定要是本省人。現在提報給總統圈選的教育部次長人選三個名字中有一位是你，雖然不是第一位，但若萬一被選到的話，你不知情也不好，所以先跟你知會一下。」聽完後，我心裡開始有些憂慮。

再過兩天，到了星期五晚上，我上完夜間部的課，回到舟山路的臺大宿舍時，見有幾位訪客在家中等我。其中有身兼清華大學物理系教授及中央研究院物理所所長王唯農先生、總統府第一局局長劉垕先生，以及臺大政治系繆全吉教授等人。他們說王唯農先生已經被國民黨任命為新成立的中央委員會青年工作會（青工會）主任委員，他是物理背景，需要具有法政背景的學者協助，因此希望我可以過去幫忙。我告訴他們：「臺大法學院韓忠謨院長已經安排好我出國的事情了！楊日然教授去美國哈佛燕京社進修一年，就要回來了，由我接續他之後出國。我剛通過托福考試，去美國的手續都辦好了，正準備出國中，恐怕沒有辦法分身擔任這項工作。」王唯農先生卻說：「出國沒關係，如果你忙，一個星期只來一兩次也可以。」一副不容我推辭的樣子，讓我相當為難，一時不知如何是好！

在政治路上做抉擇

他們離開之後，我陷入漫長的思考，情勢演變至此，不能不做出抉擇！我的個性不適合從政，也不喜歡政治。記得薩孟武老師上課時說過：「若要走政治這條路，心要像狼一樣狠，但外表要像綿羊一樣溫馴！」我一個來自純樸鄉下的學子聽到這種話的時候，怎麼還會對從事政治產生興趣？我剛回國時，曾有過疑似受到情治人員跟蹤的恐怖經驗。身處戒嚴時期，我甚至害怕涉及政治。以前在課堂上，我常對學生說：「要想從政，第一件事就是要學會說謊話！」因此，並不鼓勵學生從政，擔心他們受到傷害，如今竟是自己面臨可能從政的抉擇！當然，現在時代不同，民主政治已經上軌道了，從政之路也是一條不錯的選擇。但是在當時的政治氛圍下，我毅然得出一個結論：若一定要進入政府部門服務，大法官的工作相對比較符合我的個性。

心意已決，隔天星期六一早，我立刻打電話給程德受先生，對於之前拒絕擔任大法官表示歉意，並表明我願意「重新考慮」擔任大法官一職的意願。他說：「好啊！你下午三點到司法院院長田炯錦先生[15]位於龍泉街的住所，跟他碰個面。」由於韓忠謨老師之前已為我安排出國進修的事情，當天早上，我立刻到法學院向韓老師報告，詳述整件事情的來龍去脈。韓老師聽完後，囑我下午赴約時不要答應。韓老師何以反對我出任大法官？事後我才知道，原來當局在我之前就先找過系上早我一年回國的蔡墩銘教授。蔡教授原本已經答應了，又因家庭的緣故而改變心意，並透過韓老師轉達婉拒之意，但是韓老師並未向我提起。韓老師在我回國任教時，在錢思亮校長禮聘下接任臺大訓導長，曾經處理過學校的黨務工作，因此並不排斥我從事黨務或教育行政工作。另方面，韓老師也許考慮到我一旦出任了大法官，就無法再擔任學校的專任教師；若是從事黨務或教育行政職務，還可以借調（當時沒有年限），維持臺大專任教師的資格。總之，韓老師是為我著想，出於好意才交代我不要答應田院長。

不料，當日下午三點我依約準時到田炯錦院長的公館時，他親自開門，見面第一句話就說：「我上午已經將你的案子送出去了！」那時候還沒有「週休二日」，星期六上午機關學校還是要上班上課，既然已經送出去了，我還能說什麼拒絕的話？這可能就是命運的安排！

田院長曾任行政院法規整理委員會主任委員，我們一起開過會，之前就相互認識。交談中，他不停地跟我說大法官的人事問題，我完全沒有插話的餘地。我的任命案被送上去之後，一日，時任中央黨部組織工作會主任委員李煥先生邀請我和李登輝先生在師大附近的一家餐廳吃飯。席間，李煥先生告訴我們二人政府重用臺籍人士的政策。蔣經國先生於一九七二年六月一日擔任行政院院長，李登輝入閣擔任政務委員，是最年輕的閣員，我則到司法院服務，擔任大法官。這是我第一次見到李登輝總統，與他結識，印象特別深刻。之後，李登輝先生每年都會寄賀年卡給我，一直到他擔任臺北市市長為止。

走上大法官之路

一九七二年六月二十六日，各報刊出：國民黨舉行中央常務委員會議，通過總裁交議案，即將由總統提名戴炎輝繼任司法院副院長[16]，陳樸生、范馨香、陳世榮及翁岳生等四人為大法官[17]。那天晚上，我在臺大夜間部上課，王澤鑑兄到學校找我，下課後我們一起去看韓忠謨老師。韓老師對於我被提名大法官仍不表贊同，事後對這件事耿耿於懷了一段時間。

據說，我的任命案帶給當時的司法界不小的衝擊。因為我不到四十歲就被提名大法官，年紀太輕，加上司法實務界很講究期別，輩分觀念很深，司法官訓練所第一期出身的人，都還沒有進到最高法院，相對來說，我是第四期，而且還退訓，卻一下就當上大法官。曾擔任第五屆及第六屆（一九八五～二〇〇三年）大法官的吳庚教授，那個時候在臺中地方法院擔任檢察官，寫了一封信給我，透露他的同事們都感到相當不滿。為此，我特別回信說明了整個出任的始末。事後，黨部也知道法院有人反彈，便把部分第一期出身、還在地方法院擔任院長的法官調升到最高法院。

說到與吳庚教授的結識，是在我一九六六年九月剛從德國學成返國的時候。是年，吳庚教授剛在林紀東老師指導下完成碩士論文〈行政法院裁判權之比較研究〉，論文中探討德國「特別權力關係」理論與行政訴訟救濟的問題。為此，他特別與我聯繫，討論德國公法學者烏勒教授提出的「基礎關係」與「經營關係」的學說見解，後來因專研領域類似，交往頻繁而有私誼。二十年後，吳教授於一九八五年榮任大法官，與我成為司法院的同事。

1972年7月，我經總統提名、監察院同意，榮任司法院大法官。同年8月，當年嘉商的同學特別設宴慶賀，內人的哥哥與我是同班同學，自然也在座（前排右三）。

當（一九七二）年，司法院正副院長及大法官的同意權，是由監察院行使，諮文關於大法官部分的內容是：「查司法院組織法規定，大法官會議以大法官十七人組織之。第三屆大法官十五人，其中田炯錦已改任司法院院長，又黃正銘因病申請退職已予照准。茲提名陳樸生、范馨香、陳世榮、翁岳生等四人為第三屆大法官。相應檢附陳等四員履歷表各一份，依憲法第七十九條之規定，諮請貴院同意。」於一九七二年六月二十七日送達監察院

[18]；該院於同年七月十三日上午舉行院會，投票行使同意權，於中午完成開票。司法院副院長及四位大法官均獲通過，我獲得了五十一張同意票，僅次於陳樸生的五十七張同意票[19]，當選了大法官，當時剛過四十歲生日。一九七二年八月，當年一起在嘉商念書的同學特別設宴慶賀我榮任大法官，我和內人應邀參加，在座的還有內人的哥哥，他是我在嘉商的同班同學。想當年，我第一次去嘉義內人家拜訪時，她哥哥一時沒認出我來，後來彼此才確認我們原來是一九四九年畢業時的同班同學。如今再聚，一晃眼竟是二十年的光景。

1 克萊因（一九三六年～），德國政治家、公法學者。一九六一年於海德堡大學獲法學博士學位，一九六七年於同校通過教授資格論文（指導教授福斯特霍夫）。一九六九年，任哥廷根大學公法教授至退休為止；一九七二年至一九八三年，擔任聯邦眾議院議員；一九八三年至一九九五年，擔任聯邦憲法法院法官。

2 弗里德里希（一九〇一～一九八四年），德國政治學者。於美國哈佛大學及海德堡大學任教。

3 史塔克（一九三七年～），德國哥廷根大學公法教授，現任司法院院長許宗力、中央研究院法律學研究所所長李建良等，為其指導學生。

4 萊布霍爾茨（一九〇一～一九八二年），德國法學者。一九五一年至一九七一年，任聯邦憲法法院法官。一九二五年於柏林大學獲法學博士學位（指導教授Heinrich Triepel），論文題目：Die Gleichheit vor dem Gesetz（論法律之前的平等）。

5 Die Stellung der Dritten Gewalt im Verfassungsrecht der Republik China, in: *Jahrbuch des öffentlichen Rechts der Gegenwart, JöR.*

6 參見Christian Starck, Concerning the German Federal Constitutional Court，《政大法學評論》，十四期，一九七六年十月，頁一五七。

7 在我八十歲生日時，史塔克教授特別為我寫了一篇祝賀文，還特別提到這件事。參見Christian Starck著，李建良譯，〈翁岳生教授八秩華誕祝壽獻辭〉，《臺灣法學雜誌》，九一期，二〇一二年，頁五。

8 張鏡影（一九〇〇～一九七九年），畢業於國立廣東大學法律系，歷任中國國民黨黨史會編輯處處長、司法院法規研究委員會委員、公務員懲戒委員會委員兼審議會主席；臺灣大學、政治大學、中原大學、輔仁大學、淡江大學、銘傳大學等校兼任教授。

9 俞鴻鈞（一八九八～一九六〇年），曾任中央銀行總裁與交通銀行、中國農民銀行、臺灣銀行董事長、臺灣省政府主席。俞並兼任臺灣省保安司令部司令。一九五四年至一九五八年，任行政院長。一九五七年四月，發生劉自然事件，請辭以示負責，獲慰留；一九五八年，因拒絕監察院約詢案遭到彈劾，辭職後復任中央銀行總裁。

10 一九五七年十二月十日，監察院成立「行政院長俞鴻鈞違法失職處理小組」，十二月二十三日，通過彈劾行政院長俞鴻鈞案，並將其移送公務員懲戒委員會。對於俞鴻鈞違反失職的理由有二：其一，俞鴻鈞不能夠處理過去監察院所通過的糾彈案，包括未能調整美援機構職員待遇過分優厚等問題；其二，俞鴻鈞未能杜絕浪費調整待遇等。除此之外，根據部分學者研究指出，主要是俞鴻鈞未能到監察院報告所致。俞鴻鈞的彈劾案是中華民國憲政史上，監察院對國家最高行政首長的行政院長所提出的唯一一件彈劾案。參見薛化元撰，〈戰後臺灣歷史年表—普及版〉，http://twstudy.iis.sinica.edu.tw/twht/GeneralViewDetailContent.asp?EventID=20781。

11 史尚寬（一八九八～一九七〇年），先後於日本、德國及法國留學，攻讀法律及政治經濟。一九二七年學成歸國後，歷任國立中山大學、國立中央大學、國立政治大學教授。一九二九年，參與立法院成立立法制委員會下設之「民法起草五人小組」，歷任立法院立法委員、立法院法制委員會委員長、民法典起草人、考試院秘書長等職。一九四七年，當選為第一屆國民大會代表。一九四九年，隨政府來臺，歷任總統府國策顧問、考選部部長、司法院大法官（一九五八～一九六七年）、司法行政部司法官訓練所所長等職務。

12 薩孟武（一八九七～一九八四年），一九二三年，京都帝國大學法學部政治系法學士學位；一九三〇年，任國立中央政治學校大學部教授兼行政系主任；一九四九年後，曾任國立臺灣大學法學院政治系教授兼院長，曾遞補立法委員。

13 參見《憲政思潮》，十七期，一九七二年一月；以及《臺大法學論叢》，一卷二期，一九七二年四月。

14 高化臣（一九一三～二〇〇六年），山東滕縣人，畢業於日本京都帝國大學法學部。抗戰時期，曾任西安黃埔軍校第七分校上校政治教官、中正中學校長、第一戰區司令長官部上校秘書。一九五一年後，歷任臺灣省立師範學院（臺灣師範大學之前身）副教授兼總務主任、國立臺灣大學法律系教授、教育部總務司司長、教育部常務次長等。一九七〇年十一月起，由國立臺灣大學法律系借聘至中央研究院任總幹事，至一九八三年一月退休。參見中央研究院電子報，第五十四期，二〇〇六年三月二日。

15 田炯錦（一八九九～一九七七年），甘肅慶陽人。一九二三年畢業於北京大學哲學系，一九二五年赴美國留學，獲伊利諾大學碩士及博士學位。歷任監察委員、制憲國民大會代表、考選部部長、行政院政務委員兼蒙藏委員會委員長、內政部部長、行政院政務委員，曾主持臺北市改制專案小組、法規整理委員會。一九七一年，任司法院大法官，旋升為司法院院長。

16 戴炎輝當時是司法院大法官，前任副院長謝瀛洲（一八九四年生）於一九七二年四月二十日在臺北病逝。

17《中國時報》，一九七二年六月二十七日，第一版；《中央日報》，一九七二年六月二十七日，第一版；《聯合報》，一九七二年六月二十七日，第二版。《聯合報》同時報導，錢國成將接替陳樸生，任最高法院院長。

18《聯合報》，一九七二年六月二十八日，第三版。

19《中國時報》，一九七二年七月十四日，第一版。

卷七

訪學遊蹤

心繫法學，緣續德國

命運安排無意間走上大法官之路，又一次讓我的人生有了很大的改變。雖然我仍繼續在學校兼課、指導學生，學術研究未曾間斷。不過，終因司法院大法官的工作特殊，為避免造成不必要的困擾，在司法前輩的善意提醒及建議下，除非必要，例如受邀演講或出國訪問，我在擔任大法官期間少有法學著作的發表。例如前述我於一九七二年初發表〈憲法之維護者〉一文，第二篇〈憲法之維護者——回顧與展望〉，緣於司法院首次出版紀念論文集（《司法院大法官釋憲四十週年紀念論文集》），於一九八八年發表後，直到二〇〇七年我卸下大法官並為司法院院長一職後，才又有第三篇〈憲法之維護者——省思與期許〉的產出[1]。儘管如此，我心繫法學的初衷始終不變，在漫漫的司法長路上，仍不斷致力於促進公法學的發展，透過教學或指導學生的方式，提高學生對公法的興趣，並提供論文主題或方向，引領其撰寫公法研究論文，同時鼓勵學生出國留學深造，或藉出國訪學機會吸收法學新知、開拓研究視野，持續把研究心得用於釋憲實務上，善盡法律人的責任。

回國擔任教職後，不管在感情上或學術淵源上，我依然情牽海德堡。不過，與德國學者的連結重心逐漸轉移到慕尼黑、哥廷根等地，與海德堡的關係相對疏遠，原因無他，我求學時期的同學和老師們的年紀逐漸大了。

一九七二年（民國六十一年），我出任大法官的那一年，美國國務院邀請我訪美，我做了一項無理的要求，表示我離開德國已經五、六年了，希望可以先去一趟德國，美方答應了，並且幫我安排德國簽證。一般受邀到德國的簽證都只給三、四天，但我需要比較長的時間拜訪一些老朋友，結果德方給了我較長的簽證，於是我第一次有機會重返德國，距我一九六六年離開德國，轉眼間已經過了六年，首站自然是海德堡！

參訪聯邦憲法法院

當時汪威錞還在德國念書，我除了拜訪恩師莫斯勒教授之外，少不了探望在斯拜爾大學的烏勒教授，久別重逢，分外高興。敘話間，我提及在德國求學時期曾旁聽聯

穿著德國聯邦憲法法院法官法袍拍照留念。

1972年，拜訪德國聯邦憲法法院，與班達院長合影。

邦憲法法院言詞辯論程序的經驗，印象深刻，表露出此行希望有機會參訪聯邦憲法法院的想法。烏勒教授體察我的心願，隨即為我以電話聯繫憲法法院的主事者，經過安排，那年我得以再次到訪位於卡爾斯魯的德國聯邦憲法法院。從當時的旁聽生到現在的座上賓，恍如夢境，難以置信。

當時聯邦憲法法院院長是班達（Ernst Benda, 1925-2009），他親自接待我，讓我深感榮幸。因為我是司法院大法官，地位等同於德國憲法法院法官，他特地讓我穿上德國憲法法院法官的法袍，以示留念。當法袍加身時，我內心的激動實在無法以言語形容。

此次出訪，雖說源於美國國務院之邀，不過我畢竟已出任大法官而具公職身分，出訪之前，時任司法院院長的田炯錦先生特別囑我藉出國之便，留心考察德、美、日等國司法人事制度。因此，一路上不時蒐集相關資料，與班達院長交談時，自不忘討教有關憲法法院的司法人事制度。回國後，我針對此項議題撰有研究報告，備供參考。言談間，不意提到司法院院長田炯錦先生曾於一九六〇年間任內政部部長，後於一九七一年任司法院大法官，旋升為司法院院長。班達院長回應說，他也是在一九六八年間擔任過聯邦內政部部長，於一九七一年轉任聯邦憲法法院法官暨院長。由於有這段巧合，雙方倍感親切，引為趣談。

展開美國之旅

美國國務院邀請我去訪問之前，赴美進修的相關手續都辦好了，因為我不是留學美國，還特別去考了托福。計畫赴美進修，原本是要拿哈佛燕京社提供的獎學金。哈佛燕京社每年都會提供臺灣大學一個名額，由法學院與文學院的老師輪流去訪，也就是一年法學院，一年文學院。經濟系的黃金茂教授就曾去過。那一年輪到法學院，學校原本選派我去（在此之前是楊日然兄）。誰知道哈佛燕京社有一位歷史系的教授向臺大表示不要只推薦一名，建議讓文學院也能夠同時推薦一名，而且希望最好是歷史系的老師。我得知這個消息，便知大事不妙。果然，那一年學校推薦赴哈佛燕京社的老師名單中沒有我，變成是歷史系的老師，打破了過去的慣例！

雖然如此，臺大法學院院長韓忠謨先生還是希望我可以去美國進修，於是就建議我申請國科會的出國計畫，後來通過了，手續也辦好了。不料，那年我被提名並通過出任司法院大法官，赴美進修一年的計畫頓時泡湯，美國之行已不可能了。不過，在臺北的美國文化參事安排下，由美國國務院出面邀請，出國進修變成訪美行程，他們希望我去美國參訪四十五日，並且暗示我可以指定會面的對象。但是我沒有這樣做，只順道去看看幾個朋友。

我先到美國華盛頓哥倫比亞特區報到，美國之旅由此展開。首先走訪紐澤西州的特倫頓（Trenton），有一位臺南師範畢業、在臺大念化工的校友顏叢杭，在當地一家公司服務。這位南師校友就是我念臺大時認識的，他太太周秋霜在天普（Temple）大學任教，跟我一直保持聯繫。我利用這次機會去拜訪這對夫妻，他們帶我去參觀普林斯頓大學，還有費城，當地牆壁上到處可見塗鴉。接著去紐約市，再轉往波士頓，走訪哈佛大學，但沒有去耶魯大學。當時孔傑榮（Jerome A. Cohen）教授任職於哈佛東亞研究所，陳長文、丘宏達都在那裡。另外還有一位曾當過警察局副局長的李俊，年紀已經很大，兒女都在哈佛念書，他的兒子李傑後來擔任過國大代表，也在那裡一起參加研討會。

拜訪行政法學者

因為個人學術興趣，特別拜訪了幾位行政法教授，在紐約哥倫比亞大學見到了蓋爾霍恩（Walter Gellhorn）教授，猶太人，專攻行政法，跟孔傑榮教授很熟。另外一位是紐約大學的史瓦茲（Bernard Schwartz）教授[2]，早期寫過有關大陸法系比較法的

1972年，拜訪在伊利諾州的小學同學翁登山，並與其全家人合照。

文章。在哈佛大學法學院，拜訪了著名美國行政法學者布雷耶（Stephen G. Breyer）教授，現在是美國聯邦最高法院法官[3]。言談間，他提到在美國的法學研究者是實務家，而不是學術人，是practitioner，不是academics。剛聽到這話的時候，相當震驚！因為在德國法學研究者就是學術研究人員，就是法學者。後來我想也許真的如此，在美國的確是實務領導學術，經由裁判建立學說。

離開哈佛之後，經過尼加拉瀑布附近，位於美加邊境不遠的一所著名大學尼加拉學院（Niagara College），有一位曾任中央圖書館（現國家圖書館）館長的李志鍾博士（任期一九七〇～一九七二年），剛好旅美在此。途經水牛城，拜

1972年，在底特律與小學同學翁文魁（右一）、同鄉翁仁山（右四）兩家人及另一同鄉胡明志（右二）一起出遊。

訪了當時在那裡的吳大猷院士（後為中央研究院院長），還特別到過他家。後來因為時間關係沒去芝加哥大學，直接到底特律，又去位於伊利諾州邊界、印第安那州的伊凡斯維爾（Evansville），因此無緣碰到那時相當有名的美國行政法學者戴維斯（Kenneth Culp Davis）教授[4]。去底特律主要是訪舊友翁文魁，到伊凡斯維爾則是訪翁登山，一位是晚我兩年的小學同學，臺大化學系畢業，一位是小學同班同學，中興大學農學院畢業，我們都曾受惠於李永連老師。老友相見，分外開心，尤其見到兩位同學的太太小孩，還有同鄉鄰居翁仁山。同窗鄉親或結伴一起出遊或促膝而談、閒話家常，好不高興。

被授予榮譽公民身分

在這趟一北一中他鄉遇故知的旅程之後，接著往南到阿拉巴馬州的伯明罕，拜訪我在海德堡留學時認識的一位美國人，里格特（Robert A. Riegert）教授[5]，當時在桑福德（Samford）大學的坎伯蘭（Cumberland）法學院教書。他特別安排我在學校進行一場公開演講，以臺灣的司法制度為主題，並比較臺灣與美國的制度。當日法學院停課，全院師生聽我演講，讓我受寵若驚、倍感榮幸。那天是一九七二年十月十四日，隔日當地的報紙還特地報導演講的內容[6]。

結束伯明罕的學術訪問後，再到邁阿密，之後轉往路易斯安那州的紐奧爾良，拜訪位於當地的州最高法院（Supreme Court of Louisiana），與法官們交換意見與經驗，並蒙桑德斯（Joe W. Sanders）法官[7]致贈親筆簽名的該院全體法官合照相片一幀。接著續往德州的艾爾帕索（El Paso），位於美國與墨西哥的交界處。在艾爾帕索市，我參訪市政府，拜會該市市長，並被授予榮譽公民身分。之後回到中部的丹佛（Denver），再由此直達加州，周遊舊金山及洛杉磯的UCLA及史丹福大學。那時候，焦興鎧夫婦正好在史丹福大學念書。抵加州時，我特別與當時在加州理工學院太空中心擔任研究員的蔡奮鬥博士聯繫，並前往他工作地點拜訪。蔡博士的父親蔡仁貴先生在我讀大一的時候，曾經資助過我，感念之至。最後飛往夏威夷，由此離開美國，結束這趟為期四十五天的新大陸之旅。

訪美過程中，美國國務院請黃維幸（Thomas W. Huang）博士陪我同行。他於一

與艾爾帕索市市長威廉斯（Bert Williams）合影。

The City of El Paso
State of Texas
Certificate of Appointment
Honorary Citizen
In recognition of sincere interest in this great International City,
be it known that YUEH-SHENG WENG
is hereby appointed Honorary Citizen of the City of El Paso and shall hold a place of high esteem in the minds and hearts of the people of this City.
Given under my hand and the seal of the City of El Paso
This 20th day of October 1972
MAYOR
Bert Williams

被授予艾爾帕索市榮譽公民證書。

1972年，前往加州理工學院拜訪擔任研究員的蔡奮鬥博士（左）。

這是我當年訪美時一路隨身帶著的美國地圖，圖上的粗黑線條標記了我在美國45天的旅行路線。

九六四年臺大法律系畢業，留學美國，在哈佛大學跟孔傑榮教授寫論文，我到美國時，他剛完成學位。那時候他不能回臺灣，因為他是陳逸松的女婿，太太是陳逸松與二房林玲玉的女兒，陳文惠女士，哈佛大學法學博士，於一九六七年與黃維幸在美國結婚。陳逸松於一九三一年自日本東京帝國大學法學部政治學科畢業，並通過律師考試。一九四八年擔任中華民國第一任的考試委員。一九六四年競選臺北市市長失利[8]，之後因美國銀行爆炸案受到調查，避居美國。一九七三年，從美國至中國北京擔任全國人民代表大會臺灣省代表等職位[9]，成為國民黨政府的海外黑名單。當時，黃維幸在美國研究中國大陸的經濟法，博士論文也與中國法有關，同時協助孔傑榮教授研究中國法。黃維幸陪著我一路拜訪各地好友教授，並在我演講時擔任翻譯，相當辛苦，至今仍然感激在心。

訪美期間，黃維幸博士（左）一路陪同。

1972年，我於日本名古屋與留日的臺大學生合影。左起：蔡秋雄、賴玉山、我、謝長廷。

初訪日本，喜遇鄉親

美國之旅的最後一站是夏威夷，由此飛往日本，再回到臺灣。這是我第一次到日本。雖然大學曾經通過自費留日考試，卻因緣際會去了德國留學，與日本學者的情誼反而是在德國建立的。

一九七二年，第一次訪日，先到東京大學拜訪雄川一郎教授[10]，小早川光郎擔任其助手，因為他專攻訴訟法，就讓他與我交談。之後，轉往京都訪問，碰到謝長廷在該校修讀碩士，同時遇到蔡秋雄與賴玉山，前者經過我的介紹，從杉村敏正教授[11]攻讀學位，杉村教授是高田敏及室井力的老師，我到京都大學的時候，剛好發生學生運動，抗議的學生包圍校園和擔任法學院院長的杉村先生，群起要求法學院的院長或系主任出面談判，杉村教授因無法出來接待我，就把他的公務車鑰匙跟司機交代給芝池義一，請他當嚮導，帶我參訪京都、四處賞景。芝池當時是教授的助手，後來也去了德國留學，情誼再續。

前面提到的幾位臺灣留日學生，如蔡秋雄、謝長廷、賴玉山等，都是臺大的學

1972年，我第一次訪日，旅程中拜訪在日本經營商店的同鄉翁明山（左）。這位同鄉在日本去世後，他的家人從日本寄訃文給我，才知道他改名為安田民雄。

1992年1月，我再去日本，翁明山（安田民雄）已經去世，我特地到他的墓前悼念致意，並與他家人合影。

生。謝長廷攻讀法哲學，念得很不錯。在日本名古屋那裡，我有一位同鄉翁明山，後來歸化為日本人，改名為安田民雄，在高速公路休息站承包了一家商店，很賺錢，因為那是經過特許的，不是任何人都可以經營。後來發生了爭議，要被收回去而導致訴訟。我就請謝長廷替他辯護，幫了他大忙。因為商店只要慢一點被收回去，至少還能繼續營業、減少損失，結果因為謝長廷的辯護，讓訴訟拖了好一陣子。

翁明山跟我有同鄉之誼，對於我擔任大法官並常獲得日本學界邀訪，與有榮焉，每次我到日本訪問，他必然伴隨在側、照應有加，讓我感到不好意思，但也因如此誠摯的同鄉之誼而倍覺溫馨。

與日本法學界的淵源

去日本留學之前，謝長廷在臺灣已經是執業律師，曾經在劉旺才律師事務所實習，他跟劉旺才的兒子是同班同學。劉旺才和劉宗德教授有親戚關係，都是基隆人，後來謝長廷介紹劉宗德教授給我認識，就是因為這層關係。當時，劉宗德考上留日獎

1992年1月18日，參加日本名古屋大學法學院第一屆「公開共同研究研討會」，同年1月20日，於室井力教授（前左）自宅與其夫人（後右）及獨生子文樹（後左）合影。

學金，需要日本公立大學的入學許可，因此透過謝長廷的引介，希望我幫他介紹日本名古屋大學的室井力教授。我原本是想介紹室井力教授的老師——杉村敏正教授，我在海德堡的時候，他的三個學生高田敏、村井正、室井力剛好都在海德堡，那時杉村敏正教授要從英國來海德堡，他們都緊張得要命！經過他們的介紹，我認識了杉村敏正教授，是一位潛心研究、品格端正的學者，可惜他後來涉入政治，於一九七八年競選京都市市長，結果敗選，剛好是我去參加日本公法學會的那一年。

雖然我在一九七二年才初次踏入日本，實則與日本法學界早有淵源。我幼時受過日

1988年，應日本一橋大學之邀，訪問日本，與南博方教授合影。

1992年5月5日，南博方教授夫婦（右一、左二）訪臺，在我家合照。

南博方教授夫婦（右三、左三）與國內留日學者餐敘。在座有楊日然教授（前排左一）、王甲乙先生（右一，時任司法院秘書長）、黃宗樂教授（後排左一）等人。

本教育，可以用日語對話。在海德堡留學時期，結識久保正幡、久保敦彥教授父子，並蒙久保敦彥的引介受業於莫斯勒教授門下。同一期間，適巧室井力、高田敏、村井正、芝池義一等京都大學系統的教授因緣到海德堡短期研究，因而熟識，彼此相互照應、情同手足。後來更在海德堡多出來的學期，在斯拜爾與出身慶應大學來訪的田口精一教授認識，建立友誼。

回國後，我與日本學者友人經常保持聯繫、持續往來。另外，田中二郎教授[12]的學生南博方教授[13]曾請我到日本訪問及演講，還親自來到臺灣當面邀請，盛情至感。一九八八年，我應一橋大學法學部邀請，與日然兄參加該校舉辦的國際座談會，發表「ねが國における日本公法の研究・教育の現況と課題」（我國對日本公法之研究：教育現況及其課題），與南博方教授共同進行學術討論，並於會後言歡敘闊，他並帶我去生產人造珍珠的地方遊歷，飽覽名勝。一九九二年，南博方教授偕夫人再次訪臺，為我舟山路宿舍的座上客，並與國內留日學者餐敘。室井力教授性格豪放，待我如弟，且頗有酒力。我每次到訪日本名古屋，如果可能，他總要我住到他家，與我把酒話舊，後來還共同發起東亞行政法學會。

結緣維也納

我與溫克勒教授認識，緣於他第一個臺灣學生謝瑞智教授[14]。溫克勒教授第一次訪臺的邀請單位是警政署，當時謝教授不在臺灣，警政署知道我的專業是行政法，並且通曉德文，便請我與溫克勒教授見面。那個時候，在臺灣能講德文，又是學行政法的學者很少，兩人會面相談甚歡。他回國後，主動與我聯繫，並邀請我到維也納大學客座，成為好友。

那是一九七八年的事，溫克勒教授已經不當校長了[15]，還特別引介維也納大學的校長、副校長及法學院院長讓我認識。公餘之暇，溫克勒教授經常招呼我和內人。有一次，他自己開車請我們夫妻出遊一整天，沿著多瑙河一直往上游開。因為我偏好吃魚，中午特別帶我們去品嚐鱒魚，還告訴我鱒魚要吃鰓的部位，現在想來，還令人回味無窮。另外值得一記的是，我在維也納期間，受到程宗熙先生多方的照顧。程先生是中央警察大學正科第二十四期的畢業生，曾在維也納大學進修法律，與溫克勒教授稱兄道弟，相當熟識，後來留下來在當地市中心開了一家中國餐廳，叫做福仁餐廳。

1978年，溫克勒教授邀請我至維也納大學短期研究，在程宗熙先生開的福仁餐廳與維也納大學校長、副校長及法學院院長聚餐，當晚喝了不少的紹興酒，賓主盡歡。

1978年3月9日，我和內人與程宗熙夫婦（右一、二）於維也納市政廳前廣場合影。

我與內人暢遊維也納觀光景點。

程先生為人熱心，擔任過當地僑委會委員，我在維也納期間諸事多有勞他的安排與打點，至今感激在心。總的來說，當時在維也納過得相當愜意。

公法大家獨立的審判堅持

溫克勒教授是學行政法出身，指導教授是奧地利行政法學大師安東尼奧利（Walter Antonioli）[16]。一九七八年，我去維也納時，安東尼奧利剛好從奧地利憲法法院院長卸任，住在維也納的郊外，經由溫克勒教授的引介而結識，並邀我共進午餐。安東尼奧利聊到他一九七七年從奧地利憲法法院院長卸任的過程，並不是很愉快。那年，憲法法院審理一件一九七五年「大學組織法」相關規定是否違憲的爭議案件。安東尼奧利認為該法牴觸憲法保障之教學自由。不過，多數親執政黨的法官則持合憲的立場。他認為審判獨立受到政治的影響[17]，就提前退休[18]，鬱鬱寡歡，深居簡出。他平常鮮少露面，還特別出來與我餐敘，相當難得。他請我到當地的一家餐廳吃飯，之後雙方時有通信。尤其在他九十歲生日的時候，我特別去函致意，到現在我還留有他的道謝回函，安東尼奧利溫文儒雅、待我謙和的身影，深深地印在我的腦海裡。

安東尼奧利抑鬱不得志的這件事，讓我想起日本的田中二郎教授，曾任最高法院法官，退休後似乎也是忿忿不平。跟他第一次見面的時候，我讚揚說：「你們最高法院蓋得那麼好啊！」他的回應卻是：「說實在的，我那些同事都不夠格在那裡！」言

與奧地利公法大家安東尼奧利教授共進午餐，並合影留念。

下頗有不平之意。田中二郎教授在日本學術地位崇高，法律見解深受器重。聽說他被延聘擔任最高法院法官時，高層曾允諾將來有機會請他擔任院長，結果未得遂願，讓他頗覺頓挫，就提前退休了。我和田中二郎教授碰面是一九七八年的事，那次是塩野宏教授帶我去的，田中二郎教授送我很多他的著作，地點就在東京火車站前的一間律師事務所內，主持律師是田中二郎教授的學生。

歐洲二度蜜月遊

一九七八年在國外的那幾個月，對我和內人來說，還有另一層意義。我在德國留學期間幾乎沒有去其他國家旅遊，連距離海德堡不遠的法國都沒去過。除了辦簽證比較困難外，最主要原因是小孩的關係，再加上學業的壓力，無心遠遊。內人為了全心照顧家庭，讓我可以專注學業，也因此跟著我待在海德堡，沒有去德國以外的地方遊歷，我心中總覺對她有所虧欠。

在維也納客座期間總共有四個月，我請內人過來待了兩個月，並利用這段時間外出旅行，慰勞她當年的辛勞。我們買了一個月有效的Europass（歐洲鐵路通行票），乘坐頭等艙四處遊歷，第一次到法國、西班牙、義大利、英國等地，算是彌補當年沒有出國的遺憾，也是一次遊歷歐洲的蜜月旅行。

旅行途中，我們特地回到海德堡，拜訪當年對我們照顧有加的王大姊（王仁宏的姐姐王貞婉）及其先生，並且一起遊覽海德堡古堡。當初，我自己在此地讀書的時候，還沒有真正完整地走過這座享譽全球的歷史古堡呢！我們也去拜訪烏勒教授，還

1978年8月13日，我與內人於法國巴黎聖母院大教堂前留影。

1978年，我與王大姊在海德堡的合照。

1978年，與王大姊夫婦在海德堡古堡。

1978年，回到海德堡，拜訪穆斯克隆教授，與他一家人合照。

1978年，我偕內人回到海德堡，舊地重遊，陳敏教授（左一）當時正在海德堡攻讀博士學位。右邊的房子就是我當初租的房子，位於齊格爾豪森。從住處要搭渡船，再坐巴士或小火車之類的交通工具，才能到海德堡市區的學校。我在那裡一直住到內人來德國為止。

有剛在海德堡大學法學院任教的穆斯克隆教授，他是史奈德的指導學生，與我同時在海德堡念書，比我稍晚拿到博士學位，算是學長學弟的關係。多年不見，在他府中相談甚歡，至今還留有與他們全家人的合照。當時陳敏剛好在海德堡攻讀博士學位，他鄉得遇學子，一樂也。特別是我們還重返當初我剛到海德堡時在齊格爾豪森租的住處，位於涅克河邊的一家洗車店裡，並且在房屋旁邊拍照留念。

走訪哥廷根

在維也納大學客座四個月期間，同時接到萊布霍爾茨教授邀請我去他家的信。萊布霍爾茨教授是德國知名的公法學者[19]，曾任憲法法院法官。當時不像今天歐洲「聯盟」，申根簽證可以通用於歐盟國家，由於我是受維也納大學的邀請赴奧地利短期研究，拿的是奧地利簽證，要在當地辦理赴德簽證相當困難。所幸萊布霍爾茨教授向德國外事處出示給我的邀請函，德國之行方有可能。

那年是我第一次到哥廷根，之所以受邀，緣於我在德國學報《當代公法年鑑》的

1978年，受萊布霍爾茨教授（右）之邀，至其哥廷根住處作客。

一篇投稿[20]，萊布霍爾茨教授是該學報的主編，因而認識我[21]。我與內人欣然應邀到他哥廷根的府上作客，他那時七十幾歲，已經退休了，而我才四十幾歲。他同時請了幾位老一輩的人一起來作客。與臺灣來往甚密的史塔克教授，當時已在哥廷根大學任教，曾於一九七六年訪問臺灣，在臺北與我有一面之雅，可惜不在受邀之列，未得再次謀面。

在萊布霍爾茨家中小坐聊天之後，眾人就開車到外面飯店吃飯，他要我們夫妻倆一起坐他的車前往飯店，我們心裡都有點怕怕的，因為他年紀畢竟那麼大了，開得又很猛……。

我在哥廷根停留期間，同時去參觀當地著名的地標「牧鵝少女」（Gänseliesel）噴水池，位於舊市鎮廳廣場。根據當地的風俗，在哥廷根大學畢業的學生，都會爬上噴水池向牧鵝少女獻吻。我畢業於海德堡大學，自然無此經驗。聽畢業於哥廷根大學的許宗力教授及李建良教授講述，他們在拿到博士學位後都曾經舉行過獻吻儀式。由於我的指導教授曾任馬普公法研究所所長，讓我對於馬普研究所多了一份親切感，總部當時剛好設在哥廷根，還特別就近前往參訪。

不解的學術緣牽

一九七八年，第四屆大法官的第二年，對我來說，可說是星馬驛動的一年。承蒙溫克勒教授盛情之邀，給了我四個月維也納大學訪問的機會，並得就近訪學歐洲。當時司法院正副院長是戴炎輝及韓忠謨先生，兩位都是我的老師輩，對於我出國短期進修，抱持鼓勵的態度。這趟學術之旅，與許多好友故舊重逢，也認識不少公法同道，結下不解的學術緣。尤其高興的是，能夠與同門師兄史坦柏格教授在德國碰面。我當年博士論文的初稿就是由他先

1978年，我以大法官身分出國短期進修，同門師兄史坦柏格教授（左）於1975年起擔任聯邦憲法法院法官，兩人在德國相見歡。

看過，並指導修改的。

在維也納研究停留數月，再到德國哥廷根、海德堡訪友之後，往南旅學，先到弗萊堡，由此轉往瑞士，經蘇黎世再到慕尼黑，與當時在當地工作的好友黃顯昌碰面敘舊。停留慕尼黑期間，經陳新民引介認識了他的論文指導老師，慕尼黑大學公法教授巴杜拉。他待我相當誠懇，客氣有加，除帶我遊覽當地的城堡及施坦貝爾格湖（Starnberger See）外，同時邀請我參加他學期末的研究生出遊活動，後來成

1986年間，巴杜拉教授夫婦（右六、七）來臺訪問，我（左三）及內人（右三）邀請他到舟山路宿舍，與臺大老師們聚會敘話，在座有許宗力（左一）、王澤鑑（左二）、華嚴（左四）、張志銘（右一）、朱武獻（右二）、戴東雄（右四）、袁頌西（右五）等人。

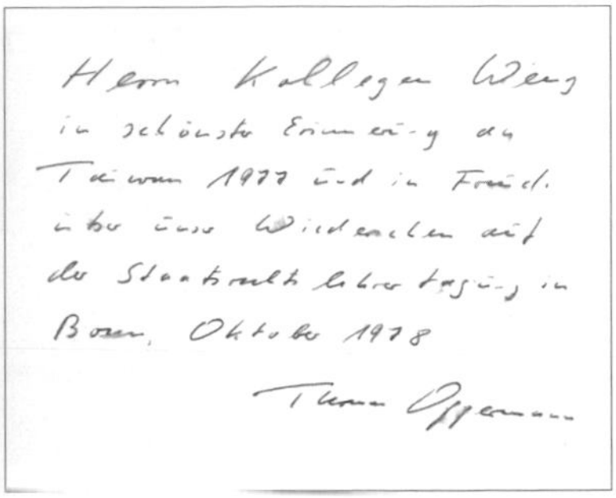

1978年，於德國波昂的德國國家法學者協會年會上與奧珀曼教授舉杯。回國不久，接到奧珀曼教授（右二）寄來的照片，背面綴有數語，大意是：「1977年底在臺灣，留下最美好的回憶，1978年10月，在波昂國家法學者年會上重逢，無比喜悅。」

為學術上的摯友。

一九七八年，結束慕尼黑之旅後，北上前往波昂參加在當地舉行的「德國國家法學者協會」[22]年會。這是德語法學圈素有歷史的重要公法盛會，自第一次年會於一九二二年在柏林舉行起，除二戰期間暫時中斷外，每年一會，二〇二〇年邁入第八十次會議[23]。與會者除來自德國、奧地利、瑞士等德語區的公法學者外，亦常見亞洲國家的公法學者參加，如日本、韓國及臺灣等。該年度年會的主題是「憲法忠誠與憲法保護」與「現代國家的公職人員」。該屆的協會理事是斯特恩（Klaus Stern）、奧珀曼（Thomas Oppermann, 1931-2019）及朔爾茨（Rupert Scholz）[24]三位教授，並由斯特恩教授擔任理事長。其中，奧珀曼

1978年，參加日本公法學會，與杉村敏正教授（左二）、蔡秋雄先生（左一）及杉村敏正教授的助手芝池義一（右一）合影。

教授適於前一（一九七七）年來臺訪問，有幸謀面，於會中得以重逢敘舊，格外喜悅。與此同時，於會上結識不少公法學者，並藉此機會交流學術、建立友情，獲益良多。

參加波昂學術盛會、親炙德國公法菁英之後，即從法蘭克福機場飛返臺北松山機場。抵達松山機場後，並非出境返家、結束旅程，而是原地原機繼續飛往日本，參加日本公法年會，這是多麼充實的一次旅程啊！

日本公法年會與德國公法學會在各自國家裡所佔有的重要地位，可說無分軒輊。每年集會總會吸引日本公法學界各方學者齊聚一堂，當時日本行政法的兩大巨頭，一位是東京大學的田中二郎教授，另一位就是京都大學的杉村敏正教授，自然是盛會的常客和主角，而我可以受邀參加，自是倍感榮幸。就在大家都進入會場後，田中二郎與杉村敏正兩位教授見到我，便在會場外與我敘舊，相談甚歡。會後，我一直想找杉村敏正教授單獨敘話。沒想到他背著我一直跑，我想追卻追不上，最終沒能跟他說上話，頗感遺憾。事後，我想他之所以如此，原因是他剛好在同（一九七八）年競選京都市市長失利，不願他人問起選舉是非之故，尤其日本是非常有禮貌的社會，學者或師生互相之間多少都會禮貌性地提及此事，為了避免尷尬，只好一跑了之。

四海之內皆學友

一直以來，德國DAAD定期會派德國學人到臺灣從事學術交流或傳播德國文化，德語教學也是重要的一環。在我回國擔任臺大教職的那段時間，這些德國學人通常都住在臺大舟山路對面的宿舍。剛好我的宿舍也在那，常有機會與他們接觸。那時候有一位DAAD派來的德國學人包斯（Baus）先生，就住在舟山路三十巷的對面，我們常有往來，後來他返回德國，就住在哥廷根。一九七八年我去哥廷根的時候，還

1978年8月5日，我與內人（右二）拜訪住在哥廷根的包斯先生（中立抱小孩）及其太太（左二）。

特別到他家拜訪，見過他的太太及兩個女兒，他現在恐怕也已經退休了。

另外一位往來密切的是海高門（Dieter Heckelmann）教授[25]，學術專長為民法債篇、民法親屬、繼承、勞工法及民事訴訟法，與戴東雄教授頗為熟識。一九八一年，海高門教授任柏林自由大學副校長，在競選該校校長時似乎發生了一些糾紛，因而應聘到臺大法研所當客座教授，講學一學期。太太、孩子全家人一起來，就住在我們舟山路宿舍家的對面，兩家往來頻繁，經常一起出遊。經戴東雄教授引介，馬漢寶老師為他取名「海

1981年，海高門夫婦（左一、右四）在我舟山路宿舍家裡聚會留影。與座有王澤鑑教授夫婦（右一、左三）、許智偉教授夫婦（右二、右三）。

1981年，海高門（右二）與我、廖義男（左二）、王澤鑑（右一）聚餐合影。

海高門夫婦（左一、二）在臺期間與我一同出遊的合照。

高門」[26]，從此我們都叫他海先生或海教授，之後他要我們也稱呼他的內人「海太太」。

一九八二年，我受格克教授之邀到薩爾布魯根（Saarbrücken）短期研究三個月。那時，海高門教授已經回柏林自由大學，並且接任柏林自由大學校長一職。因地利之便，海高門教授安排我到柏林自由大學訪學一個禮拜，也因此建立學術交流網絡與互訪機制。此後楊日然、王澤鑑、戴東雄、廖義男等人，都在海高門教授的安排之下到柏林自由大學短期研究。海高門教授之後來臺多半是由戴東雄教授夫婦接待，一方面是民事法的專業相近，另方面是戴東雄教授在陽明山有自宅，可供住宿或洗溫泉之類的，彼此關係相當密切。海高門教授後來從政，加入CDU，並且擔任柏林市（邦）內政部部長，比較不方便來臺。接替他來臺學術交流的是柏林自由大學一位地質學教授博斯（Böse）女士，來臺灣研究這裡的地質情況，也與我們建立了深厚的友誼關係。我的孩子去柏林的時候，都住到他們那裡，年年也都還寄賀年卡來……。

海高門教授於一九八二年邀請我去柏林的時候，曾帶我去邦議會參訪，引介我認識朔爾茨教授，他當時在慕尼黑大學任教，同時擔任柏林邦司法部部長。一九八八年，我到慕尼黑短期訪問時，他已經是聯邦國防部部長。礙於我國與德國無正式的邦交，加上我的大法官身分，在學校雖常有偶遇的機會，卻都不便與他打招呼。記得當時因為他擔任聯邦部長，還引發政府官員是否適合繼續擔任大學專任教師的爭議。朔爾茨教授擔任國防部長的時間不長，退任後曾受邀來臺兩次，其中一次我作東請吃飯，那是一九九八年的事，有幾位留學慕尼黑的老師作陪，如蔡宗珍教授。席間，提到他目前擔任聯邦眾議院法制委員會召集人。

回國任教後，隨著光陰流轉，我在海德堡留學時期的老師輩教授們，因年紀漸長多自學校退休，後來有機會結識施密特．阿斯曼教授，他是在我離開德國之後才到海德堡教書，對於海德堡法學的薪火傳承與學術交流，扮演重要的角色，貢獻良多。一九八五年間，施密特．阿斯曼教授伉儷第一次來臺灣訪問，他的夫人烏爾麗克（Ulrike Schmidt-Aßmann）也是法律人，獲有博士學位，並擔任法官。該次訪問是經由史奈德教授的介紹，因為他之前在哥廷根教過書，而施密特．阿斯曼教授曾在哥廷根大學就讀，並且在著名公法學者韋伯（Werner Weber, 1904-1979）指導下，在該校獲得法學博士學位，並通過教授資格論文。他們兩人過去就已認識而有交情，史奈德

1985年間，施密特・阿斯曼教授伉儷第一次訪臺，與我和內人合影。

教授特地為我們牽線。訪問期間，除相關學術演講活動外，當時的法學院院長袁頌西教授特別出面宴請國內留德的相關學者，出席的有：施啟揚、吳庚、王澤鑑、戴東雄、王仁宏、黃茂榮等。其中施啟揚剛於一九八四年六月出任法務部部長不久，原本在系上擔任教職。我因與施密特・阿斯曼教授同是公法背景，又有海德堡的連結，加上史奈德教授是我們共同的師輩，席間不乏話題，言談分外投機。

二〇〇二年間，我以司法院院長身分應邀前往法國史特拉斯堡參加第十屆國際司法會議，順道先到德國柏林訪問，與朔爾茨教授再度碰面，那時他已從政，身分是聯邦眾議院議員。同次行程，我又轉往海德堡，作東宴請老一輩的師長們，在座還有施密特・阿斯曼教授，能夠再續前緣，格外高興！

1 收錄於廖福特主編，《憲法解釋之理論與實務》，第六輯，上冊，二〇〇九年，頁一～一六九。

2 史瓦茲（一九二三年～），著有*An introduction to American administrative law*一書。

3 布雷耶（一九三八年～），現任美國聯邦最高法院法官。

4 戴維斯（一九〇八～二〇〇三年），為美國二十世紀著名的行政法學者。自一九四〇年起開始執教於美國各大學，包括德州大學（一九四〇～一九四八年）、哈佛大學（一九四八～一九五〇年）、明尼蘇達大學（一九五〇～一九六〇年）、芝加哥大學（一九六一～一九七六年）、聖地牙哥大學（一九七六～一九九四年），於一九九四年退休，有「行政法之父」（the father of administrative law）的尊稱。參見https://www.latimes.com/archives/la-xpm-2003-sep-23-me-davis23-story.html。

5 里格特（一九二三～二〇〇二年），美國哈佛大學法學院碩士，一九六六年於海德堡大學獲博士學位，指導教授是福斯特霍夫，他的博士論文後來改寫成*Das amerikanische Administrative Law: Eine Darstellung für deutsche Juristen*（《美國行政法：寫給德國法律人》），於一九六七年出版。

6 參見Taiwanese judge talks to Samford law students, *The Birmingham News*, October 15, 1972.

7 桑德斯（一九一五～一九九四年），路易斯安那州最高法院法官（一九六〇～一九八〇年），一九七三年三月任首席大法官，至退職為止。

8 《臺北市志．卷三．政制志選舉篇》，黃振超，一九八七年，頁二五九。

9 曾建民，《陳逸松回憶錄（戰後篇）：放膽兩岸波濤路》，二〇一五年。

10 雄川一郎（一九二〇～一九八五年），日本法學者。東京大學名譽教授，行政法專攻。

11 杉村敏正（一九一八～二〇一一年），日本法學者。京都大學名譽教授，行政法專攻。一九七八年，競選京都府知事（市長）落選。

12 田中二郎（一九〇六～一九八二年），日本行政法學者。曾任最高裁判所判事、東京大學法律系教授、北海道大學兼任教授。

13 南博方（一九二九～二〇一〇年），日本法學者。一橋大學名譽教授、筑波大學名譽教授，行政法專攻。

14 謝瑞智（一九三五～二〇一二年），維也納大學法政學博士、早稻田大學法學碩士、明治大學法學士。曾任師大公民教育及領導學系教授、師大訓導長、警察大學校長、銓敘部次長。

15 溫克勒教授於一九七二年至一九七三年，任維也納大學校長。

16 安東尼奧利（一九〇七～二〇〇六年），奧地利憲法及行政法學者。一九三二年於維也納大學獲法學博士學位，一九四七年通過教授資格論文。一九五一年任奧地利憲法法院法官，一九五八年任奧地利憲法法院院長，至一九七七年屆七十歲退休。

17 憲法法院的裁判引發執政當局不滿的類似情形，早期也曾發生在德國。一九八一年六月二十六日由聯邦國會制定公布的「國家賠償法」（Staatshaftungsgesetz）遭聯邦憲法法院以聯邦無立法權為由，於一九八二年十月十九日宣告違憲而無效，就是一例。本件法規範審查程序是由五個邦政府聯合提起，分別是巴登-符騰堡邦、巴伐利亞邦、下薩克森邦、萊茵蘭-普法茲邦、什勒斯維希-霍爾斯坦邦。除下薩克森邦是由當時的國會議員、後來擔任聯邦憲法法院法官的克萊因教授擔任訴訟代理人，其他四邦均委託慕尼黑大學的勒什（Peter Lerche）教授擔任訴訟代理人。國家賠償法立法通過當時，是由社會民主黨（SPD）的施密特（Helmut Schmidt, 1918-2015）擔任聯邦總理，因為國家賠償法帶有一點社會保險的色彩，所以積極推動，並在當時與自由民主黨（FDP）聯合政府之下的國會三讀通過。不料，有五個邦政府向憲法法院聲請法規範審查程序，引起施密特相當大的不滿。結果他本人卻在一九八二年十月一日被反對黨提出不信任案，且投票通過，改由柯爾（Helmut Kohl, 1930-2017）擔任聯邦總理。

18 奧地利憲法法院的法官都是兼任，只有院長是專任。

19 史塔克教授在一篇介紹德國二十世紀重要國家法學者的文章中，提到第一次與萊布霍爾茨教授相晤的經過：那是一九六四年秋天，二人在聯邦憲法法院舊址的樓梯間偶遇。萊布霍爾茨時年六十三歲，親切與史塔克教授打招呼，並對史塔克的求學經過與未來規劃，表示興趣。參見Christian Starck, Gerhard Leibholz (1901-1982), in: Häberle/Kilian/Wolff (Hrsg.), *Staatsrechtslehrer des 20. Jahrhunderts*, 2015, S. 580-591 = Christian Starck, *Rechtsgelehrte und wissenschaftliche Institutionen*, 2016, S. 69-81.

20 Yueh-Sheng Weng, Die Stellung der Dritten Gewalt im Verfassungsrecht der Republik China, *JöR*, Bd. 21, 1972, S. 639-662.

21 當年，我又在同一期刊上發表文章。參見Yueh-Sheng Weng, Die neuere Entwicklung des national-chinesischen Verfassungsrechts, *JöR*, Bd. 27, 1978, S. 535-576.

22 原文：Vereinigung der Deutschen Staatsrechtslehrer.

23 不過，因受COVID-19疫情的影響，原訂於二〇二〇年十月七日至九日於曼海姆舉行的第八十次年會，順延至二〇二一年十月六日至八日舉行。這是因戰爭以外因素中斷舉行年會的首例。

24 朔爾茨（一九三七年～），德國公法學者、政治家。一九六六年於慕尼黑大學獲法學博士學位（指導教授：Peter Lerche），一九七一年通過教授資格論文。一九七二年任柏林自由大學公法教授，一九七八年轉任慕尼黑大學，至二〇〇五年退休為止。一九八一年至一九八三年，任柏林邦司法部部長（當時的邦總理是Richard von Weizsäcker，即後來的德國總統）；一九八三年加入CDU；一九八五年至一九八八年，任柏林邦議會議員；一九八八年至一九八九年，任聯邦國防部部長；一九九八年至二〇〇二年，擔任聯邦眾議院法制委員會（Rechtsausschuss）召集人。

25 海高門（一九三七～二〇一二年），德國民事法學者、政治家。一九六五年於敏斯特大學獲得法學博士學位，一九七二年通過教授資格論文。一九七五年起，任柏林自由大學教授。一九七七年至一九八三年，任柏林自由大學副校長，之後接任該校校長，至一九九一年止。一九九一年至一九九六年，擔任柏林市（邦）內政部部長（Innensenator）。退休後執業律師。

26 關於馬漢寶老師善於為外賓取中文名字的掌故，參見戴東雄，〈兩代情一家親——馬大法官八十大壽之感言〉，《馬漢寶先生八秩雙壽紀念文集》，二〇〇六年，頁一八八～一八九。

卷八

司法生涯

最年輕大法官

一九七二年七月，我被任命為大法官，與其他三位大法官是遞補原大法官田炯錦改任司法院院長、戴炎輝改任司法院副院長[1]、黃正銘大法官因病申請退職之遺缺，並增加一人，當時是第三屆大法官，共有十六人，距離足額人數還差一人[2]。這屆大法官中，如林紀東、洪應灶、曾繁康、陳樸生、金世鼎等人，都是我在臺大求學時期的老師。我抱持學習的心態，進入司法院與他們共事。

1972年7月29日，司法院副院長戴炎輝等11位新任政府官員在總統府國父紀念月會中宣誓就職，由嚴家淦副總統代表總統監誓。

一九七二年七月十五日，我到司法院報到時，剛滿四十歲，是歷任以來最年輕的大法官。雖然過早擔任大法官此一職位，並不妥適，因為經驗與學養都還不足。不過，年輕人熱情、純真、有衝勁，在參與案件審理的過程中，我都會直接而盡情地表達我的意見，大膽地說出自己認為正確的看法，

1973年 4 月29日，第三屆全體大法官與司法院田炯錦院長、戴炎輝副院長於花園新城的大合照。我以遞補第三屆大法官身分進入司法院服務，這是我與全體大法官第一次的合影，其中有我的師輩、同僚、好友，均已作古。

但不會激情發言或自以為是而堅持己見。對於長輩及其他同仁的意見相當尊重，不曾與其他大法官發生不愉快的爭執。相對來說，我能有機會近身親炙前輩風範與雅量，感受先進對後輩的寬容，著實是我個人的福氣，尤其是大法官林紀東老師。

我在司法官訓練所時，已經上過林紀東老師的行政法課。我到司法院時，林老師已經是資深大法官，他對年輕一輩的意見非常包容。當時大法官一週才開一次審查會，釋憲表決又有四分之三的高門檻，作成解釋的困難度相當高。為促進效率，第四屆大法官除幾位年長者外，經常大家一起事先討論、預作意見溝通。當時通常是在熱心的范馨香大法官的家裡討論，大家討論的成果，就挑最年輕的我和第二年輕的范大法官，結伴去與年紀較大、資歷較深的大法官溝通，並請教他們的意見。每次我和范大法官到林老師家的時候，他都非常客氣地接待我們。范大法官是林老師在大陸時期中央大學時教過的學生，或許有這層關係，林老師對我們特別親切，不好意思反對我們的意見，非常好溝通。他總是笑著說：「我的意見好像都被你們牽著走了！」林老師對後輩的寬厚由此可見一斑，令人如沐春風，深感溫馨。

我擔任大法官不久，國民黨剛成立國建班，黨部人員與我接觸希望我加入國建班的成員。因我向來對政治不感興趣，又有大法官的身分，不方便參與政治，一開始表達婉謝之意。後來從一些司法前輩口中得知，這早有先例，且有其他法律人參加，在黨部人員再三邀請下，我參加了第一期的國建班。當時，在陽明山革命實踐研究院受訓三個月。與我同期的有蕭天讚先生、李志鵬先生、黃鏡峰先生、施文森兄、施啟揚兄等人，主要成員是立法委員、地方首長、學者等。其中黃鏡峰先生當時是臺東縣縣長，也就是後來臺東縣縣長黃健庭先生的父親。由於我對政治真的是興趣缺缺，因此結訓之後也都沒有與國建會的成員有黨務上的來往。其間，黨部多次希望我參選中央

第一期國建班研究員。

委員，我一概婉拒。只有一次，我因公出國，黨部人員把我列入候選名單，因為沒有拜票等活動，當然是落選了。不過，這正合我的本意，對於政治我始終是保持距離、避免涉入。

首宗憲法解釋

初任大法官，我參與的第一件解釋案是釋字第一三四號解釋，主要爭點是被告已知自訴內容並為辯論，得否以未受送達自訴繕本而認判決違法，涉及司法院解釋的補充釋明問題；其後的兩號解釋，釋字第一三五、一三六號解釋，也都是由行政院提出，尋求司法院對法令意旨的闡釋。直到一九七三年十二月十四日公布的釋字第一三七號解釋，才是我親身參與的第一件憲法解釋案，影響深遠。這件聲請案涉及法官對於行政機關就其職掌所作有關法規的釋示，是否得逕予排斥不用？由監察院提出聲請，案由指出：「此一問題，不但涉及人民之權利義務，法官之審判職權以及行政命令之效力，亦與本院（按：監察院）職權之行使有密切關係。」

本案的背景是，司法院大法官在一九五四年作成釋字第三八號解釋，謂：「憲法第八十條之規定，旨在保障法官獨立審判，不受任何干涉。所謂依據法律者，係以法律為審判之主要依據，並非除法律以外與憲法或法律不相牴觸之有效規章均行排斥而不用。」這號解釋是由行政院提出的。當時推動地方自治選舉的依據，都是地方政府發布的命令，發生縣立法之規章可否限制縣民的自由權利，以及憲法第八十條規定的法律是否包括縣立法（規章）在內的爭議。根據這號解釋的意旨，法官應受地方自治有效規章的拘束，不得排斥不用。

與釋字第三八號解釋不同，釋字第一三七號解釋涉及的是行政機關就其職掌所作有關法規的釋示，監察院聲請書舉了一則具體事例：一是司法行政部臺（五八）令刑

（一）第四四九八號令，為對未領執照火藥發射獵槍應否構成刑法第一百八十六條之罪疑義一案令；另一是司法行政部臺（五八）令民決字第九四八七號為退休金是否為強制執行之標的疑義令，嚴格來說，屬於法律規定意旨的釋疑（解釋），與釋字第三八號解釋的有效規章不同，應該沒有法官「不得排斥不用」的問題。不過，在討論的過程中卻發生意見的分歧。主要原因是當時臺灣還處在威權時代，行政權相當大，連行政訴訟都不太願意讓人民提告。因為如果行政院被人民提告，行政院院長的名字就要被列為被告（蔣經國先生時任行政院院長），這在當時是不會被接受的。同樣地，法官如果可以審查行政釋示的合法性，無異於挑戰行政的權威性。大法官中專長是行政法的管歐（一九〇四～二〇〇二年），朝陽大學畢業後，歷任行政官至行政院法規委員會主任委員，也傾向法官應受行政釋示拘束的見解。此外，還有一個制度性問題。上舉兩項具體事例都是司法行政部的函令，當時高等以下法院隸屬在司法行政部之下，受司法行政部的監督，法官受「上級」機關釋示的拘束，對於來自實務界的大法官來說，似乎是理所當然（審檢分隸問題後詳）。但是包括我在內的部分大法官認為，法官如果受行政機關法律見解的拘束，行政訴訟要如何打？行政訴訟就是因為人民不服行政機關的法律見解，才請求行政法院給予救濟。

經過討論、不斷溝通後，有一位文筆非常好的大法官，李學燈先生（一九〇九～一九九八年），畢業於國立中央大學法律系，在中國大陸參加高等考試第一名、司法官第一名，頗有才氣，由他草擬解釋文：「法官於審判案件時，對於各機關就其職掌所作有關法規釋示之行政命令，固未可逕行排斥而不用，但仍得依據法律表示其合法適當之見解。」一方面說「固未可逕行排斥而不用」，也就是法官原則上要受行政釋示的拘束，維持釋字第三八號解釋「並非……均行排斥而不用」的基調，另方面又表示法官可以「依據法律表示其合法適當之見解」，也就是例外情形法官可以有自己的意見。李大法官運用文字處理這宗意見紛歧的難題，讓大部分的大法官認為他們的意思都涵蓋在內，有原則又有例外。理由書原本又強調法官「在其職責範圍內，關於認事用法，如就系爭之點，有為正確闡釋之必要時，自得本於公正誠實之篤信，表示合法適當之見解」，隱然有不受行政釋示拘束的意味，在當時算是相當大膽的一步，但還是有大法官提出不同意見書，建議刪除這段文字，並改為「均不得逕予排斥而不用」。

司法行政與審判獨立的界限

這件由第三屆大法官所作的解釋，確實存有瑕疵，法官可以依據法律表示見解，卻受到行政釋示的拘束，顯然與憲法的意旨不符。直到第五屆大法官在受理類似性質案件時，始有修正及澄清的機會，也就是一九八七年六月十九日公布的釋字第二一六號解釋，與釋字第一三七號解釋相隔十四年，不覺間我已經是「資深」大法官了！這是一宗由人民（公司）聲請的案件，涉及前司法行政部有關「執行法院，於拍賣關稅記帳之進口貨物時，應將該貨物未繳關稅情形，於拍賣公告內載明，並敘明應由買受人繳清關稅，始予點交」的函示是否牴觸「關稅法」規定而違憲的爭議。本號解釋雖認定上述函示與法條意旨相符，為確保關稅稽徵所必要，與憲法保障人民財產權的本旨，並無牴觸，但於解釋文的前頭明白宣示「各機關依其職掌就有關法規為釋示之行政命令，法官於審判案件時，固可予以引用，但仍得依據法律，表示適當之不同見解，並不受其拘束」、「司法行政機關所發司法行政上之命令，如涉及審判上之法律見解，僅供法官參考，法官於審判案件時，亦不受其拘束」，更正釋字第一三七號解釋法官受行政釋示拘束的見解，同時指出「如經法官於裁判上引用者，當事人即得依司法院大法官會議法第四條第一項第二款之規定聲請解釋」，首開行政釋示（函釋）得為大法官違憲審查對象的先河，讓人民權利保障的救濟制度更為完備。

解釋作成的過程中，多數大法官其實有注意到本件聲請解釋之目的，在於請求認定系爭前司法行政部所頒行政命令（函釋）牴觸憲法，應屬無效，至法官是否受系爭函釋拘束的問題，不在聲請解釋的範圍。不過，多數認為這是涉及人民聲請案件是否受理的程序要件（「命令」的意涵）[3]，同時是命令違憲審查的前提性問題，自有說明、澄清的必要。但是部分大法官存有倫理觀念，認為不宜「變更」前人的解釋，建議改採補充的方式。但是如何「補充」呢？明明是從「未可逕行排斥而不用」改為「並不受其拘束」及「亦不受其拘束」。後來有位大法官主張釋字第一三七號的意旨原本即是如此，大家接受，不再堅持使用「變更」的字眼，否則通不過四分之三的門檻，於是有了「本院釋字第一三七號解釋即係本此意旨」的結論。

釋字第二一六號解釋劃清了司法行政與審判獨立的界限，同時也釐清了司法行政與法院審判的關係。早期各級法院常就爭議性法律問題分成甲說、乙說、丙說等說，請示民事廳、刑事廳或司法院採哪一說，再遵此裁判。釋字第二一六解釋公布後，它的涵蓋範圍也及於這些司法行政釋示，「僅供法官參考，法官於審判案件時，亦不受其拘束」。儘管如此，當時還是戒嚴時期，報紙媒體都不敢報導這則解釋，深怕得罪司法行政當局，以後得不到司法新聞。撫今追昔，可知建立審判獨立之不易，所有的改革總是一步一步、慢慢地往前走。

第四屆大法官

舊制的大法官任期，每屆為九年；大法官出缺時，其繼任人的任期至原任期屆滿之日為止。一九七二年，我是以遞補的身分成為第三屆大法官，當時是由蔣介石總統提名、監察院行使同意權。這段時間，大法官的解釋寥寥可數，大法官會議猶如政府部門的顧問機關，憲法所學委實「無力可使」。四年後，任期屆滿[4]，第四屆大法官由嚴家淦總統提名，我獲得連任，一九七六年九月二十八日於總統府宣誓，同年十月二日正式就職，隨即由田炯錦院長主持首次會議，開始九年一任的大法官，也是釋憲

第四屆大法官就職大合照。

功能發揮的轉捩點。

第四屆大法官時值臺灣社會經濟快速發展，中產階級興起，民眾權利意識高漲，人民聲請案件明顯增加，約佔半數之多，該屆大法官也順此民意強化了違憲審查功能的發揮。一九七六年十二月間，田炯錦院長因病住院治療，由副院長戴炎輝先生代理主持大法官會議，並於十二月二十四日公布本屆第一號解釋——釋字第一四七號解釋。次（一九七七）年三月，全體大法官赴田院長官邸為其七十九歲壽辰致賀。之後不久，田院長因感染肺炎病逝。一九七七年四月，嚴家淦總統提名戴炎輝及韓忠謨兩位先生為司法院正副院長，經監察院同意後，於同月十六日就任，旋於同月二十二日主持大法官會議，作成釋字第一四八號解釋。這號解釋涉及都市計畫變更能否提起行政爭訟的問題，屬於行政法學與實務上的重大爭議。不過，從釋憲制度的角度來說，當時主要牽涉到「判例」能否作為釋憲標的的問題，因此本號解釋只說「該項裁定，縱與同院判例有所未合，尚不發生確定終局裁判適用法律或命令是否牴觸憲法問題」，並未論及實質。直到一九七九年的釋字第一五六號解釋始明確釋明：「主管機關變更都市計畫，係公法上之單方行政行為，如直接限制一定區域內人民之權利、利益或增加其負擔，即具有行政處分之性質，其因而致特定人或可得確定之多數人之權益遭受不當或違法之損害者，自應許其提起訴願或行政訴訟以資救濟，本院釋字第一四八號解釋應予補充釋明。」而此號解釋於近四十年後被二〇一六年的釋字第七四二號解釋再予補充，認「都市計畫擬定計畫機關依規定所為定期通盤檢討，對原都市計畫作必要之變更，屬法規性質，並非行政處分。惟如其中具體項目有直接限制一定區域內特定人或可得確定多數人之權益或增加其負擔者，基於有權利即有救濟之憲法原則，應許其就該部分提起訴願或行政訴訟以資救濟，始符憲法第十六條保障人民訴願權與訴訟權之意旨」，則是後話。

釋字第一四八號解釋於一九七七年五月六日公布，是戴炎輝院長首次主持大法官會議作成的解釋。同（一九七七）年十一月二十八日，恭逢戴院長七十大壽，全體大法官暨副院長為其舉行壽宴慶賀。隔年，《臺大法學論叢》（第七卷第二期）發行「戴炎輝先生七秩華誕特刊」，我發表了〈西德一九七六年行政手續法〉，以示祝賀。

第四屆大法官出遊留影。前排左起：楊與齡、洪遜欣、范馨香、我、涂懷瑩。

四分之三同意的高門檻

大法官制度是合議制，在司法院院長與副院長都不是大法官的時期，大法官是獨立自主運作的團隊，大法官輪流當主席，連座位都是每年抽籤決定，每個人都可以充分表達意見，且票票等值，在需要四分之三同意才能通過的時代（一九九三年之前），如果沒有大法官彼此的體諒與合作、相互讓步妥協，解釋根本無法作成。第四屆大法官中讓我印象特別深刻的是陳樸生大法官，他是一位刑事訴訟法的專家，在討論有關刑事訴訟法的案件時，自然會提出許多意見。但是如果他的意見無法完全被接受時，他為了不影響案件審查的進行，就會在表決的時候暫時離開席位，讓他的這一票成為廢票而不計入四分之三的計算中，以免阻礙解釋案的通過。陳大法官的氣度與風範，一直是我學習的榜樣。

我在擔任大法官之前，對於大法官公布的解釋曾有不少意見，認為大法官是憲法的維護者，難免對之期待甚高而多所批評，因此才有〈憲法之維護者〉一文於一九七二年的發表。不過，真正當了大法官之後，才知道為什麼解釋文與解釋理由書會那麼相近，理由書難道不可以寫長一點嗎？事實上是沒辦法，背後有制度上的因素。在第四屆大法官期間，大法官受理聲請案件的審理程序，分為主辦大法官審查、小組審查、全體大法官審查三個階段，最後提到大法官會議審查。主辦大法官制度源於第一屆大法官訂定的司法院大法官會議規則，聲請解釋案件，應按收文號次輪交大法官一人審查，一般稱為主辦大法官，負責蒐集相關資料，並擬具解釋文及解釋理由書草案（如認為應予受理），依前述程序循序提請審查。就算主辦大法官的解釋文及理由書寫得條理完整、論證詳實，卻可能在討論的過程中被修改得面目全非或刪減得支離破碎。常見的情形是，某位大法官不贊成某一段，就會要求拿掉，否則就不同意，或有人認為應加入某一段或改動某些字句，才願意同意，如此刪來改去，不是篇幅變短，就是字句不夠連貫，因為要通過四分之三的高門檻，其實是相當無奈的，也因此形成了「逐段表決」的審查模式，這是我當了大法官之後才瞭解的。

這樣的審查模式一直延續下來，在通過門檻修改為三分之二同意之後，情況雖然稍微好轉，但解釋文與理由書「逐段表決」的方式並未改變，若遇有爭議性較高的案件，還是會發生解釋文及解釋理由書在外人眼裡有「橫看成嶺側成峰」的感覺。將於二〇二二年正式施行的「憲法訴訟法」，仿效美國最高法院制度，採「主筆大法官」制，判決書並應記載參與判決之大法官姓名及其同意與不同意主文之意見，希望可以對此有所改善。

不同意見顯名

大陸法系國家的司法裁判，向來以一致的形式對外表示，個別法官的意見並未彰顯於外；反之，法官於裁判中表達個人見解，提出不同或協同意見，在英美法系國家有其歷史傳統上的根源。我國繼受大陸法系司法體制，各級法院均不採不同意見書制度，僅大法官解釋有所例外。

大法官不同意見書制度，最早見諸一九五八年的「司法院大法官會議法」第十七條，最初只規定解釋連同不同意見書一併由司法院公布之，至於如何公布並無明文，而是由施行細則定之。依據當時司法院發布的「司法院大法官會議法施行細則」規定，大法官不同意見書與大法官會議通過之解釋文及理由書一併公布，但僅記明提出不同意見書大法官的人數，而不公布姓名（首件附不同意見書的解釋是第八〇號解釋）。直到第四屆大法官就職，司法院於一九七七年一月十一日修正公布「司法院大法官會議法施行細則」第七條，規定不同意見書應具名發表，大法官始得以顯名方式發表不同意見書（首件註明提出意見書大法官姓名的解釋是第一四七號解釋）。

不同意見書應具名發表，肇因於第四屆大法官所作成的首號解釋——釋字第一四七號解釋。該號解釋涉及「夫納妾」是否構成不履行同居義務的正當理由。多數大法官認為：「夫納妾，違反夫妻互負之貞操義務，在是項行為終止以前，妻主張不履行同居義務，即有民法第一千零一條但書之正當理由。」這項多數意見符合一般通念，竟然有大法官表示反對，甚至提出不同意見書指稱：「『夫納妾，違反夫妻互負之貞操義務』，於法似無依據。」對於此種異論，多數大法官頗為憤慨，不表認同，都認為持此意見的大法官應該自行負責。但是礙於當時的規定，不同意見書不必具名，外界無從得知該項見解出於何人之筆，因此決定修正「司法院大法官會議法施行細則」，改採顯名方式，以明責任，才有「司法院大法官會議法施行細則」第七條的修正。

判例違憲審查

前面提到的這兩號解釋，嚴格來說，涉及的是法院見解的問題。釋字第一四七解釋的審查對象是司法院院字解釋，來自依一九二八年「國民政府組織法」設置的司法院，屬行憲前司法解釋，也就是最高司法機關的法律見解。釋字第一四八號解釋，則起因於內政部核定變更都市計畫，造成人民的土地利用受到限制，因而提起行政訴訟，結果被行政法院引用判例，以都市計畫變更不是行政處分為由駁回而提出聲請，背後涉及「判例」是否因限制人民的訴訟權而違憲的爭議。

一九七八年，兩號人民聲請案件的解釋——釋字第一五三號及第一五四號[5]，一則結論是「尚不發生確定終局裁判所適用之法律或命令是否牴觸憲法問題」，另一則是「與憲法並無牴觸」，雖然結論都不違憲，但值得注意的是，這兩號解釋同樣也是判例的見解問題，前者的標的是最高法院判例，後者是行政法院判例。雖然大法官並未認定違憲，但已經將「判例」納為審查的標的，放寬審查的範圍，只要涉及判例的「法律見解」，無論是具法律上的規範力或者只有事實上的影響力，一律列為違憲審查的對象。對於這兩則解釋，陳世榮大法官及姚瑞光大法官都提出不同意見書，透露出判例可否成為違憲審查的標的，曾經引起極大爭議，尤其來自司法實務的抵拒，大法官常被指為「第四審」，破壞司法體制。直到今天，此種現象或疑慮仍然沒有完全消除。尤其於二〇二二年施行的「憲法訴訟法」，引進裁判憲法審查制度，讓大法官得以直接審查確定判決是否符合憲法意旨，反對聲音主要的理由也是大法官將成為「第四審」。這項仿自德國憲法訴願的制度，實施的成效如何，拭目以待。

審檢分隸：臺灣司法改革里程碑

一九七八年五月，蔣經國先生就任總統，同年十二月，美國宣布與臺灣政府斷交，政經局勢陡然鉅變，促使政府銳意革新，其中之一即是落實釋字第八六號解釋意旨，實施審檢分隸。

前面提過，一九七六年第三屆大法官任期屆滿，我被任命為第四屆大法官，新任的大法官中，洪遜欣、鄭玉波等人都是我的師輩。我的大法官資歷雖然比他們長，但

1978年5月16日，嚴家淦總統蒞臨司法院，與全體大法官談話。

年齡上還是最年輕的一位，依舊是抱持學習的心態與他們共事。在我擔任第四屆大法官的期間，隨著憲政環境的演變，除了與其他大法官共同行使解釋權，在臺灣社會民主化與法治化過程中忠實扮演釋憲者的角色，善盡憲政秩序的維護與基本人權保障的義務外，更致力於讓憲法解釋的意旨得以實踐，其中最令我感到寬慰的，就是有機會參與審檢分隸的專案小組，使釋字第八六號解釋的意旨得以落實。

前述釋字第二一六號解釋，涉及「前司法行政部」在一九七六年及一九七八年函示的合法性與合憲性爭議，為什麼叫做「前」司法行政部？因為在此之後，就改稱為「法務部」，這當中牽涉「審檢分隸」的問題，是臺灣司法改革的重要里程碑，也是後續改革的關鍵性基石。

早在一九五三年，監察院就針對高等法院以下各級法院隸屬在行政院司法行政部的問題，向司法院聲請解釋，經過七年之後，大法官在一九六〇年作成釋字第八六號解釋，明確指示「高等法院以下各級法院及分院既分掌民事、刑事訴訟之審判，自亦應隸屬於司法院。」不過，這號解釋作出來之後，卻遭擱置，延宕多年，一直沒有落實。最主要的原因之一是法官人事權的爭議擺不平。當時，司法院與行政院進行會商，初步提出兩個方案：第一個方案是將原隸屬在司法行政部之下的高等法院以下各級法院改隸到司法院；第二個方案是將隸屬在行政院的司法行政部改隸到司法院。由於權責劃分難期一致，加上各方意見分歧，先後連續開會協調研商，就第一方案擬作改制重要原則，共舉行十三次會議，並獲致九項原則，包括總統府設「法院推事檢察官人事審議委員會」的構想。不過，於公布後，各方輿論頗多批評，尤其值得注意的是來自檢察官體系的反彈，檢方主張應一併改隸司法院，而不是審檢分家[6]，加上其他相關法律修正問題難以解決，不確定能否獲得立法院的支持[7]，改制工程也就被擱置下來[8]。

「七人小組」研擬具體建議

一九七八年底，因臺美斷交，政經局勢鉅變，政府銳意革新，司法改革也開始獲得重視。國民黨中央常會決議組成「專案小組」，研擬具體建議，提報中央常會定案。國民黨中央工作組作出原則性的決定，改隸的方式主要延續之前的兩種方案：第一種方案是審檢分隸（當時稱推檢分立），將高等法院以下各法院移歸司法院管轄；行政院仍保留司法行政部，掌理檢察、調查、獄政等事宜。第二種方案是一體改隸，將司法行政部的業務全部改隸司法院。

當時我已經在司法院服務，擔任大法官，聽說李元簇有意將司法行政部改隸到司法院，並且連最高法院也要受其管轄，等於是架空司法院，讓當時的戴炎輝先生成為虛位院長。我得知這項消息後，相當驚駭，就去找韓忠謨老師討論，表達關切之意，他曾留學美國，獲得耶魯大學法學碩士，相當有法治理念，當時擔任司法院副院長。剛好國民黨中央常會決議組成「專案小組」，成員是國家安全會議秘書長黃少谷（擔任召集人）、司法院副院長韓忠謨、司法行政部部長李元簇、總統府秘書長馬紀壯[9]、行政院秘書長瞿韶華[10]、大法官洪遜欣，還有我共七人，即所謂的「七人小組」。司法院的代表就是韓先生、洪遜欣大法官和我，只有三個。聽說這是總統蔣經國先生的意思，因為司法院院長是戴炎輝先生，蔣先生希望有兩位本省籍的大法官參加。我們決定先商量一下對策，那個時代到處都有安全人員，我特別去臺大校總區活動中心樓上借一間房間，三個人在那裡討論，研商如何在會議上發言、應對等等事宜。

回想起來，我覺得這或許是冥冥之中的安排！我留學德國專攻的就是司法制度及司法權。對於高等法院以下各級法院隸屬在行政權底下，期期以為不可。就我個人學術專業來說，很難接受這樣的事實。想當年，我在念臺大法律系司法組的時候，李元簇先生的岳父，徐世賢老師，擔任司法行政部常務次長，在臺大兼課，我就對司法行政部可以統轄高等法院以下各法院，深不以為然，曾經想過將來有機會一定要把這樣的制度推翻掉。想不到，現在機會來了，我當然全力以赴，卯力一拼。我跟洪老師、韓老師兩個人說，我們無論如何都不能讓步，因為這不是個人的事情，他們也都同意我的看法。我閱讀許多資料、書籍，充分準備。在七人小組的會議上，我們提出很多法律上的理由，包括司法的功能及各國的例子，極力說服在場出席者為什麼法官的角色不能與檢察官混同，為什麼法院不能隸屬在行政權之下，如何才能讓人民的權利獲得比較好的保障等等。

來自各方的支援聲浪

一九七九年三月間，七人小組會議在中央黨部召開，本來預計只開一次會就結束，我深怕一下就作出審檢不需要分立的結論，於是決定採取拖延的策略。召集人黃少谷先生說：「岳生兄，請你發言。」我一口氣講了差不多半個小時，並且強調我還有很多意見、想法要表達，留著下次會議再講。於是就有了第二次會，結果多數傾向採折衷方案，將司法行政部及高等法院以下各法院全部改隸到司法院底下，必要時再作調整。我當時覺得要改變的希望不大，非常失望。會後從中央黨部走回臺大法學院，到了教員休息室，看到胡佛坐在那裡，我就跟他提這件事，他聽了也覺得不可思議，出了教員休息室後，他就立刻去找「自由派」的學者，像是荊知仁、林紀東等人，還有立法委員仲肇湘，接著這些學者就在《聯合報》上投書討論這件事情；另外，中興大學公共行政系的謝延庚教授[11]，也加入戰場，參加座談會[12]。反倒是法律學者相對較少，多半不願意對外發聲。剛好，李鴻禧從日本回國，在臺大擔任講師，年輕力盛，主編了一份雜誌《中國論壇》，也加入討論，當時他與胡佛交情很好。靠著學者們對當局的批評與對審檢分隸的聲援，一時間營造出相當程度的社會輿論，並且引發法律界關於分隸之後利弊得失的論戰。例如當時擔任臺北地方法院推事的楊仁壽，在報紙上寫了一篇〈審檢分隸行得通嗎？〉的投書，認為審檢分隸之後，檢察官將成為刑事訴訟程序的「當事人」，從國家利益的角度來看，存有許多可慮之處[13]。隔日，臺大法研所學生李念祖、黃虹霞、蔡玉玲、李宗德、黃國鐘、林子儀等六人聯名投書回應〈審檢分隸當然行得通！〉，表示審檢分隸對於檢察官行使職權在實務上絕無障礙，不要擔心法官無力負荷正義的工作[14]。

改變的關鍵力量：社論與立法院

值得一提的是，我的同事范馨香大法官也幫了大忙。范馨香的先生是王作榮教授，當時是《中國時報》的總主筆，經我講述審檢分隸的重要性後，表示《中國時報》也支持，透過社論贊同審檢分隸，反對司法行政部改隸到司法院，直言：「今日我國憲政體制受人批評，其癥結非為司法行政部隸屬於行政院，而是一二級法院受司法行政部監督，影響司法獨立審判的問題。因為法院受行政部門監督，根本上違反權力分離原則。」[15]事後，范馨香跟我說其實那些社論不是王作榮寫的，而是汪彝定[16]，曾經擔任過國貿局局長、經濟部政務次長，他是學法律的。總之，《中國時報》社論也支持了！

不過，真正關鍵的力量是來自立法院，把問題改過來的也是立法院。因為輿論的聲量讓審檢分隸的消息傳到立法院，有些立法委員發現如果司法行政部改隸到司法院，不是就不用對立法院負責了嗎？豈有此理！紛紛表示期期不可行。有了立法院的壓力，在七人小組的第三次會議上，馬紀壯的態度就有一點動搖，語帶保留的說：

「這件事輿論紛紛，恐怕我們要慎重……」，後來才又有第四次、第五次的會議，原本不支持審檢分隸的態度也就慢慢鬆動了。雖然改變的關鍵力量不是出自我和洪遜欣先生，中央黨部還是對我們頗不友善，認為都是我們在搗蛋。

後來，這個案報到中央常會，在會議上國民黨主要派系就設法壓制。因為李元簇先生當過政大教授、法研所所長、校長，政大體系是CC派（Central Club），一說是陳立夫、陳果夫兩兄弟姓氏（Chen）的簡稱，中國國民黨的主要派系，包括黨校，政大就是其中之一，國民黨的許多中常委都是CC派，結果這個案在一九七九年三月二十二日召開的國民黨中常會被壓下來、通不過。隔天，《中國時報》又有了第二篇社論，痛陳：「推檢應該分立，是基於憲法的規定，根據大法官的解釋，也是世界各國的通例，民意代表、學者專家，多已詳加闡述，毋庸贅論。然而其理既然如此明確，為什麼仍有一體改隸的主張？此無他，乃是由於因循苟且怯於更張的態度。」[17] 於是，總統蔣經國先生決定親自出面，直接召集七人小組成員，在總統府內進行面對面的溝通與辯論。除了我們七位外，另外還有一位在場，就是汪道淵先生，他是蔣經國先生很信賴的法律顧問。

在蔣經國總統面前辯論

一九七九年四月初，總統府內，蔣經國先生要我們七個人在他面前直接辯論。因為我最年輕，沒有負擔，心想我不一定要當大法官，那個時候大法官也沒有什麼作用，可做可不做，但審檢分隸是攸關臺灣法治的原則性問題，一定要據理力爭，所以就盡情陳述我的看法。相對來看，其他人都比較不大敢講話，反而是我無所畏。後來，黃少谷和汪道淵就根據我們的意見草擬了一份類似結論的文書，內容基本上就是要朝審檢分隸的方向進行，詢問在場與會者有無意見，大家都沒有意見。這個時候，我毅然替檢察官講了點話。因為審檢分隸的過程中，反對聲浪主要來自檢方。審檢分隸之後，檢察官仍然留在司法行政部底下，心裡難免會不舒服。因此，我向黃少谷先生建言，未來應該要加強對檢察官的保障。黃少谷說這事會再向總統傳達、商議，宣告會議結束，眾人解散。隔天，報紙刊登了相關的報導，其中就有我提到要加強保障檢察官的意見。

一九七九年四月四日，國民黨中央常會第一一五次會議，就法院改隸與司法行政部歸屬問題，作成五項原則。同年四月十三日，蔣經國總統指示：將審檢分隸事宜交國家安全會議，由秘書長黃少谷邀請行政院院長孫運璿、司法院院長戴炎輝，以及熟悉司法實務的人員成立「十七人專案小組」，於一年內完成立法程序。也就是說，審檢分隸的政策定調之後，就由行政院與司法院兩院召開權限劃分會議、協調會議，規模較大。我和洪遜欣先生仍是專案會議的成員，但被有意的排擠及壓制。李元簇特別增加了一些本省籍的成員，司法界是最高法院院長錢國成，黨部是國民黨中央委員會秘書處主任高育仁、國民黨中央組織工作會副主任蕭天讚，再加上檢察總長王建今、國家安全會議秘書長董世芳等人。全部的成員是：行政院院長孫運璿、司法院院長戴炎輝、總統府秘書長馬紀壯、國家安全會議秘書長黃少谷、司法院副院長韓忠謨、司法行政部部長李元簇、總統府顧問王任遠、總統府顧問汪道淵、立法委員仲肇湘、行政院秘書長瞿韶華、大法官洪遜欣、最高法院院長

我與洪遜欣老師參加審檢分隸專案會議。

錢國成、檢察長王建今、國家安全會議副秘書長董世芳、國民黨中央委員會秘書處主任高育仁、國民黨中央組織工作會副主任蕭天讚，以及我，由孫運璿、戴炎輝、黃少谷擔任召集人。主政者可能覺得我和洪先生不可靠，所以很多小組會議我們兩個都不能參加。但這不影響審檢分隸策劃及相關工作的推動與開展，經多次研商及協調後，擬具「司法院組織法部分條文修正草案」、「法院組織法部分條文修正草案」及「法務部組織條例草案」[18]，於一九八〇年五月三十日經立法院完成三讀立法程序，同年六月二十九日經總統公布、七月一日生效，終於讓釋字第八六號解釋的意旨獲得落實，司法行政部也同時改制為法務部。

法院組織的新氣象

曾任政治大學法律系系主任的阮毅成教授，多次參與中央召開的法院改隸案的協調會，深知其間問題的曲折複雜與過程的艱辛，撰有〈法院改隸案釋疑〉一文[19]，對此有相當詳盡的敘述與深入的評析，瞭解到此項改革結論——高等以下各級法院歸司法院，司法行政部仍隸屬行政院、掌理檢察監所及其他司法行政事務，得來不易。阮教授對此特別欣喜，也代表一九五八年主持行政改革委員會而有相同見解的王雲五老先生，向此次七人專案小組的召集人黃少谷先生致謝。我有幸參與最後這一次專案小組，親身經歷其錯綜複雜的爭論過程，頗能領會上述兩位前輩的感受。

審檢分隸之後，司法院開始有新的編制，帶來法院組織的新氣象，促成司法審判體系的完整。回首來時路，司法院釋字第八六號解釋於一九六〇年八月十五日作成時，我剛從臺大法律系畢業。大學時期，在「法院組織法」的課堂上得知：行憲以後，高等法院及地方法院仍隸屬於司法行政部，深深以為有損於司法獨立的形象。想不到其後尚不及二十年，因緣際會，我竟有幸被指定參與黃少谷先生召集的七人專案小組，親自參與如此重要的司法興革大事。或許是出於使命感的驅使，或可能是冥冥中命運的安排，開會時，自己與平時判若兩人，面對幾位黨政大老的質疑，竟毫無畏色，不厭其煩地從各種角度剖析審檢性質的差異，以及審檢分隸在權力分立與人權保障等憲政理念上的重要性。想起當時年少熱情執著，為了法治理念近乎忘我、勇猛向前的情景，歷歷在目，迄今難以忘懷。

1988年6月，第一次到金門訪問，前立者為楊日然（左二）夫婦與我和內人。後立者（右一）是汪道淵副院長。

據說，因審檢分隸（推檢分立）之故，李元簇與黃少谷產生了一些磨擦，雙方心裡都有些不愉快，間接促使李元簇先生在擔任第一任法務部部長幾年後就掛冠求去，連總統府顧問一職也沒了，返回政大教書。直到一九八八年李登輝總統請他出來擔任總統府秘書長，不久後提名他為副總統，又活躍於政界。

此外，當時在總統府擔任顧問的汪道淵先生，於一九八四年出任國安會秘書長，一九八六年改任國防部部長，是歷任國防部部長中少數文人出身，而且是法律背景的。不久，旋於一九八七年經總統提名、監察院通過出任司法院副院長。一九八八年六月，司法院大法官全體至金門參訪，或許是汪先生曾擔任過國防部部長的緣故。同（一九八八）年，司法院決定舉辦首次釋憲紀念會，定名為「司法院大法官釋憲四十週年紀念」，於九月十五日舉行慶祝大會，林洋港院長邀汪道淵副院長於大法官會議室，與第五屆全體大法官同切蛋糕慶賀。同時，司法院首次出版紀念論文集《司法院大法官釋憲四十週年紀念論文集》，我以一名參與者的身分，綜合十多年來對大法官職責的體認與感受，再撰〈憲法之維護者——回顧與展望〉一文，一則聊申紀念釋憲四十週年之意，另則重新探討大法官的制度與功能。

臺灣法治時刻

審檢分隸專案小組會議之後，戴炎輝院長一九七九年六月提出辭職，同年六月十五日起，由黃少谷先生接任院長，洪壽南先生接替韓忠謨先生為副院長。

審檢分隸落實的動因，一部分來自一九七八年十二月十六日美國宣布與臺灣政府斷交，自一九七九年一月一日起正式生效，政經局勢陡然鉅變，促使政府銳意革新。當時，臺灣正在舉行增額中央民意代表選舉，蔣經國總統動用「動員戡亂時期臨時條款」第一項規定，於同日（十二月十六日）發布緊急處分令，命正在進行中之增額中央民意代表選舉，延期舉行，即日起，停止一切競選活動。該次中斷辦理的選舉，是第三次增額立法委員改選，直到一九八〇年十一月二十日才恢復選舉[20]，帶給人民相當大的挫折。因此，政府當局於一九七九年廣徵改革的意見，試圖透過法治革新，提升民心與士氣，除審檢分隸的落實外，亦制定選舉罷免法與國家賠償法，可以說是在戒嚴時期法治最有突破的一年。同年十二月十日，高雄發生美麗島事件，全國震動，此一政治事件加速了臺灣民主化的進程。

威權時期涉及法治國原則最重要的法律之一是「動員戡亂時期公職人員選舉罷免法」，於一九八〇年五月十四日制定公布，為臺灣推動法治建設的重要一步。戰後的臺灣早就實施地方自治，舉行地方選舉，但均以行政命令為之，並未制定法律，選舉過程之正當性經常發生爭議，並未獲得人民的信賴。「動員戡亂時期公職人員選舉罷免法」的制定通過，於我國民主政治的發展，殊有助益。至於中央公職人員選舉部分，由於大法官釋字第三一、八五號解釋以「情事變更」法理為依據，認為國家發生重大變故，事實上不能依法辦理選舉時，應由第一屆立法委員、監察委員繼續行使其職權；國民大會代表總額應以依法選出而能應召集者人數為計算標準，以致國會議員延任過久，儘管一九六九年三月二十八日依據「動員戡亂時期臨時條款」公布實施「動員戡亂時期自由地區中央公職人員增選補選辦法」，以符合民主的表象，但造成國會結構老化，嚴重脫離民意。直到大法官作成釋字第二六一號解釋，宣告第一屆中央民意代表應於一九九一年十二月三十一日以前終止行使職權，「動員戡亂時期公職人員選舉罷免法」亦隨之於一九九一年八月二日修正公布更名為「公職人員選舉罷免法」，中央民意代表全面改選，臺灣才擺脫「萬年國會」的污名，這些都是後話，暫且不表。

雖然臺灣在外交上受到重大挫折，但內在的法治建設卻大幅提升的另一關鍵是「國家賠償法」的制定。有了這部法律之後，可以讓行政機關比較不敢不依法行政，否則國家就要負賠償責任。地方法院和高等法院本來隸屬於司法行政部，而司法行政部部長往往身兼黨職，經常參與黨部活動，司法審判的獨立性很難受到人民的信任，地方法院及高等法院改隸司法院之後，情況就不同以往了。

憲法第二十四條明定：人民自由權利遭受公務員違法侵害時，得依據法律請求國家賠償。然行憲之後，立法院並未立即制定國家賠償法。政府播遷來臺後，主要僅有一九五九年六月十一日公布制定之「冤獄賠償法」，可供適用，人民此項憲法權利一直無法獲得實踐。臺美斷交當時，政府為鼓勵民心，決定制定國家賠償法。同時亦有立法委員，例如蔡萬才委員，於立法院提出質詢，要求制定國家賠償法。恰巧行政院研考會先前於一九七七年已委託學者進行研究，提出「國家賠償法」草案共三十條之報告[21]，研考會特將其送給所有立法委員參考，一九八一年起施行的「國家賠償法」可說是立法院在充分參酌該研究報告下制定，內容相當進步。除明定國家賠償之要件，使得請求之範圍除因公權力行使所生之損害外，更及於公共設施設置或管理有瑕疵等，先進程度比起其他國家立法不遑多讓。「國家賠償法」實施後，各機關開始重視依法行政，堪稱是法治（國）原則在臺灣實踐的一大里程碑。

總的來說，除了前述高等法院以下法院改隸司法院的具體措施外，「國家賠償法」的制定，讓人民受到公權力的侵害時，可以向國家請求賠償；「動員戡亂時期公職人員選舉罷免法」的制定，提升選舉相關行政命令規定的法律位階。這三件大事都是在一九八〇年制定法律，並通過實施，對臺灣法治建設具有非常重大的意義，可說是臺灣的法治時刻。

行政訴訟修法

因為法院改隸，司法院組織隨之擴大，以適應新的需要。一九八〇年六月二十九日公布的「司法院組織法」，全文修正，共二十三條，司法院增設副秘書長一人，簡任；承院長之命，襄助秘書長處理本院事務；同時設有第一廳、第二廳、第三廳、第四廳。其中第三廳（即現在的行政訴訟及懲戒廳）掌理行政訴訟審判及公務員懲戒審議的行政事項及法規研擬等事項。

一九八一年，司法院基於訴訟健全的考量，成立第一個法律修正委員會，即為「行政訴訟制度研究修正委員會」。以前行政訴訟功能不彰，人民控告官署常常敗訴，因此行政法院被稱為「駁回法院」。

司法院增設副秘書長後，時任行政法院庭長楊建華先生[22]調任司法院副秘書長，為首任副秘書長。他出身基層，聰明能幹、勇於任事，曾參與行政訴訟實務，對於行政訴訟法與社會需求脫節的問題非常瞭解，積極主張改革。

一九八一年七月，司法院組成「行政訴訟制度研究修正委員會」，由林紀東大法官和我二人擔任召集人，兩週開會一次，開會次數達二百五十多次，花了將近十二年的時間完成修正草案，徹底修改，將原來的三十四條文增加至三〇八條。草案完成後，又花了好幾年與行政院溝通、協調，好不容易在一九九八年十月獲得立法院通過，經司法院以院令自二〇〇〇年七月一日起正式施行。

憲法上的法官

除了法律研修與制定之外，一九八〇年代初期，有兩則大法官解釋的作成，其過程與後續發展對臺灣法治影響深遠，值得一提。其一是釋字第一六二號解釋，另一件是釋字第一六六號解釋。

大法官舊制，司法院院長不具大法官身分，只有在大法官正式通過解釋時，由院長擔任會議主席，因此平常大法官全體審查會的主席，由大法官按就職時預備會抽籤所定的順序輪流擔任。一九七七年一月間，輪到我擔任審查會主席，釋憲爭點是：行政法院院長、公懲會委員長是否適用憲法第八十一條？行政法院評事、公懲會委員是否為憲法上的法官？這是由監察院於一九六七年三月十七日提出的聲請案，時隔十年，於一九七七年一月才決定受理。

監察委員之所以提出聲請，就釋憲的標的來說，涉及憲法第八十一條所定「法官為終身職」中「法官」的定義與認定，的確是憲法上的重要問題。實際上，監察委員提出本件聲請，還有另外一層緣由。當時是監察權積極行使的時期，連行政院院長都曾被監察院彈劾過。當年我的文章受到重視，多少也和監察院頻頻提出彈劾有關。不過，彈劾案送到公懲會之後，公懲會委員往往從輕發落，引起監委的不滿，認為公懲會沒有相應配合，致使監察權無法發揮功能，因此藉名請求解釋公懲會委員是否具法官資格，以表示監察院對公懲會處理彈劾案方式不滿的態度[23]。結果，本案受理後開始審理，與會大法官意見相當分歧，討論熱烈，遂分別就行政法院院長、公懲會委員長、行政法院評事、公懲會委員是否為憲法上的法官進行表決，未獲通過，延後再議，討論經年，見解南轅北轍，各執己見，互不相讓，且經常言詞激烈，難以獲得共識，遂又擱置。

究其原因，主要不在行政法院評事與公懲會委員掌理的事務不具司法審判性質，而是源於評事及公懲會委員的資格。因為當時法院「推事」取得法官身分，均須通過司法官考試及格，並應經過司法官訓練所的嚴格訓練；反之，評事及公懲會委員得由不具法官身分的公務員擔任，不以考試為取得法官身分的前提要件[24]。

直到一九七九年，為落實釋字第八六號解釋意旨，有關當局提出審檢分隸實施方案時，司法院擴大編制，修正組織法，方有轉機。「司法院組織法」修正案在立法院審議時，因為涉及行政法院評事與公懲會委員資格問題，而遭到擱置，反而促成此一釋憲陳年舊案的了結。「司法院組織法」修正案籌議設置人事審議委員會，旨在保障法官的權益，依草案規定，該委員會審議的對象包括推事、評事、公懲會委員。但在立法院法制、司法委員會審查時，立法委員對於評事及公懲會委員是否具備法官資格，是否宜與推事適用同一套審議機制，曾有激辯，有認為評事的任免由行政法院院

八位大法官在范馨香大法官府上研商解釋事宜，右起：我、李潤沂、范馨香、蔣昌煒、涂懷瑩、楊與齡、鄭玉波、翟紹先。

長與司法院院長會商決定即可。因此，這項落實審檢分隸的「司法院組織法」修法的癥結，需要透過大法官就評事及公懲會委員是否具備法官資格做出解釋，方能解開。

為促進效率、消除歧見，大法官們開始採取會外協商的方式。除幾位年長者的大法官外，其餘大法官先一起討論、溝通意見，通常是在熱心的范馨香大法官的家裡進行，將大家討論的成果與年長大法官溝通後，再提到審查會上討論定案。終於在一九八〇年四月二十五日召開的大法官會議上通過釋字第一六二號解釋，確立兩項影響至今的原則：「行政法院院長、公務員懲戒委員會委員長，均係綜理各該機關行政事務之首長，自無憲法第八十一條之適用。」「行政法院評事、公務員懲戒委員會委員，就行政訴訟或公務員懲戒案件，分別依據法律，獨立行使審判或審議之職權，不受任何干涉，依憲法第七十七條、第八十條規定，均應認係憲法上所稱之法官。」了斷此一前後歷時十三年的公案，「審檢分隸法案」的癥結也在解釋作成之後，迎刃而解[25]，一九八〇年四月二十六日立法院法制、司法委員會聯席審查完成[26]，四月二十九日立法通過、總統公布，開啟司法組織新制。「司法院組織法」於一九九二年十一月二十日再次全文修正公布，將「推事」改稱「法官」；「評事」易名「法官」，則是在二〇〇一年隨行政訴訟新制的施行而修正。至於公懲會「委員」，遲至二〇二〇年六月十日修正公布、同年七月十七日施行的「公務員懲戒法」，始正名為「法官」。

違警罰法存廢

在審查時程上，比釋字第一六二號解釋還要久的是釋字第一六六號解釋，於一九八〇年十一月七日公布，宣告：「違警罰法規定，由警察官署裁決之拘留、罰役，係關於人民身體自由所為之處罰，應迅改由法院依法定程序為之，以符憲法第八條第一項之本旨。」這件釋憲案是監察院於一九六一年六月二十一日提出聲請，算至解釋的作成，歷時近二十年，前後經過四十三次集會，工作天數長達七〇七九日，可說是我國釋憲史上的最長紀錄。

從「以符憲法第八條第一項之本旨」的諭示來看，大法官明確認定「違警罰法」上述規定不符憲法第八條第一項的意旨，並特別指明應「迅」改由法院為之，卻不願直接使用「違憲」字眼。直到第五屆大法官之後，也就是一九八六年十月十七日公布的釋字第二一〇號解釋，首度在解釋文中明白宣告「獎勵投資條例施行細則」第二十七條及財政部函釋「有違憲法第十九條租稅法律主義之主旨」。這是大法官明白宣告命令違憲的首例。

釋字第一六六號解釋作成的過程中，司法院多次函詢行政院是否修正「違警罰法」及修法情形，另方面則頻頻接到監察院儘快結案的催促，並派五人小組進行調查。當時的司法院正副院長也相當關心，表達法院是否負荷的顧慮。當天開會前，黃少谷院長請全體大法官至院長室交換意見，提醒大家體認當前政治環境與社會條件。

釋字第一六六號解釋公布後，報紙以「三屆大法官 長考二十年」[27]為標題報導，提到本案是第四屆大法官就任後，積極清理高懸十多年舊案的最後一件，其他兩件分別是釋字第一六二號解釋（行政法院評事及公懲會委員是否為法官案）及第一六五號解釋（地方議會議員免責權案）；學者荊知仁教授則以「民主政治為『司法之治』」為題，評析本號解釋難產的制度因素（通過高門檻），並以釋字第八六號解釋為鑑，表示「我們希望本案之執行，不會像法院隸屬案那樣，被拖延二十年，才付諸實施」[28]。

由於釋字第一六六號解釋僅謂「違警罰法規定，由警察官署裁決之拘留、罰役，係關於人民身體自由所為之處罰，應迅改由法院依法定程序為之」，故解釋上，在未改由法院處理之前，「違警罰法」仍可適用。實際上，本號解釋作成之前，內政部警政署早已在研議「社會秩序維護法」，且起草完成。當時警政署長曾通令各警察機關應審慎適用「違警罰法」，並訂定「改進違警事件查處作業要點」，規定唯有「嚴重」的違警行為，始可處拘留罰[29]。不過，本號解釋意旨還是沒有被立即落實，直到一九九〇年一月十九日大法官作出釋字第二五一號解釋，在解釋文中明確宣告：「前述解釋之拘留、罰役及本件解釋之處分裁決程序規定，至遲應於中華民國八十年七月一日起失其效力，並應於此期限前修訂相關法律。本院釋字第一六六號解釋應予補充。」基於此硬性解釋，執政黨不得不在最後一日，也就是六月二十九日上午經立法院通過，下午總統公布，使該法免於發生空檔，新法準時於七月一日生效，「違警罰法」被「社會秩序維護法」取代，完成釋字第一六六號解釋關於拘留罰「應迅」改由法院審理決定的旨意。從一九六一年六月二十一日監察院提出釋憲算起，到「社會秩序維護法」公布施行之日為止，人身自由處罰「法官保留」的原則，耗費了半甲子（三十年）的時間才告落實。

比例原則問題

有一件關於比例原則的立法問題，在此值得附帶一提。過去，比例原則的要求被認為只是一種原則性宣示，對行政機關沒有拘束力，屬訓示性質。一九八〇年代初期，臺灣還在戒嚴時期，公務員的心態普遍相當保守。在相關法律修正或制定的過程中，每當有人將比例原則提出來討論的時候，總是引發反對的聲音，「行政執行法」的修正，就是一例。前面提過，行政院於一九六七年成立法規整理委員會，擬具「行政執行法」修正草案為其任務之一，於一九七五年間送請立法院審議時，因未將「行政官署」改為「行政機關」遭到立法委員批評而撤回。行政院撤回草案後，先指派內政部負責修正。二年後，內政部提出大修正、小修正兩個方案，呈請行政院自行決定。當時，審檢分隸剛好完成，司法行政部改為法務部，行政院便請時任法務部部長李元簇先生負責，成立「行政執行法」研修小組，我也參與，並在會議中將德國行政執行法有關比例原則的規定提出討論，結果引發各種不同意見。幸賴與會的林紀東老師折衷各方意見，草擬條文文字，而有「行政執行法」第三條的誕生，內容為：「行政執行，應依公平合理之原則，兼顧公共利益與人民權益之維護，以適當之方法為之，不得逾達成執行目的之必要限度。」這是我國繼受自德國之比例原則首次出現在法律文書上[30]。雖然未明白出現「比例原則」四字，但強調行政執行對人民權利的侵害程度不可高於所欲達成的行政利益，為依法行政原則在我國行政法制上的具體展現。可惜「行政執行法」修正草案於一九八六年完成送立法院審議時，又生爭議，延宕下來。結果反而由當時參與「行政執行法」修正案的警政署代表——警政署副署長陳立中將此觀念帶回去，用於「違警罰法」的修正，率先明定於一九九一年七月一日生效的「社會秩序維護法」[31]，這也是「比例原則」一詞首次出現在我國法律的條文中。

師友攜手釋憲

一九八二年六月，馬漢寶老師經總統提名遞補為第四屆大法官。同時膺命的還有楊日然、楊建華及李鐘聲三位兄長，都是一時之選。一九八五年，馬漢寶老師及楊日然兄連任第五屆司法院大法官。我與馬老師及日然兄直到一九九四年第五屆大法官任期結束為止，一起共事了十三年。第五屆新任之劉鐵錚大法官，也是馬老師的高足，攜手釋憲，允為憲政佳話。尤其值得一提的是楊日然兄，他是我南師、臺大的學長，又是臺大同事，與我亦師亦友、感情甚篤，如今又成了司法同僚，不亦樂乎！

1987年10月10日，與馬漢寶老師（右五）、楊日然兄（右四）、劉鐵錚兄（左三）攜手釋憲。

這十三年間，是臺灣從戒嚴到解嚴、再到終止動員戡亂時期、舉行第二屆中央民意代表選舉及修憲的一段民主關鍵歷程，而且在法律仍要求四分之三多數始能通過憲法解釋的時期。同仁深凜肩負釋憲之責，合作無間，一週之內作成二、三則解釋者，不乏其例。例如為聲請人開啟個案司法救濟途徑的釋字第一七七號解釋，確立大法官解釋通案效力的釋字第一八五、一八八號解釋，首次破除特別權力關係理論的釋字第一八七號解釋，都是第四屆大法官的作品。第五屆大法官的解釋從二〇〇號開始，至三六六號為止，共作成一百六十七號解釋，績效可謂顯著。當屆大法官俱為飽學之士，或實務經驗豐富，或人情練達、事理明通，馬老師是其中出身學界資望最為崇隆的長者，在內部凝聚共識上發揮相當程度的作用，同仁一起度過民主憲政重大轉折時期。當時作成具有劃時代影響的重要解釋，諸如首次宣告違憲命令、法律定期失效的釋字第二一八號和第二二四號解釋，解決因兩岸隔絕所生婚姻家庭問題的釋字第二四二號解釋，宣告「違警罰法」定期修正的釋字第二五一號解釋，無視外部政治壓力而確認中央立法權界限、以維地方自治精神的釋字第二六〇號解釋，解決行憲的瓶頸、限期令第一屆中央民代停止行使職權的釋字第二六一號解釋，首次宣告民法條文違憲、以排除性別歧視的釋字第三六五號解釋，司法院設憲法法庭而首次開庭、行言詞辯論作成釋字第三三四號解釋，都在憲政發展上具有宏遠的意義。總之，第四屆及第五屆貢獻沛然，完成憲政的轉型。

馬老師出身法學世家，在上海法國租界地長大，學生時代有機會與國外法學彥碩往來，特別是在一九四六年與當時來華擔任顧問的美國法學泰斗龐德（Roscoe Pound）有一段私交，當時馬老師才二十歲，龐德已經七十六歲了，兩人可算是忘年之友[32]。家學淵源、學殖深厚，再加上學術因緣，讓馬老師具備自然天成的外交人格氣質，順理成章擔負起司法院的「外交」重任。每當遇有國際友人來訪，同仁總是推

1987年9月，美國聯邦最高法院大法官珊卓拉．戴．歐康納伉儷（中立者）訪問司法院，與全體大法官及司法院同仁於大法官會議室合影。

1987年9月，美國聯邦最高法院首位女性大法官珊卓拉．戴．歐康納（中坐者）及其夫婿（左一）來訪，由馬漢寶大法官（右一）和我負責接待及宴請事宜。

舉馬老師出面接待。記得一九八七年九月，范馨香大法官邀請美國聯邦最高法院首位女性大法官珊卓拉・戴・歐康納（Sandra Day O'Conner）伉儷來臺訪問，嗣范大法官以健康因素委託馬老師與我負責款待，首開兩國大法官互訪之例。司法院為歐康納大法官安排一場座談會，與全體大法官會晤，由馬老師主持，討論熱烈，對於增進我國大法官與美國最高法院法官彼此的瞭解，並建立互訪機制，馬老師可謂居功厥偉。令人遺憾的是，范馨香大法官於同年十一月因病過世，我痛失一位好同事。

一位優秀法學家的殞落

一九九三年初，日然兄在例行體檢時發現罹患癌症，數度住院接受化學治療，仍輒返司法院參與大法官會議，且堅持按時到臺大授課。司法院為大法官安排的每年一次例行體檢，日然兄每次都同我一起去，既可以有為期兩天的相處，又能夠彼此相互照應，之前一直是在榮總進行。一九九二年八月，我們出國回來後，登記體檢較遲，剛好自該年起亦可在臺大醫院體檢，便請求安排我們二人就近在臺大醫院一起檢查。

執料行政人員表示有困難，只能分開。日然兄堅持非一起健檢不可，遂排到次（一九九三）年一月十七日報到，十八、十九兩日體檢。十九日中午，戴東原院長來看我們，下午我做完腹部超音波檢查及綜合說明後，便自行回家了。下午五時左右，大嫂陳勤來電詢問，始知日然兄尚未返家，被留在醫院複檢，當時還未覺事態嚴重。同月二十八日中午，戴東原院長約司法院秘書長王甲乙先生、臺大法學院院長戴東雄教授和我，並集合各科主任及相關教授，於臺大醫院為日然兄的病情做簡報，並說明接下來的治療方式，這時我才知道病情如此嚴重。

日然兄第一次接受化學治療時，我趕到臺大醫院A棟十三樓陪他，我們還一起探訪當時也住院的韓忠謨老師，日然兄表現沉著，冷靜如常。之後，他送我下樓，在一起等電梯時，他凝視窗外、眺望遠景說：「這世界是這麼美好啊！」在我記憶中，這是他在我面前的第一次人生感嘆，與他的眼神交換中，令我辛酸不已。不久後，八十二年度臺大法律系謝師宴在富都大飯店舉行，出乎我的意料，他照常參加。餘興節目時，他忽然拉著我到眾人的前面，唱起我們小學時代畢業時唱的「驪歌」。歌聲中，我深知他這突如其來的舉動，意味了他內心的離世感觸，似乎已經做好跟大家道別的準備，我卻怎麼也都不能接受這樣的事實。

一九九三年底，立法院在混亂中三讀通過備受朝野各方爭議的「國安三法」[33]，並連夜送請總統公布。隨後立法院各黨團認為「國安三法」有未完成立法程序的疑義，分別向大法官提出三項釋憲聲請案。大法官受理這件社會矚目的釋憲案時，日然兄病情已甚嚴重。我不忍他為工作操心，儘可能不談公事。但每次提及本件案情，他的眼光就炯炯發亮，意欲與我討論。為此，我還是到臺大醫院病床旁，和他商討解釋文及理由書的內容。一九九四年四月八日通過釋字第三四二號解釋的當日，日然兄抱著病體、堅持與會，並發言陳述看法，讓該號解釋的論理充實不少。看著他乾癟的身形、聽著他細弱的聲音，我心痛如針錐，熱淚直往內流。隨著體力的急速衰退，他漸漸無法每次都參加大法官會議。但他若知道有重要解釋需要表決時，仍會勉強起床，邁著病弱但一如往昔沉穩的步伐，踏入會議場所。一九九四年四月二十二日，大法官舉行第一〇〇〇次會議，作成釋字第三四三號解釋時，日然兄亦出席在場。會後，司法院特置千次會議慶賀蛋糕，由林洋港院長主持，與我合吹蠟燭。同年六月三日公布的釋字第三五〇號解釋，是日然兄參與作成的最後一號解釋。六月三十日，他還在病床上以筆跟我作最後一次交談，不到半個月，於該屆任期即將屆滿時病逝，安詳地離開人間。慟哉！我個人痛失兄長至友，國家失去了一位優秀的大法官與傑出的法學大師。他對工作的執著態度與敬業精神，無疑是「鞠躬盡瘁，死而後已」的忠實寫照。

大法官舉行第1000次會議，司法院特置千次會議慶賀蛋糕，林洋港院長與我合吹蠟燭。隔日，*China Post* 刊出報導，標題：Grand Justices celebrate 1000th meeting。

楊日然兄與我不僅私交甚篤，兩家人亦感情融洽，時有家庭聚會。日然兄的夫人陳勤女士也畢業於南師，與我同是校友。左起：日然兄的公子楊健志、夫人陳勤女士、日然、我、內人，攝於1992年8月16日。

大法官出訪考察

一九八九年八月，司法院大法官首次組團出國考察訪問，分成兩團，分別由馬老師與我擔任團長。馬老師率領的一團，包括楊日然、劉鐵錚、李志鵬、李鐘聲等大法官，訪問南非、英國等歐洲國家；我則與吳庚、楊建華、張特生、楊與齡、鄭健才等大法官組成另一團訪問美國、瓜地馬拉、哥斯達黎加與日本等國。一九九一年夏天，又有八位大法官在馬老師領軍下前赴歐洲，成員除了我之外，包括楊日然、吳庚、李志鵬、張特生、鄭健才、李鐘聲，一路走訪義大利、梵蒂岡、瑞士、德國、瑞典及挪威諸國，拜會各國高層司法人員，介紹我國憲政與司法釋憲成就，均甚順利，要說馬老師是時任司法院首席外交使節，著實當之無愧。司法院大法官出國訪問，後來形成慣例，對於推廣我國釋憲成就、吸取他國釋憲經驗，均有相當大的幫助，特別是比較或借鏡不同的憲法法院制度與運作型態，有助增廣見聞、開拓視野。我擔任大法官多年，可記之事不少，略說幾次印象比較深刻的經驗。

1989年 8 月12日，由我擔任團長，率大法官拜訪美國聯邦最高法院，前任首席大法官柏格（中）接見訪問團。

1989年大法官出國考察，我於美國華盛頓特區林肯紀念館內林肯雕像前留影紀念。

一九八九年夏天，大法官首次組團出國訪問，我領隊的那團目的地主要是中美洲幾國，抵達美國聯邦最高法院時，適逢該院假期休會期間，由前任的首席大法官華倫・柏格（Warren E. Burger, 1907-1995）接見訪問團。美國大法官是終生職，柏格大法官卻於一九八六年九月退休。主要原因是美國於一九八七年為慶祝制憲二百年紀念成立委員會，柏格大法官被任命為委員會主席，負責慶祝大典與立碑事宜，美國政府特別為他在最高法院備置專用辦公室。我們到訪時，柏格大法官代表出面接待，為我們導覽最高法院，一行人深感榮幸之至。

一九九八年六月，組團前往匈牙利，參訪該國的憲法法院，由我擔任領隊，成員有王澤鑑、林永謀、孫森焱、曾華松等大法官。匈牙利憲法法院成立於一九八九年，於一九九〇年一月一日開始運作，屬於東歐民主化過程制度轉型的一環，位址在布達佩斯。我們一行人先至德國，我照例到海德堡拜訪老友，特別去探望烏勒及其夫人。之後，再從德國轉往匈牙利。

省自治法爭議

解嚴後初期，第五屆大法官審理案件及解釋的數量顯著增加，僅一九九〇年一年即有二十一號解釋的產出。尤其值得注意的是，有關中央與地方權限劃分及地方自治的法制化問題，大法官作出多號重要解釋，例如釋字第二五五號解釋（爭點：內政部就道路主管機關有權廢非計畫道路之命令違憲？）[34]、釋字第二五八號解釋（爭點：直轄市之教科文經費比例與省同？）[35]、釋字第二五九號解釋（爭點：直轄市之自治以行政命令為依據違憲？）、釋字第二六〇號解釋（爭點：中央、省議會得就特定省府及省議會組織逕予立法？）等。其中一九九〇年四月十九日公布的釋字第二六〇號解釋具有重要憲政意義，特別需要記述。

本件緣於臺灣省議會第八屆第十一次臨時大會第一次會議蘇貞昌議員請求為：有關行政院擬訂之「動員戡亂時期臺灣省政府組織條例」及「動員戡亂時期臺灣省議會組織條例」草案送請立法院審議是否符合憲法規定，聲請大法官解釋。釋憲標的簡單地說，就是臺灣省政府與省議會的組織法。由於本案涉及地方自治法制化的老問題，執政當局想要透過兩項省級組織條例解套，而不是依據憲法制定「省縣自治通則」。不料，在一九八八年十月將法律草案送請立法院審議時，引起臺灣省議會部分議員反彈，認定這兩部法律違憲而聲請解釋，因此在審理過程中，格外引起各方關注。一九八九年一月間，因大法官意見分歧，無法形成絕大多數的共識，未能作出解釋，同時傳出司法院院長林洋港先生與行政院院長李煥先生「晤談」的傳言，引發釋憲案「黨政協調」的疑義，林院長還特地對外澄清傳聞，聲稱只是「反映大法官意見」[36]。其間，黨政高層及相關政府要員多次以各種方式試圖向大法官「說明」，皆為大法官婉謝。經過一年的折衝、討論與數次延會之下，終於在一九九〇年四月十八日獲得四分之三大法官的支持，翌日召開大法官會議，作成釋字第二六〇號解釋：「依中華民國憲法有關地方制度之規定，中央尚無得逕就特定之省議會及省政府之組織單獨制定法律之依據，現時設置之省級民意機關亦無逕行立法之權限。」對外公布。解釋理由書先說明：「本件聲請機關係就適用憲法關於地方自治立法權限劃分之規定，發生疑義，聲請解釋；非關法規違憲審查問題」，再諭示：「依中華民國憲法有關地方制度之規定，中央尚無得逕就特定之省議會及省政府之組織單獨制定法律之依據，現時設置之省級民意機關亦無逕行立法之權限。」

本號解釋是大法官首次使用「法規違憲審查」的字句，因為系爭法律草案未經立法通過，尚非有效的法律，所以才說「非關」法規違憲審查問題。然嚴格而言，本件屬於一種「預防性」的法規違憲審查。從「中華民國憲法有關地方制度之規定，中央尚無得逕就特定之省議會及省政府之組織單獨制定法律之依據」等語，可以清楚讀出大法官認定中央（含立法院）無制定「特定」省議會及省政府組織法律的權限、否則即構成違憲的意旨。本案表面上涉及臺灣省政府與省議會組織的法制化，背後其實牽涉省長是否民選的敏感政治問題（二條例均規定：「省主席由行政院院長就省府委員中提名，經省議會同意後，呈請總統任命之。」，也就是不採省長民選制），草案由內政部提出，實際上是由行政院主導，為當時執政黨的重要政策之一。本號解釋明確指出中央缺乏為特定省政府或省議會單獨制定法律之依據，雖然拖了一年半始作出解釋，輿論不無微詞[37]，但這可說是大法官否定執政黨重要政策、不受執政黨影響而獨立行使職權的重要具體例證。

一九九一年四月二十二日，國民大會三讀廢止「動員戡亂時期臨時條款」，同時通過「中華民國憲法」第一條至第十條增修條文。李登輝總統依國民大會的咨請，於一九九一年四月三十日明令宣告動員戡亂時期於同年五月一日零時終止，同年五月一日公布廢止「動員戡亂時期臨時條款」及公布制定「中華民國憲法增修條文」。

一九九四年七月二十九日，「省縣自治法」制定公布施行，根據第三十五條規定：省政府置省長一人，由省民依法選舉之。第一屆省長選舉於一九九四年十二月三日辦理，由宋楚瑜先生當選首屆民選省長。不過，一九九七年第四次憲法增修條文卻又規定省政府主席由行政院院長提請總統任命，從憲法的高度使省政府成為行政院的派出機關，凍結了省級地方自治選舉，省長民選也成為了絕響。

終結萬年國會

釋字第二六〇號解釋的作成，前後歷經一年半，外有政治壓力、內有政治歧見，時值臺灣憲政鞏固的關鍵時刻與民主轉型的陣痛期，攸關民主憲政發展的釋字第二六一號解釋（一九九〇年六月二十一日），與之僅隔二個月。

一九九〇年三月十三日，國民大會通過「臨時條款修正案」，將一九八六年所選出的增額代表任期延長為九年，引起輿論反彈，各地群起抗爭活動；同年三月二十一、二十二日，國民大會先後通過第八屆總統、副總統選舉，李登輝總統接見學運代表，承諾召開國是會議。其間，立法委員陳水扁、余政憲、彭百顯等二十六人臨時提案，為大法官會議釋字第三一號解釋已因情事變更以及違反國民主權原則有重行解釋之必要，經立法院於一九九〇年四月十六日決議向司法院提出聲請。

司法院收到聲請書後，立即由審查小組討論，於同年四月十九日大法官全體審查會一致通過受理，並進行實體審查。經過五次討論，於同年五月間作成解釋文及理由書草案，大法官對於第一屆中央民意代表應退職一節，並無歧見；對於不能行使職權者，例如因健康或久居國外致不能行使職權者，「應即退職」亦無爭議，但對於如何退職，則存有不同意見，我建議「應即查明解職」，獲得大法官們的贊成而通過。

至於終止行使職權的日期，大法官爭議激烈，一時難以達成共識，我最初主張資深民意代表退職日期越早越好。同年六月十四日開始討論退職的日期，意見紛歧，從立即退職到一九九一年十二月不等，共有九種之多。由於退職日期是各方關注的焦點，為防止洩密、引發困擾，於討論過程中，關閉錄音、摒退記錄人員，不作記錄，還是沒有獲得結論。同年六月十五日（星期五）續開審查會，剛好輪我擔任主席，協調各方意見，該次會議散會前，表決結果以一九九一年十二月三十一日者最多，但仍未通過。於中間休息時間，可能因為勞累過度或前晚餐宴吃壞肚子，我突然休克昏倒。李志鵬大法官以為我心肌梗塞，立即把「救心」放在我的嘴裡，不見起色。我隨即被一一九救護車送往臺大醫院急救，因為一時沒有病床，在急診室的走廊過了一個晚上。隔日，大法官們紛紛前來探望，林洋港院長也來看我，眾人頻頻要我安心養病，不要擔憂公事。我在醫院住了幾天，於六月十八日（星期一）出院，隨即到司法院向大法官們致意，答謝他們的關心，並且到林洋港院長辦公室向他表達感謝之意。

一九九〇年六月二十日（星期三）繼續討論，我雖一心認為應立即退職或越早越好，但為顧全大局，不願看到好不容易達成的成果功虧一簣，只好讓步，和較多數的意見妥協，全體達成共識。隔天，六月二十一日（星期四）召開審查會，於確定退職日期之後，未循週五通過解釋案的往例，隨即敦請林洋港院長主持會議，決議通過了釋字第二六一號解釋文：「為適應當前情勢，第一屆未定期改選之中央民意代表除事實上已不能行使職權或經常不行使職權者，應即查明解職外，其餘應於中華民國八十年十二月三十一日以前終止行使職權，並由中央政府依憲法之精神、本解釋之意旨及有關法規，適時辦理全國性之次屆中央民意代表選舉，以確保憲政體制之運作。」

回想這號解釋通過的過程，著實不易。當時第五屆大法官中只有三位是本省籍（除了我之外，另外是楊日然兄及陳瑞堂大法官），其餘皆是省籍在大陸的大法官。而且，當時大法官憲法解釋通過的門檻是四分之三的同意（一九九三年後才改為三分之二），要處理如此具政治性的爭議案件，難度之高，超乎想像。

赴美短期講學

一九九〇年六月二十一日，司法院公布釋字第二六一號解釋，終結萬年國會是臺灣民主進步的新里程，為臺灣民主轉型與憲政改革拉開序幕，國會改選、修改憲法、總統直接民選等一連串的憲改工程逐步啟動推進，臺灣的民主化成就與法治發展也引起了國際社會的矚目與關注。一九九一年初，我有機會到美國西雅圖華盛頓大學短期交換講學，特別講授臺灣大法官解釋的功能及其變遷。

該次赴美講學的機會，緣於馬漢寶老師先後於一九七一年及一九八九年兩次到美國西雅圖華盛頓大學法學院講學，並代表臺灣大學與華大簽署學術交換協定，包括學者互訪與交換學生[38]。首先來訪的華大法學院教授是瑪喬麗・羅保（Marjorie D.

1991年2月，於美國西雅圖華盛頓大學講學期間，與瑪喬麗・羅保教授（前排左一）、劉江彬教授（前排右一）及授課學生（後排）合影。後排右一是王泰升教授，當時在該校法學院就讀博士班。

與美國西雅圖華盛頓大學瑪喬麗・羅保教授（前排左三）、約翰・海利（John Haley）教授（前排左一，當時是華大法學院亞洲法中心主任，王泰升教授的指導教授）及我國駐美代表（前排左二）合影。後排左三是施文森教授。

Rombauer）教授[39]，在臺期間，我曾經接待過她，因而認識相熟、建立交情。一九九〇年底，華大法學院指名希望我到該校進行短期授課，我欣然答應。為了不影響大法官釋憲的工作，我利用隔（一九九一）年春節放假期間到華大講學，為期七週。其間，受到該校瑪喬麗・羅保教授的多方照應，實質學術交流更進一步。

上課對象主要是研究所的學生，羅保教授也是我課堂的座上客，讓我倍感榮幸。雖然只有短短的七個禮拜，我花了相當多的心力準備教材，體驗另一種教學方式。於授課過程中，教學相長，收穫良多。與同學們互動密切，溫情滿滿，結束時大家都顯得離情依依，有點不捨。同學們合送我一本華大圖冊，並在上面簽名留念。當時，王泰升教授剛好在華大攻讀博士學位，也簽名在上，彌足珍貴。同時，我收到一份令我驚喜的禮物——湯瑪斯・傑佛遜（Thomas Jefferson）選集，扉頁上面寫著：

一九九一年二月二十七日

親愛的翁教授，

在您短暫的停留期間，您帶給我們的不只是知識，更為我們示範了重要的

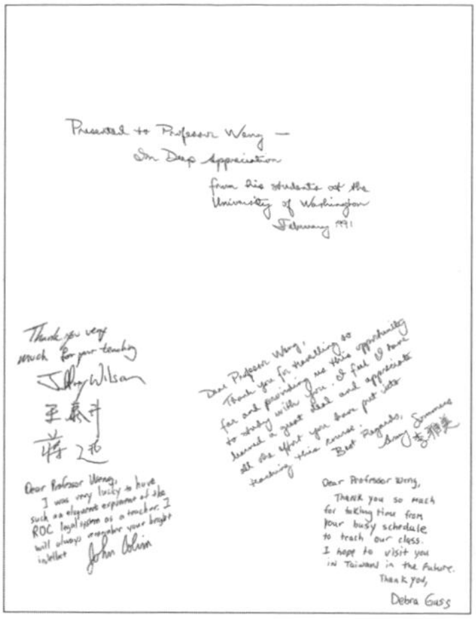
Presented to Professor Wang —
In Deep Appreciation
from his students at the
University of Washington
February 1991

Thank you very
much for your teaching
Jeffrey Wilson
王泰升
蔣之孫

Dear Professor Wang,
Thank you for travelling so
far and providing us this opportunity
to study with you. I feel I have
learned a great deal and appreciate
all the effort you have put into
teaching this course.
Best Regards,
Amy Summers 李雅美

Dear Professor Wang,
I was very lucky to have
such an elegant explainer of the
ROC legal system as a teacher. I
will always remember your bright
intellect
John Olson

Dear Professor Wang,
THANK you so much
for taking time from
your busy schedule
to teach our class.
I hope to visit you
in Taiwan in the future.
Thank you,
Debra Gass

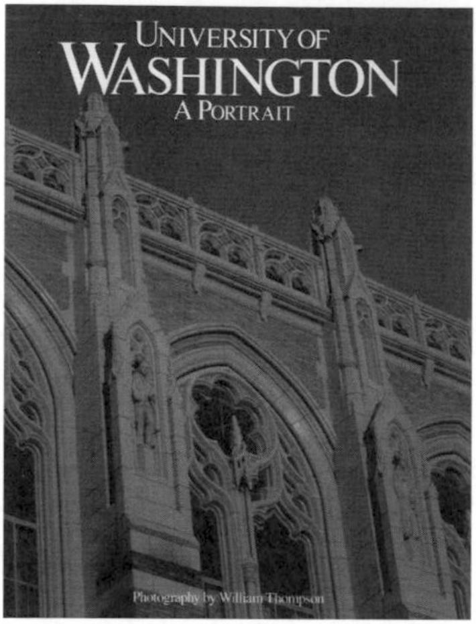

於美國西雅圖華盛頓大學講學期間，獲班上同學合贈華大圖冊（右），並於內頁簽名留念（左）。

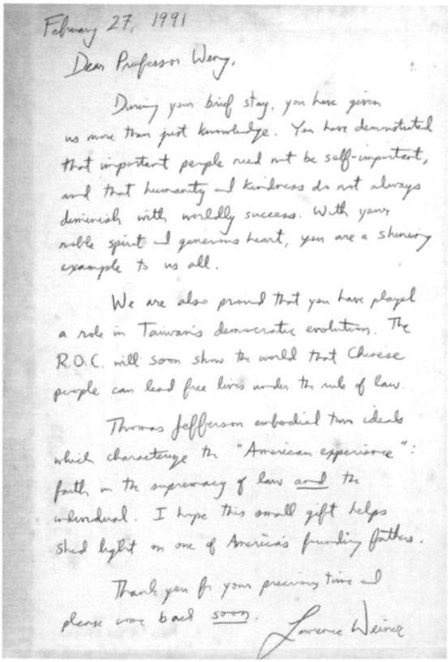
February 27, 1991

Dear Professor Wang,

During your brief stay, you have given us more than just knowledge. You have demonstrated that important people need not be self-important, and that humanity and kindness do not always diminish with worldly success. With your noble spirit and generous heart, you are a shining example to us all.

We are also proud that you have played a role in Taiwan's democratic evolution. The R.O.C. will soon show the world that Chinese people can lead free lives under the rule of law.

Thomas Jefferson embodied two ideals which characterize the "American experience": faith in the supremacy of law and the individual. I hope this small gift helps shed light on one of America's founding fathers.

Thank you for your precious time and please come back soon.

Lawrence Weiner

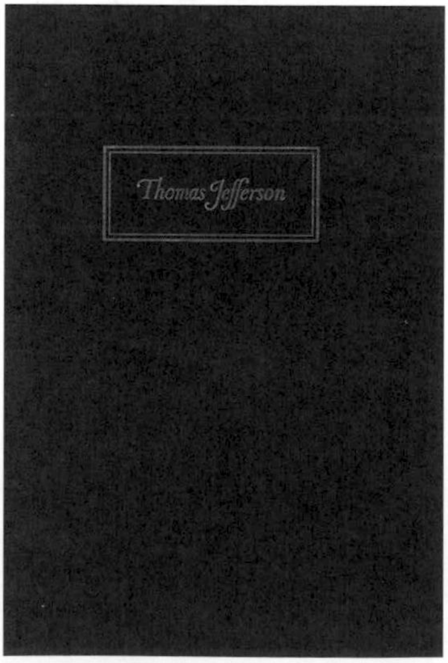

於美國西雅圖華盛頓大學講學期間，獲贈湯瑪斯・傑佛遜選集（右），內頁並留下贈詞（左）。

人物不需要妄自尊大（self-important），人性與仁慈不必然隨著世俗的功名而消逝。您的高貴精神、慷慨之心，足為我們大家的楷模。

對於您在臺灣民主進化的過程扮演了重要角色，我們同感驕傲。中華民國將為全世界展示華人能夠在法治之下自由的生活。

湯瑪斯．傑佛遜體現了兩個標誌「美國經驗」的理念：堅信法的優位與個人。我希望這份禮物能夠表彰這位美國建國之父。

感謝您寶貴的時間，期待很快再回來。

勞倫斯．韋納（Lawrence Weiner）

我回國後不久，華大法學院瑪喬麗．羅保教授接著來臺大法律學院開課，介紹美國法的案例分析方法，在臺北與我重逢，再續學術緣。

華大法學院瑪喬麗．羅保教授來臺講學，於1991年5月19日的留影。

違憲法律再立法？

一九八五年十月就職的第五屆大法官（至一九九四年九月）任內作出一百六十七件解釋案（釋字第二〇〇號至三六六號），其中一百五十一件（釋字第二一七號解釋之後）在解嚴之後，遠多於第四屆大法官之五十三件解釋案（釋字第一四七號至一九九號），顯示隨著解嚴、終止動員戡亂時期，臺灣憲政運作逐步正常化，社會漸趨多元、開放，人權觀念開始提升，威權思想陸續退場，大法官的功能更有發揮的空間。有一則關於學校教職員法律地位的釋憲案件，涉及時代變遷下人事制度問題，印象深刻，稍做說明。

過去學校的職員不需要經過國家考試及格，無論服務多久都不是公務員，但也不能調職。後來考試院認為職員也是公務員，應該通過國家考試才能任用，便請立法院制定「教育人員任用條例」（一九八五年五月一日公布），規定學校職員的任用資格應經國家考試及格[40]，同時專為學校職員舉辦考試，外人不能應考，以提高錄取率。縱使如此，部分學校職員仍有意見，在臨考試前向立法委員遊說，修改「教育人員任用條例」（一九九〇年十二月十九日修正公布），讓施行前已遴用的學校現任職員可以不必考試而取得任用資格[41]。考試院認為這樣的規定與憲法第八十五條規範意旨不符，有違憲疑義，聲請大法官解釋。在討論的過程中，部分學校出身的大法官，認為這些職員值得同情；相對來說，來自司法實務界的大法官都是靠考試出身的，很不能理解這些職員為什麼抗拒考試，對他們頗不諒解，認為系爭規定違憲。大法官們陷入兩難，因為要通過四分之三門檻不容易，於是設法折衷，讓這些職員留任原職，可以升等但不能調動，一方面激勵這批職員的工作士氣，另方面兼顧考試用人的憲法意旨，於一九九一年五月十七日公布釋字第二七八號解釋。由於大法官們意見紛歧，因此解釋文中先指出「學校職員之任用資格，應經學校行政人員考試及格或經高普考試相當類科考試及格，與憲法第八十五條所定公務人員非經考試及格不得任用之意旨相符」，對於施行前已遴用學校現任職員可以不必考試而取得任用資格的規定，則只說「並不能使未經考試及格者取得與考試及格者相同之公務人員任用資格，因之，僅能繼續在原學校任職」，沒有直接宣告其違憲，並且加上「其任用資格『適用各該原有關法令』之規定」，意思是仍然可以在原學校任職依規定升等，但不能調動。這是折衷出來的結果，否則通不過四分之三的門檻。不過，從解釋文及理由書可以清楚的看出，學校職員同樣是公務員，必須經過國家考試及格才能取得任用資格。

沒想到解釋公布後，這批學校職員仍然不滿意，繼續到立法院教育委員會陳情，頻頻施壓，竟說動立法院再次修改法律（一九九四年七月一日修正公布），明定「本條例施行前已遴用之學校編制內現任職員，其任用資格適用原有關法令規定，並得在各學校間調任。」於是考試院又於一九九四年十月二十九日聲請釋憲，認為上述規定牴觸釋字第二七八號解釋「僅能繼續在原學校任職」的意旨。這時候大法官已經進入第六屆了，除了我、吳庚及劉鐵錚三位大法官外，其餘十三位大法官均是新任，俱為一時之選；加上通過門檻在第五屆的最後一年改為三分之二，解釋的質與量顯著優於第五屆。在討論本案時，大法官們面臨的爭議不僅是應否讓未通過國家考試的學校職員「得在各學校間調任」，更重要且具憲法原則性的問題是大法官解釋的效力，特別是立法機關可否重新制定已經被大法官認定違憲的法律？同樣採集中制的德國聯邦憲法法院在此一問題上頗多爭議，兩庭的見解並不完全一致[42]。不過，鑑於我國憲法賦予了大法官不同於德國聯邦憲法法院的「憲法解釋權」，且基於權力分立及立法權受憲法拘束的原理，應可推導出立法者須受大法官釋憲內容拘束的結論。

大法官於一九九六年六月七日公布釋字第四〇五號解釋，一方面重申釋字第一八五號解釋，認為大法官就憲法所為的解釋有拘束全國各機關及人民之效力，另方面對於立法院一九九四年新修正的「教育人員任用條例」，違反釋字第二七八號解釋意旨，重新制定前經違憲宣告的法律，而宣告新法違憲，並且立即自本解釋公布之日起失其效力。大法官於解釋中所示：「立法院行使立法權時，雖有相當廣泛之自由形成空間，但不得逾越憲法規定及司法院所為之憲法解釋」，已充分表達我國應有所謂「重複制定違憲法律禁止」的原則。

成立憲法法庭

一九九三年二月一日制定公布的「司法院大法官審理案件法」，取代「司法院大法官會議法」的高門檻規定，也讓大法官從「會議」進展到「審理案件」，尤其「憲法法庭」的成立更讓臺灣憲法訴訟制度在組織與運作上打開新的局面。

大法官行使釋憲權，過去多以「大法官會議解釋」稱之，對外亦多自稱「大法官會議」，不料竟引發「大法官是不是法官」、「大法官會議是不是法院」、「解釋是不是裁判」等爭議與困擾。實則，大法官會議並非憲法上的名稱，「會議」只是行使職權的方式，而非機關名稱。因此，早先我在〈憲法之維護者〉一文主張：「在現行憲政體系下，司法院大法官會議似應改為憲法法院。」多年來，我始終維持上述見解的基本精神，但幾經思索，認為在具體作法上未必要拘泥於「法院」一詞，須視我國司法制度如何規劃以及司法院要發揮如何之功能而定。因此在〈憲法之維護者——回顧與展望〉一文[43]修正為：「憲法上大法官為司法院之構成員，故大法官不能離開司法院而另組成獨立之機關。因而，在現行狀態之下，將大法官會議之名稱改為『大法官合議庭』或其他『法庭』之名稱，仍維持為司法院之主要構成部分，避免誤解之目的，似已可達成。」

以上的看法及主張，獲得實現。一九九二年憲法增修條文公布，增訂司法院大法官組成憲法法庭審理政黨違憲解散事項之職權。為配合此項憲法增修條文，立法院修正「司法院大法官會議法」，增訂憲法法庭審理政黨違憲解散案件之規定，並將法律

1992年 8 月19日，於奧地利憲法法院與塞爾布教授（右三）、溫克勒教授（左二）等人會面，討論憲法法庭的設置。

更名為「司法院大法官審理案件法」，司法院隨之開始籌設憲法法庭。規劃期間，我曾與楊日然、楊與齡、楊建華、翟紹先等大法官，於一九九二年八月十六日啟程，赴奧地利、德國、芬蘭等國考察釋憲制度。首站是奧地利，與好友舊識溫克勒教授、塞爾布教授再度重逢，於奧地利憲法法院中與該院法官請教設置憲法法庭相關細節。離開維也納，即轉往德國憲法法院考察，與憲法法院法官格林（Dieter Grimm）、克萊因等人，就憲法法庭的設置交換意見。

出國考察之後，司法院於一九九三年三月十九日組成憲法法庭籌建小組，當時的司法院院長林洋港指定我擔任召集人，成員有史錫恩大法官、值月大法官、葛義才秘書長、林國賢副秘書長、蔣次寧處長、王金星處長、白文漳廳長、郭仁和處長、鄭東平會計長、薛鈜聚參事（以上官銜為當時的職稱）等人，共同推動籌建事宜，大法官書記處負責幕僚業務[44]。

憲法法庭籌建小組共召開五次會議，聽取張文瑞建築師意見，完成規劃，決議憲法法庭設於司法大廈四樓大禮堂原址。憲法法庭興建工程，於一九九三年七月二十日上午九時由我主持開工儀式，葛義才秘書長、蔣次寧處長、謝其松處長等工作人員參加觀禮，同年九月二十八日如期完工。一九九三年七月及十月，司法院相繼發布「憲法法庭審理規則」、「憲法法庭席位布置規則」及「司法院大法官服制規則」。一九九三年十月二十二日，在林洋港院長主持下，司法院舉行憲法法庭落成典禮，開啟我國憲政及司法發展的新里程[45]。

憲法法庭審理重大憲法爭議

大法官首次以憲法法庭行言詞辯論是在民國八十二年（一九九三年）十二月二十

三日，案由是「政府賒借款應否列入公債案」，嗣後作成釋字第三三四號解釋，開啟日後以憲法法庭審理重大憲法爭議的先例。不過，當時僅由機關代表與學者提出鑑定意見，尚未開放法學教授為訴訟代理人，參與言詞辯論程序。該次參與的機關代表及學者，有聲請機關代表：立法委員彭百顯、許添財，立法院財政委員會專門委員鄧陽僖；關係機關代表：財政部國庫署署長林劍雄、法務部法律事務司司長葉賽鶯、行政院主計處第一局局長張志弘；推薦學者：政大財政研究所所長林全、臺大經濟系教授林華德。

憲法法庭第二次的召開，則進入了第六屆大法官時期。一九九五年十月十九日大法官針對檢察官有無羈押權的爭議召開憲法法庭，舉行言詞辯論程序，這是首次允許法學教授為訴訟代理人出庭參與言詞辯論。當時參與言詞辯論的法學教授計有：許宗力教授、林子儀教授擔任聲請機關的訴訟代理人；蘇永欽教授為法務部推薦學者；蔡墩銘教授、黃東熊教授為立法院推薦學者[46]。之後，大法官作成影響深遠的釋字第三九二號解釋。

透過司法實踐憲法的意旨，始終是我抱持的理念，隨著年歲的增長，體認日深。

1995年10月19日，司法院針對檢察官有無羈押權的爭議召開憲法法庭，舉行言詞辯論程序（上）。第六屆全體大法官於憲法法庭合影（下）。

最初且印象特別深刻的經歷是發生在海德堡求學的時代，此種發展在戒嚴時期的臺灣幾乎是無法想像。前面提過，一九六三年一月，史奈德教授的助理史密特博士邀請我一同前往位於卡爾斯魯的聯邦憲法法院，旁聽史奈德教授出庭表示專業意見的過程，得以體驗學理如何運用在實務上。我親身目睹史奈德教授在憲法法庭上宣讀其專業意見。憲法問題也可以如此理性地、專業地在法庭上討論，如同學術研討會，對我來說，恍若夢境，難以想像。當時，我既未預料到有朝一日會擔任大法官，從事釋憲工作，也不敢奢望可以親自參與我國憲法法庭的建置及其運作的規劃。不過，在大法官釋憲制度運作數十年之後，憲法爭議經由司法程序的審理，透過討論而獲得實質的解決，雖然尚未達到最理想的程度，但可以確定的是，留學時代的夢想——臺灣也能夠像德國一樣，在法庭程序中討論憲法爭議——終究沒有落

1995年10月19日，我於憲法法庭審判長座位上留影。

1996年，應邀至海德堡大學演講，與恩師莫斯勒教授（右二）、史奈德教授（右一）、史坦柏格教授（左一）於演講會場合影。

空。一九九五年十月十九日大法官針對檢察官有無羈押權的爭議召開憲法法庭，舉行言詞辯論程序。我以資深大法官的身分擔任審判長，主持並指揮憲法訴訟程序。當我看到學校熟悉的教授們在憲法法庭上能理性地發表其法律見解，進行憲法的專業辯論，昔日縈繫腦際的德國憲法法庭情景，再度重新浮現，舊夢成真，不禁百感交集，久久不能自己。

憶及旁聽憲法法院開庭往事，驀然回首，我自一九六六年在海德堡大學獲得博士學位起，倏忽已近半甲子。隔（一九九六）年，就是我畢業整整三十年了。海德堡大學校長及法學院院長特函邀請我回母校演講。我以「中華民國司法制度的改革」[47]為題，於一九九六年七月十日於海德堡法學院發表演講，一方面與我一九六六年的博士論文遙相呼應，另方面向德國介紹臺灣法治建設的成果與司法改革的近況。恩師莫斯勒教授、史奈德教授及同門師兄史坦柏格教授，特來現場聆聽，讓我倍覺榮幸與感恩。當時，史坦柏格教授已經從聯邦憲法法院法官一職卸任，時任歐洲安全與合作組織仲裁法庭法官。

憲法違憲乎?!

釋字第三九二號解釋作成於第六屆大法官時期。一九九四年八月，臺灣第三次修憲，大法官同意權改由國民大會行使，第六屆大法官在新的同意權制度下產生，自一九九四年十一月開始行使職權至二〇〇三年九月任滿為止，總共公布二百號解釋（釋字第三六七號至五六六號）。其中足以彰顯者，如大法官陸續針對行政院長總辭案（釋字第三八七號解釋）、副總統兼任行政院長案（釋字第四一九號解釋）、參謀總長是否備詢（釋字第四六一號解釋）等作成解釋，建立憲政慣例。

尤值稱道的是，二〇〇〇年三月二十四日公布的釋字第四九九號解釋，大法官宣告國民大會所通過之第六次修憲條文違憲，不僅確立了「修憲有界限」的憲法原則，強調「憲法中具有本質之重要性而為規範秩序存立之基礎者，如聽任修改條文予以變更，則憲法整體規範秩序將形同破毀，該修改之條文即失其應有之正當性」，更凍結違憲條文的施行。

這是我國釋憲史上最富爭議的棘手難題，大法官毅然接手，並作出宣告「憲法條文違憲」的釋字第四九九號解釋。回首解釋的產生過程，大法官需要堅實的法學素養及論證說理，更要有不畏政權外力，不惑民氣的智慧與勇氣，恐怕無法出此號解釋。儘管至今為止，學說上對於本號解釋的論證邏輯及法理依據仍有不同的看法，批評者亦不乏其人，而所謂「修憲有界限」的理論也不再如此絕對，甚至主張修憲條文根本不得作為審查標的者，大有人在，但大法官在本號解釋所展現維護憲法的風範，其象徵意義已遠遠大於解釋所細述的憲政法理。

司法權如此力抗政治部門，環顧世界法治先進國家，亦屬罕見。儘管在此之後國民大會為了「制裁」大法官，特地在憲法增修條文中規定：「司法院大法官除法官轉任者外，不適用憲法第八十一條及有關法官終身職待遇之規定。」但大法官作為憲法維護者的堅實地位，已不容撼動。多年來，每當回想起大法官們為了本案頻繁穿梭於會議場中，甚至為了躲避媒體與政治干擾，另闢開會地點、且走且戰，終而作出這號先進法治國家未必得見的劃時代解釋，一直使我甚感快慰。

大法官提名打破省籍限制

一九九四年，第六屆大法官經總統提名、立法院通過時，適李元簇先生擔任副總統期間（一九九〇～一九九六年），這屆大法官感於李元簇副總統的知遇與厚愛，與李副總統的關係格外密切，時相探望、寒噓問暖，即使在李元簇卸任副總統、淡出政壇後，亦復如此。第六屆大法官人才濟濟、領域多元，另一項政策因素值得一提。早期大法官的人選有省籍的限制，最初是一省只能有一位。臺灣省籍的大法官第一屆、也是第一位是蔡章麟老師，前面已經提過。第二屆是黃演渥先生（一九〇二～一九七一年），他是法官出身，歷任臺灣高等法院推事（法官）兼庭長、最高法院推事等

第六屆大法官於李元簇副總統自宅前與李副總統合影。

第六屆大法官至李元簇副總統自宅敘舊。

職。第三位是戴炎輝老師，擔任了一年後，升任為司法院副院長。一九七二年七月，我被提名遞補第三屆大法官時，適逢政府退出聯合國，需要較多本省籍的年輕人才投入公職，因此遞補了兩位本省籍的大法官。除了我來自學界之外，另一位是最高法院法官陳世榮先生（一九一八～一九九二年），雲林縣人。到了一九七六年第四屆大法官，本省籍的人數則放寬到三位，增加一位學界，分別是我、陳世榮及洪遜欣老師。一九八一年，洪遜欣老師於大法官任內病逝，餘缺於一九八二年由楊日然兄遞補。一九八五年第五屆大法官，我和楊日然續任大法官，陳世榮的大法官職位則由陳瑞堂兄接任，仍維持本省籍三名（學者兩位、實務一位）的規格。大法官遴選的省籍考量，到了一九九四年第六屆全面打破，獲提名的十六人中，只有四位是外省籍，分別是：劉鐵錚（河北）、吳庚（廣東）、施文森（江蘇）、董翔飛（江蘇），其餘十二人依個人傳略[48]為本省籍。

第四屆大法官的提名過程，有一段令人遺憾的政治插曲。該屆大法官由嚴家淦總統提名，經監察院投票通過，被提名人中有張劍寒教授（一九二八～二〇一四年，江蘇人），曾任臺大政治系主任、臺大法學院院長，也是我的老師。一九六七年九月，張劍寒老師與傅啟學、胡佛等幾位教授在哈佛燕京社的補助之下，共同完成了《中華民國監察院之研究》（上中下三冊），對於監察院有相當深入的研究。不料，這套書部分內容引起監察委員的不滿，一度成為禁書。沒想到過了十年之後，張老師被提名大法官，監察委員因張老師曾參與這套書的撰寫而揚言抵制，最後經李煥主任協調，以張老師「自願」放棄宣誓就職、仍留在學校任職為條件，監察院同意投票通過[49]。十餘年後，李煥於一九八九年擔任行政院院長，邀請張老師擔任政務委員，不無彌補之意[50]。

平議不同意見

憲法是政治之法，憲法爭議與政治問題往往相互滲透，大法官解釋憲法難免受到政治壓力，如何透過制度解決司法與政治之間的糾葛問題，值得研究。但應該可以確定的是，釋憲機關成員的意見越是齊一，越少對外發表不同意見，越能保有不受政治干涉的空間；反之，釋憲機關見解越是分歧，對外發表的不同意見書越多，越有可能影響憲法裁判的權威性，甚至成為政治介入司法的旁門。

大法官不同意見書制度於一九五八年引進釋憲實務，並且從一九七七年開始顯名，運行至今已逾七十年。最初大法官會議只有「不同意見書」的發表，我認為不但無助於法學正常的發展，反而會使法學轉向畸形的方向。前面提過，大法官是以合議的形式運作，討論的過程對外保密，沒有人能夠對解釋通過的意見加以充分說明；有拘束力的多數意見、解釋文及理由的每個字，都必須經過多數通過（最早甚至要四分之三同意），因此用語寥寥幾句或含糊不明是常有的事。相對來說，反對的意見透過「不同意見書」卻可以非常詳盡，寫法也沒有任何限制（過去常常是提出另一份的解釋文及理由書），對比多數意見的簡短或闕漏，對於大法官的權威性難免有所影響。外界在看大法官解釋時，對發表不同意見書的大法官給予許多掌聲，但其實對於那些沒有發表不同意見的多數大法官也應該給予肯定。如果沒有多數大法官的相互妥協、彼此讓步，根本無法通過解釋。以第四屆為例，當時只有十四位大法官，有二位固定寫不同意見書，九年的任期中有五十五件不同意見書，其中五十件左右就是被這兩位包辦。那時，大法官一週只開一次半天會，多數大法官覺得需要多一些溝通、增加效率，決定開「會外會」，由大約十位左右相對較年輕的大法官另行集會、相互溝通，再由最年輕的我和范馨香大法官分別向其他長輩報告，說明多數意見，大部分獲得長輩大法官的支持而通過解釋。

一九八五年間，我曾在一篇文章中主張贊成多數意見的大法官也應該可以發表補充意見書，以促進法學的正確發展[51]。這項建議後來獲得落實，增加協同意見書制度，行之有年，已成常態。此後，不同及協同意見書不僅提供少數意見各抒己見的空間，也扮演促進釋憲機制多元化與民主化的角色，對於我國憲政發展與人權保障，貢獻良多。近年，因「檔案法」的公布施行，司法院將過去發表不同意見書的大法官姓名予以公開，讓國人可以捕捉當年個別大法官參與釋憲的片段，更能呈現釋憲的完整全貌。

在我擔任大法官期間，總共只提出過四次的不同（或協同）意見書，三次與其他大法官共同發表，單獨提出者只有一次。第一次是釋字第一四〇號解釋（一九七四年十一月十五日），與李學燈大法官共同發表，爭點是告訴人對於無效的不起訴處分聲請再議，應否將原處分撤銷的問題，涉及司法院院解字第二九二四號解釋的適用疑義。當時公布的解釋，僅記載提出不同意見書的人數，而未具大法官姓名。「檔案法」公布施行後，司法院公開過去發表不同意見書的大法官姓名，始為外人所知。第二次是釋字第二三二號解釋（一九八八年十一月四日），爭點是公有土地參加重劃是否須經民意機關同意、行政院核准始得處分（「土地法」第二十五條）？這是一件因市議會就公有土地參加自辦市地重劃是否屬於土地的經營、處分、交換之行為，與市政府所持見解相異而聲請的統一解釋案。多數意見認為上述情形非屬「處分」行為，毋須經民意機關同意、行政院核准。吳庚大法官提出不同意見書，認為此乃「府會之爭」，另有解決機制，主張不應受理；我則與楊建華、楊日然及馬漢寶三位大法官聯名提出不同意見書，認為上述情形兼有經營及處分性質，原則上仍須經地方民意機關的同意。第三次是釋字第三一九號解釋，涉及申請複查考試成績處理辦法的限制規定違憲的問題，針對國家考試評分專屬於典試委員的職權，其評分應受尊重的原則與例外，與楊日然、吳庚大法官共同提出一部不同意見書。第四次是釋字第四五五號解釋，是有關人事行政局就留職停薪入伍者年資採認的函釋是否違憲的爭議，由我單獨提出一份協同意見書，闡述平等原則的法理與法規違反平等原則的處理方式。

不同意見書制度的利弊

關於不同意見書的利弊得失及是非功過，可謂仁智互見，尚待定論。有認為不同意見書的存在，可以讓人發現同一問題有不同觀點，對於增進系爭問題的認識，與不同意見間之交換流通，頗有助益，同時又可促使多數意見對其所持立場與論據更為謹慎周延。而且，憲法解釋具有高度的政治性，大法官是否獨立行使職權，動見觀瞻，藉由不同意見書的發表，足以昭示大法官不受外力干預、獨立判斷的具體表現，有助大法官獨立性的提升。不過，亦有持相反意見者，認為不同意見書的存在，使法官的合議失去祕密性，暴露大法官內部的矛盾與齟齬，反而影響大法官的中立性與獨立性，更可能危害大法官的權威性。

持平以觀，不同意見書制度的有無，並非決定釋憲機關屬性的必要條件。例如義大利憲法法院即無不同意見書制度；又韓國憲法法院對總統彈劾與政黨違憲的宣告，亦不得發表不同意見書，甚至對評議的經過也必須對外保密，可見各國規定不盡相同。但不同意見書的存在，確實有其正面功能，包括闡明解釋的意旨，促進憲法的成長與續造，增加大法官變更見解的可能性等。當然，不同意見書亦非毫無缺點，最啟人顧慮的是，不同意見書對內容易造成大法官之間的猜忌與對立，對外可能成為釋憲者向有權者「輸誠」或「交代」的工具，弦外有音。尤其是法治後進國家，公權力機關對於憲法未必尊重，人民對司法的信賴尚有不足，過多的不同意見書，反而會對違憲審查機關的權威性造成一定程度的負面影響。由此可知，釋憲機關成員越能形成共識，越可能樹立憲法裁判的權威性。因此，不同意見書制度的運作，若要存其優點，避其缺失，在遇有政治性爭議較高的案件時，大法官應儘可能減少不同（或協同）意見書的發表，以提高憲法裁判的權威性。

我國大法官發表的不同意見書，在數量上較德國聯邦憲法法院為多，或許是受到美國最高法院審判實務的影響，這也是大法官釋憲權帶有英美法色彩的一項展現。但美國最高法院得以運用「政治問題原則」，拒絕審理高度政治性案件，以避免司法捲入政治。反觀我國大法官尚無法完全如美國發展出政治問題原則，只要合乎法定聲請要件，即使在政治上具有高度爭議，大法官仍應予以受理。因此，如何力求意見一致或至少減少不同（或協同）意見書的發表，避免對大法官解釋的功能造成負面影響，便顯得異常重要。大法官就總統刑事豁免權及機密特權具有高度政治爭議性的案件，作成的釋字第六二七號解釋，以無異議的方式表現於外，即有意確立「越是爭議，越是一致」的釋憲原則。之後，在處理立法院能否拒絕行使監察委員同意權的問題而作出釋字第六三二號解釋時，同樣具有高度政治爭議性，可惜又發生不同意見、協同意見交相提出，甚至有彼此對立的現象，顯示不同意見書制度的運作似乎還有努力的空間。相對來說，富有妥協色彩的高度政治性問題，政治部門儘可能以政治方式解決，不要動輒想要透過司法程序解決政治問題，否則徒然損傷司法的尊嚴，甚至耗損人民對司法的信賴。

哲人日已遠，典型在夙昔

思及此，不禁憶起和我共同提出不同意見書的日然兄與吳庚大法官。日然兄參與大法官解釋這段期間正是社會轉型、大法官釋憲功能大幅提升的時期，難免會出現重大且具有政治色彩的案件，其爭論之劇烈，使大法官開會情形有時類似於戰場，加上高門檻的釋憲通過比例，要通過憲法解釋極其不易，常需不斷溝通、一再協調。日然兄為整合大家意見，付出的時間與心力無以數計，令人感佩。一九九八年九月十五日，司法院舉行釋憲五十週年慶祝大會，同仁們推派我於紀念會議上致詞。在話說歷屆大法官釋憲過往點滴時，憶及日然兄及其他已逝舊日同仁的革命感情，當場落淚，哽咽難語！

吳庚大法官精通公法，兼治法政哲學，集行政官、司法官、大法官、學術主管、學者、教授於一身，放眼國內法學圈，可謂絕無僅有。於擔任司法院大法官十八年期間，與我共同見證了臺灣憲政史上最劇烈的轉變。大法官解釋中與行政法基本原則有關者，例如釋字第四四三號解釋理由書有關法律保留原則的闡釋，多半出自其手。我自一九九九年二月一日擔任司法院院長後，有四年時間不具備大法官身分。許多公法上重要解釋的作成，多賴吳大法官的努力，始有可能。例如釋字第四九九號解釋，該案涉及一九九九年修正公布的憲法增修條文是否違憲的爭議，史無前例。吳大法官借用德國「基本法」理念中修憲界限理論，在大法官內部發揮相當大的貢獻，宣告該次修憲違憲而無效，在當時的政治環境下著實不易。吳大法官與我在臺大、司法院相知四十年，不但曾一起參與行政院組織法修正委員會及其他研究計畫，更經常一起出遊，建立深厚的私交。猶記一九七二年我獲總統提名遞補第三屆大法官時，吳大法官時任檢察官，曾致函透露司法圈內對於我未曾擔任法官即任大法官一職，不無微詞。

此事雖已去之近半世紀，對於吳大法官當年的深情至意，仍然記憶如新。我曾為其子女證婚，深知其不鋪張與高尚的人格。他於二〇一七年十二月十三日因病去世，不僅是國家社會的損失，我個人也痛失良友。「哲人日已遠，典型在夙昔」，思念無限，實非語言文字所能表達於萬一！

擔任司法院院長

前面提到一九九八年九月十五日，司法院舉行釋憲五十週年慶祝大會。李總統登輝先生應邀參加，並致賀詞。李總統致完詞後，即行離場，由於施啟揚院長必須主持後續的典禮，其他大法官便推派我接待李總統，並陪同他步出司法院。李總統雖與我久未謀面，但他記憶力很好，看到我記起當年（一九七二年）我們在李煥安排下初次見面的場景。行進間，他突然對我說：「咿，你一直都在司法院服務?!」隨之與我閒話家常，問了我一些近況。

一九九八年十二月三日，總統府發布新聞稿，提名我出任司法院院長。隔（四）

1998年12月24日，我在總統府舉行慶祝行憲暨國父紀念月會上作專題報告。中央社記者吳繼昌攝。

日，我在司法院舉行記者會，向媒體說明即將接任院長的工作重點。會後與記者述說我的司法理念。十二月二十四日，總統府舉行慶祝行憲暨國父紀念月會，李登輝總統邀請我以「建立以人權保障為基礎的民主政治——司法院大法官釋憲制度在民主改革過程中扮演的角色」作專題報告。隔年（一九九九年）二月一日，我就任司法院院長，可以說是李登輝總統有意的提拔。

一九九八年底，李登輝總統請我出任司法院院長時，我擔任大法官已經二十六年了，對於是否接任著實考慮了很久，一來我欠缺行政工作的經驗，連學校系主任都沒當過，另方面出於個性，自覺不適合從事主管或行政方面的事務。當時，司法院施啟揚院長正積極推動司法改革，基於私誼與個人司法理念，我自始至終參與其中。施院長在臺大是高我兩屆的學長，也是我宿舍同寢的室友。後來，他慢我一年到德國海德堡深造，我們既有同校學長學弟情誼，又有異國同地留學經驗。施院長回國後，短期擔任專任教職後，很快即被委以黨政要務。前面提過，國民黨青工會主任委員王唯農先生曾到過舟山路宿舍請我出任副主委，這項職位後來就是由施院長接任。其後，歷任教育部次長、法務部部長、陸委會主委、行政院副院長、國安會秘書長等政府要職，並兼任國民大會代表，參與憲法修正等工作。李登輝總統借重施院長豐富的行政經驗，於一九九四年請他任職司法院院長，推動司法改革。施院長任內，邀我參與司法改革，我自是義不容辭。施院長於一九九四年九月一日就職後即籌組「司法改革會議」，隨後召開五次預備會議，訂定「司法院司法改革委員會設置要點」，組成「司法院司法改革委員會」，下設四個研究小組，以一年為期（一九九四年十月十九日至一九九五年十月二十八日），採分組會議及全體會議方式研討各項司法改革議題，並提出解決方案，促成司法預算獨立入憲，並實施法官自律、法官評鑑、大法官審理解釋案件程序司法化、候補法官合議審判等改革措施[52]，對於司法效能之提升，貢獻良多。我參加第一研究小組，擔任召集人，研議司法院定位及研究加強司法院大法官功能等問題，並提出「司法院定位與大法官功能」總結報告[53]。在會議中，特別針對大法官屬於司法權的一環及大法官審理程序司法化的問題，提出我的看法[54]，對於當時與會成員討論熱烈的情景，記憶猶新。

接手司法改革

施院長推動司法改革將近一年後，律師界又發起籲請總統出面召開「全國司法改革會議」。一九九七年間，民間團體包括中華民國法官協會、中華民國律師公會全國聯合會、臺北律師公會、民間司法改革基金會、臺灣法學會等，為司法預算獨立一案晉見李登輝總統時，再度籲請召開，經李總統首肯並指示司法院籌備。其間數度磋商，可惜當時民間團體與司法院之互信不足，遲遲無法順利召開。及至一九九八年十一月，民間團體與司法院、法務部達成儘速召開全國司法改革會議的共識。不過，即在召開全國司法改革會議時，施院長與李登輝總統對於開會方式產生歧見，導致施院長去職，司法改革這項艱鉅任務就落到我身上。

1999年2月20日，我就任司法院院長不久，與媽媽的合影。

一九九九年一月十四日，我就職司法院院長前，於國民大會行使同意權時，國代們問及我的司改理念。當時，我無法立即細數各項具體意見，只表明自己的核心理念是「司法為民」。當場我承諾就職兩個月內提出各項具體改革措施及預定完成的時間表，送交國民大會。為此，我印行一本《司法改革藍皮書》的小冊子，羅列我個人的司改理念、具體作法及改革時間表，宣示推行「保障人權的司法」、「有效率的司法」、「便民的司法」、「透明的司法」、「公正的司法」及「清廉的司法」的司改理念。

過去，司法院院長與大法官的職權分立，司法院院長不具大法官身分，只有在大法官會議要正式通過解釋時，由院長擔任會議主席。我從一九九九年二月一日起就任司法院院長，雖然是大法官會議主席，但不再是大法官。直到二〇〇三年九月底為止，有大約四年的時間，我不具大法官的身分。

一九九九年二月一日，我就任新職，接掌司法院，首要任務就是籌劃同年七月六日至八日連續三天的全國司法改革會議。這是到當時為止規模最大、涵蓋層面最廣的司法改革會議。到職後，隨即邀請法務部及民間團體共同組成籌備委員會，積極展開籌備工作。委由楊仁壽秘書長負責，邀集審、檢、辯、學、民間團體與社會賢達代表參與籌備。歷經二個月九次會議，確定正式會議的所有規則。籌備期間並由各法院就其轄區舉辦分區座談，集思廣益，並設網路信箱，廣徵民意。

全國司改會圓滿落幕

李登輝總統相當關心會議的召開，請當時總統府秘書長黃昆輝先生出面邀請司法院、法務部以及民間團體參與開會主要人士，在臺北賓館餐敘，特別傳達總統希望採共識決、不宜採多數決的意思，至少要有三分之二以上的代表達成共識，才能通過決議。大會於一九九九年七月六日至八日舉行，參加者一百二十五名，有審、檢、辯、學、行政、監察、考試、民意機關代表及社會賢達，包括媒體代表。當時的中央研究院院長李遠哲先生及副院長楊國樞先生也以社會賢達身分參加。包括全體會議主席、四位副主席城仲模副院長（三組）、葉金鳳部長（二組）、全聯會理事長陳長、臺大教授邱聯恭（一組）。共討論十二大項議題及二項附帶提案，經全體會議討論獲致結論者有四十九項。我們遵守總統的意見，開完會將會議所有經過與結論集結出版一本「黃皮書」，當中列有參與者達成共識的結論部分，未達成共識的部分，包括部分未獲共識者七項，完全未獲共識者十四項，亦將同意、不同意者的姓名分別羅列出來[55]。

李登輝總統為大會開幕致詞時，我邀請他參加三天會議結束後的晚宴。他說若會議開得成功，他就來參加，言下之意，若不成功他就不來了。第三天大會閉幕是由連戰副總統致詞，當天晚上的閉幕宴會上，李總統從頭至尾全程參與！會議結束後，司法院隨即將自身職掌有關部分之議題結論，一再研討、精心規劃，擬定改革具體措施及辦理期限，並於同年七月二十六日發表「全國司法改革會議結論具體措施暨時間表」，正式展開改革工作。

猶記籌辦全國司法改革會議時期，同仁們工作自晨以至薄暮，規劃討論不厭其詳，輒過夜分，司法大廈依然燈火通明，工作同仁士氣高昂、毫無倦容。每憶及此，心中之感動實難以筆墨形容。我衷心感謝當時的司法院秘書長楊仁壽、副秘書長黃文鸝、公共關係室主任王酉芬、有關廳處長及所有參與推動此方案的司法同仁、立法委員，還有無數的無名英雄，你們的付出，我永銘在心！

從人民角度去思考

在我不具備大法官身分、擔任司法院院長任內的這幾年，司法改革的方向一直朝著落實全國司改會議結論的方向運作。事實上，無論是法官、檢察官或律師的角色，在面對制度革新時都很辛苦。以新的交互詰問制度為例，法官必須熟悉新的裁判規則，檢察官必須負起實質的舉證責任，而律師也不再能一個下午趕好幾個庭期，所以新制度有人贊成，也有不少反對的聲浪。但是我們的司法改革必須從人民的角度去思考，如何降低一個人被無故起訴、錯誤裁判或是冤獄的機率。雖然有人說刑訴新制只有考慮到被告，沒有考慮到被害人，但是司法不能為了安撫被害人的情緒，就隨便將一個人判罪，製造另一種「被害人」。當然，若罪證明確，法官可以速斷，但是在事

2000年5月16日，我以司法院院長身分，於總統府接受李登輝總統頒授「一等卿雲勳章」，並合影留念。左一為內人。

證還未明確前，就必須要用無罪推定的精神，採取嚴格的證據法則來判案，這樣才算重視人權保障。

再以民事訴訟程序來說，過去很多律師都把證據保留在二審才提出，導致一審的程序完全浪費，民事訴訟改採集中審理制度後，要求律師將要主張的事證一次提出，晚提出的證據可能發生失權的效果，減少訴訟程序的浪費。隨著時間經過，採用「民事集中審理制度」和「刑事訴訟交互詰問制度」的成效，越來越清楚。此外，簡化裁判書的製作，讓法官不要花太多時間在寫判決書上，也是我當年的重要政策之一。法官的工作應該是多聽、多思考、多作正確判斷，減少寫判決書的時間。總之，司法院要設法讓法官有一個比較好的工作環境，讓當事人早日得到正義公平的有效救濟。

司法院定位爭議

司法改革的議題中，司法院的定位涉及司法體制的屋脊與骨架，最為重要，也最為困難，同時又與釋憲制度的改革相互連動，可說是我國憲政史上長期未解的問題之一，學說探討、論述、爭辯不斷。

一九九四年三月間，司法院組成司法改革委員會，由施啟揚院長擔任主席召開司法改革會議，「司法院定位」即是主要議題之一。一九九九年七月間召開的全國司法改革會議，「司法院定位」更是主要的核心議題。我擔任全體會議的主席，於第二次全體會議就「司法院定位」提案進行表決，結果以贊成者九十九位，反對者十位，其他三位棄權，贊成人數超過出席人數（一百一十二人）三分之二，通過司法院定位修正甲案（一元多軌：司法院內設各庭，行使釋憲權與審判權）為近程目標，丁案（一元單軌：司法院置大法官十三至十五人，掌理民、刑事、行政訴訟審判、公務員懲戒、憲法解釋及政黨違憲解散權）為終極目標，成為全國司法改革會議的共識。

一九九九年十二月「司法院定位推動小組」成立，至二〇〇二年八月共開全體會議與分組會議各四十次，完成「司法院組織法」、「司法院組織法施行法」、「法院組織法」、「司法人員人事條例」、「司法院大法官審理案件法」、「公務員懲戒法」等修正草案，於二〇〇二年十月前送第五屆立法院審議。不過，最關鍵之「司法院組織法」修正草案在立法院完成一讀後，被有關黨團以立法技術推翻，朝野協商十五次，均未能達成共識，困難重重。當時，立法院王金平院長多次親自主持協商，甚至協調黨團與司法院各讓一步，條文內容依司法院版本，實施日期則訂定日出條款於二〇〇六年一月一日起施行，這是王院長傾力勸說的結果。

不過，在此期間，司法院大法官已於二〇〇一年十月三日作出釋字第五三〇號解釋，在解釋文末段闡釋：「……司法院除審理上開事項之大法官外，其本身僅具最高司法行政機關之地位，致使最高司法審判機關與最高司法行政機關分離。為期符合司法院為最高審判機關之制憲本旨，司法院組織法、法院組織法、行政法院組織法及公務員懲戒委員會組織法，應自本解釋公布之日起二年內檢討修正，以副憲政體制。」這段闡釋遭到「聲請外解釋」的批評，同時殃及「司法院組織法」的修法工程。由於大法官在本號解釋要求司法院必須儘速審判機關化的意旨甚為明確，當時我因擔任司法院院長，並非大法官，未參與解釋的討論與審議，但站在解釋機關的角度，不能自毀立場，基於原則問題，無法答應到二〇〇六年一月一日才實施，拂逆了王院長的努力及好意，也喪失了司法院歸併的良機。儘管早已事過多時，每思及此，常不無遺憾，但法律人的「堅持原則」，尤其是釋憲機關對憲法解釋應有的尊重，仍是不容挑戰的底線。二〇〇五年九月，第六屆立法委員就職後，司法院參酌各方意見修正「司法院組織法」修正草案，再度函請立法院審議，其所遭遇的阻力一如第五屆立法委員時期，令人遺憾。

司法院為國家最高審判機關

持平的說，釋字第五三〇號解釋所闡述的意旨，並未超越憲法規定的範疇，甚至是將「司法院為審判機關」的憲法本意加以闡明，大法官欲「副憲政體制」的用心，應給予肯定。因為我國憲法上有關司法權的規定，基本上是順應二次戰後提高司法權的憲政潮流。一九四六年國民政府提出憲法草案第八十二條：「司法院為國家最高審判機關，掌理民事、刑事、行政訴訟之審判及憲法之解釋。」當時立法院院長孫科於國民大會報告憲法草案內容時指出：「本憲草規定司法院為國家最高審判機關，與現在司法院不同，掌理民刑事行政訴訟之審判及憲法之解釋，且組織方面亦有所改變」、「此種制度，相當於美國之最高法院」。嗣制憲國民大會一讀修正通過上開條文，將其改為「司法院為國家最高司法機關，掌理民事、刑事、行政訴訟之審判及公務員之懲戒」，文字及職掌略加變動。惟制憲本旨並未更易，司法院仍為最高之審判機關，相當於美國聯邦最高法院制度，由數位大法官組成，並掌理民、刑、行政訴訟審判、憲法解釋及統一解釋法令等事項。也因此一九四七年一月一日憲法公布後，同年三月三十一日制定公布的「司法院組織法」除於司法院設九名大法官外，其第四條明定：「司法院設民事庭、刑事庭、行政裁判庭及公務員懲戒委員會。」

可惜的是，公布後受到最高法院院長與法官的反對，加上當時政局不穩，政府為求安定，及早實施憲政，乃於行憲當日修改「司法院組織法」，刪去第四條規定，維持行憲前之體制，才使司法院之下設最高法院、行政法院及公務員懲戒委員會等三個終審機關的制度一直延續至今，導致現行司法組織是否合憲的問題常遭質疑。不過，司法院為最高審判機關的憲法基本精神始終未變。

推動釋憲司法化

釋憲制度興革取向中，大法官的任期一直是爭議不休的問題。比較各國制度，在終身職保障之下，法官的獨立性最高，但恐有憲法解釋不易與時俱進的缺失；採任期制，任期長者，對其職務保障較為充分，但若任期過長，難免影響憲法解釋者的新陳代謝，任期過短，又無法確保釋憲者的獨立性。由於大法官的任期定於憲法增修條文，需要經過修憲才有可能改變。

除了憲法層次的興革議題外，我國釋憲制度的改造工程，其關鍵實存乎法律的研修。例如：使修憲所增訂的憲法法庭，成為審理憲法解釋的常設組織，由全體大法官組成；為達審判機關化的目標，大法官行使職權的方式，應予法庭化；使大法官解釋應予裁判書狀化，解釋文應予主文化，且應與解釋理由有所區隔等。為此，司法院積極研擬「司法院組織法」及「司法院大法官審理案件法修正草案」，務使司法院審判機關化及釋憲制度法庭化。一九九七年五月間，司法院擬具「司法院大法官審理案件法修正草案」，共五十三條，送請立法院審議[56]，經立法院第三屆第五會期第三次及第五次法制、司法兩委員會聯席會議審查完竣，未完成二讀程序，因立法院議案屆期不續審而未完成修正。二〇〇二年九月間，司法院再次擬具「司法院大法官審理案件法修正草案」，共四十三條，送請立法院審議[57]，此次修法明定大法官組成憲法法庭審理案件的要件、程序、憲法法庭判決的效力，以改進及補強大法官審理案件之程序外，尤以配合司法院審判機關化，廢除大法官會議型態，將大法官審理案件方式，改以單一之「憲法法庭」審判（裁判）方式為之，是一次相當進步的修法。不料，經立法院第五屆第三會期司法、法制委員會召開四次聯席會議審查完竣，卻因多條需朝野協商，協商結果就審理案件型態的改變未能達成共識，功敗垂成，令人遺憾。

大法官並為院長

一九九七年，第四次修憲，大法官制度有重大變革。首先是在憲法增修條文上明定大法官的任期與人數，將原本法律規定的九年縮短為八年，且不得連任。依憲法規定：大法官共十五位，院長與副院長必須同時具備大法官身分，也就是十五位大法官當中一位並任院長、一位並任副院長，首任院長、副院長任期四年，並自二〇〇三年十月一日起施行。

二〇〇三年，第六屆大法官任期屆滿，我原本要退休，但陳水扁總統有意再次提名我連任司法院院長。當時我已經七十一歲，認為年歲已高，司法改革法案推動又受阻，想早點退役，便向陳總統表達退休的想法，婉謝他的好意。第一次提，陳總統沒有答應；第二次再提，他沒有回答，我就當作答應了。

不料，國民黨高層透過當時的楊仁壽秘書長傳達，希望我可以連任司法院院長，而且只有我繼續擔任院長，國民黨籍立法委員才會支持「司法院組織法」等相關法案，讓這些法案通過立法。我信以為真，為使司法改革順利推動，特別是完成司法院組織與大法官釋憲制度的改革目標，我只好接受最後四年的任期。上任時，年高八十二歲的李永連老師專程到司法院來看我這位「老學生」，再續師生緣[58]。

二〇〇四年間，我一方面撰文呼籲制定憲法訴訟法[59]，另方面於二〇〇五年三月在司法院組成研究小組，由大法官書記處蒐集各國資料，併整理小組意見後，於二〇〇五年十一月間提至大法官審查會共同討論完成草案，同年年底經司法院院會通過後，於隔年初，即二〇〇六年一月二日正式行文向立法院提出「憲法訴訟法」草案[60]，函送立法院審議，衷心期待「憲法訴訟法」通過後，我國釋憲制度可以邁入新的里程，再締新猷。結果，國民黨終究未能一諾千金，仍舊杯葛司法院提出的法案。立法院國民黨黨團及立法委員甚至另行擬具修正草案，於立法院司法、法制兩委員會第十次聯席會議上連同司法院提案，共三案併案審查，全案保留需待朝野協商，迄至第六屆立法委員任期屆滿，基於立法院議案屆期不續審原則，未完成修法程序。在此過程中，楊仁壽秘書長尤其感到憤慨。他在立法院第一線，經常遭到立法委員謾罵，對立法委員一點都不尊敬公務員的行為，深不以為然。我卸任後，司法院又於二〇〇八年、二〇一三年、二〇一八年三度向立法院提出「司法院大法官審理案件法修正草案」，終於在二〇一八年十二月十八日獲得立法院三讀通過，「司法院大法官審理案件法」正式更名為「憲法訴訟法」，全文共九十五條，於二〇一九年一月四日，經總統公布，定於二〇二二年一月四日施行，總算可以讓比較完備的憲法訴訟制度正式起步。雖說成功不必在我，但回首「司法院大法官審理案件法」自一九九三年二月三日修正公布施行起，一直到「憲法訴訟法」於二〇一八年底通過為止，其間六度叩關，歷時逾二十五年，令人不勝唏噓，感慨制度改革之不易。

積極推動「法官法」

談到司法改革，主要問題之一就是法官的任用權，一般認為是行政權，實際上是司法體系自己運作。一九九八年底，李登輝總統請我擔任司法院院長的時候，他第一句話就說：「今天的司法官訓練所，將來要移到司法院下面。」不過，大陸法系國家的法官地位多半比較低，所以被放在行政底下，要從行政體系脫離出來，相當困難。因此，德國才會制定「法官法」，用來保障法官不受外界干涉。相對來說，美國根本不必制定「法官法」，因為法官在美國司法制度下本來就另成體系，與一般公務員不同，不會混在一起。那臺灣的情況呢？「法官法」的原本構想是把法官獨立出來，與其他的行政體系分開，結果最後卻又把檢察官納進來，法官的地位無法被凸顯出來。持平的說，我們的法官現在應該已經享有英美法系法官的尊威，待遇也比其他公務員優厚，目的就是要落實憲法對法官的保障，包括終身職的規定。憲法保障法官的目的又何在？無非是要法官無所顧忌，不考慮升遷，擔負起保障人權的任務，重點在保障人民的權利，抗拒來自政治的干涉與外在的壓力，不受媒體輿論的左右。讓法官能夠站在第三者的地位，唯本良心，獨立審判。

「法官法」草案的研議，好不容易把法官與檢察官分開，主政者卻又把他們合起來規範，繼續一起訓練，可能的負面效應會是什麼呢？主政者要控制人民相對容易，因為可以透過檢察官牽制法官，讓法官的獨立地位難以凸顯，人民的權利就不容易受到法官的保護。檢察官畢竟屬於行政體系的一環，當然多少要配合政策，法官則可不必。我認為我國法官制度既然帶有英美國家的傾向，如果有優秀的律師不在乎金錢，願意擔任法官，就應該盡量建立完善的制度與環境，延攬他們進入司法體系服務。我在擔任司法院院長期間，一直努力推動優秀律師轉任法官的政策，可惜成效有限。一方面是考量到現在法官工作負擔太重，環境不盡理想因而卻步，另方面則是出於部分法官的排他性，深恐內部的升遷機會受到影響。

擔任司法院院長期間，我曾經前後三次親筆簽名寫信給每一個法官，以慰勉同仁的辛勞，鼓舞士氣。有機會與司法同仁談話時，都會勉勵法官們，法官是國家唯一可以合法剝奪人民生命、自由及財產的人。死刑、徒刑或無罪，操在法官的手上。法官的職位是何等的重要，何等的榮耀，得來不易。因此，法官應該作人權保障的最後一道防線，獨立審判，對人民負責，對社會負責，對歷史負責，要對得起自己的良心，要想到人民的法律感情，不要變成法匠，尤其切忌當統治者的工具！儘管我一直以淡泊升遷的觀念與法官們共勉，但積習難改，加上後來藍綠政黨的對抗，強調法官地位的「法官法」也就不被支持，雖然空有理念卻無可奈何，改革還是需要時間。

重視檢察官的地位和權益

平心來講，在司法改革的過程中，我從來沒有不重視檢察官的地位或保障，所以才會在審檢分隸政策確定後，提出應強化保障檢察官的建言。之後，我擔任司法院院長，積極推動制定「法官法」的時候，陳文琪檢察官等人曾經找我商談檢察官地位的事情，並表達檢察官應該納入「法官法」的看法。當時，我懇切地對他們說：檢察官的地位及權益確實要保障，但不一定要跟法官爭相同的地位，因為二者的功能並不一樣。我請他們去看看日本的制度，檢察官也是跟法官一起受訓，結訓後從事檢察官並不會覺得檢察官沒有地位。日本檢察官自己有單獨的「檢察官條例」，對於檢察官的權利有相當程度的保障。

我們必須知道，檢察官有積極主動偵查的權力，權力相當大，這是法官所沒有的。如果把檢察官和法官合稱「司法官」，集中在同一個法律中規定，不但會沖淡法官獨立超然中立的色彩，也會降低法官的地位。坦白說，檢察官與法官的距離越近，對於人民的權利越沒有保障。這不是檢察官受不受保障的問題，而是攸關審判獨立與人權保障的憲法課題，應該把「司法人員人事條例」改為「法官法」，道理也是在這裡。

在政治實務上，立法委員比較怕檢察官，因為涉及到他們選舉的利益。也因此，我們政治人物口中的司法，主要都是在講檢察官，法官只是附帶提到。在過去的體制與政治氛圍下，只要被檢察官起訴，就等於有罪一樣，公務員可能會被免職，政務官也必須要辭職……。假如像日本那樣謹慎起訴，可能還好，但如果稍有嫌疑就起訴，那人民不就苦不堪言嗎?!我個人覺得，在我們司法改革的過程中，獲得最大利益的就是馬英九。假如我們審判沒有獨立，他能夠選總統嗎？我們想想看，如果現在的司法像是許水德先生口中講的「法院是國民黨開的」一般，律師的辯護有用嗎？比如說，一九八〇年美麗島事件大審時，被告聘請辯護律師，組成一個十五人的律師團，可說是一時之選[61]，但結果又如何？也就是說，假如法院真的是特定政黨開的，辯護是沒有用的！

法官不應在行政體系下

實在的說，司法改革、審判獨立，施啟揚是有貢獻的。過去的司法院院長都是黨部的常務委員，每個禮拜都到黨部開會。施啟揚在一開始擔任司法院院長的時候，就立刻辭去國民黨中央黨務常務委員的職位，令人敬佩。不過，他還是有點保守。第六屆大法官就任的時候，我曾經跟他商量，是不是所有大法官一起簽署退出政黨，不參加政黨活動，這事讓他很為難。他有他的黨政考量，所以這件事不好過於勉強，也就無疾而終。等到二〇〇三年（已不分屆次）大法官就任時，時代背景已有些進展，我擔任大法官並為司法院院長，已可以自己作主，爰請所有大法官簽署退出政黨的切結書，結果大家都同意，也都簽了。有一次記者問到大法官是不是還參加政黨活動，與政黨關係密切？我便出示我們簽署的不參加政黨的切結書[62]。

司法改革需要一步一步來，我最在意的是基本方向的問題，不要像二〇〇一年釋字第五三〇號闡釋「司法院審判機關化」的解釋作出來到現在，二十年過去了，還是沒辦法完全落實，還一直有人反對，認為司法院應該是「司法行政機關」。但是，如果是這樣的話，各級法院的法官不就等於都在行政權底下嗎？我常想：審檢分隸後，法官不受行政院管轄，但如果再由另一個「司法行政院」來管，不是又回復原狀嗎？這樣對嗎？法官的工作就是審判，大法官也是法官，大法官解釋也是一種判決。令人遺憾的是，還有一些資深的公務員懲戒會委員寧願擔任委員，因為他們認為委員比法官地位高。尤其是，現在司法院院長已經同時是大法官的時候，也就是說，大法官並為司法院院長，司法院不是就審判機關化了嗎？就像是各級法院的院長，其實也是法官並為院長，這點我強調過好幾次。

想當初行憲的時候，憲法草案原本是寫司法院為最高審判機關，一讀時改為最高司法機關，目的是為了配合五權憲法[63]，而不是說司法院不具有審判的功能。因此，一九四七年公布制定的「司法院組織法」才會規定，司法院設民事庭、刑事庭、行政裁判庭、公務員懲戒委員會。不過，後來因為最高法院院長等法界人士的反對，才隨即在憲法生效時，同時修改「司法院組織法」，取消司法院設民事庭、刑事庭、行政裁判庭的規定。反對聲浪的背後其實還涉及最高法院「院長」既得職位的問題。因為司法院設民事庭、刑事庭之後，就只剩下司法院院長，再無最高法院院長一職。過去，最高法院人很多，有四、五十人之多，預算編制也很大，要反對改革很容易。但是讓法官在行政體系之下，就是不對。

取得法案主導權

我始終認為：強調司法院是「司法行政院」，對法官來說是一種侮辱。為什麼美國的最高法院可以跟總統、國會平起平坐，地位對等，而我們的法院卻一直抬不起頭來，非要有個「行政體系」架在上面不可？連保障法官的「法官法」要提出來，都會有人反對。其實，在林洋港擔任司法院院長時期就有類似「法官法」法案的提出，卻遭到來自法務部的反對。審檢分隸後，主導相關法案修正的還是在司法行政部，就是後來的法務部，開會的地點也都是在法務部。有一次，我與當時的行政院法規委員會主任委員胡開誠先生爭執「司法人員」的定義及範圍。我認為「司法人員人事條例」的司法人員應該包括大法官，還有公務員懲戒委員會委員；但他說這些都不是，檢察官才是，因為檢察官一開始就定在「法院組織法」，不在「法院組織法」規定的，都不是司法人員，不能放進「司法人員人事條例」。我為這事跟他爭了起來，兩個人一直走到法務部樓下還在爭執，有些職員看到，還以為我們在吵架！

一九八二年五月二十五日，司法院大法官作出釋字第一七五號解釋，表示「司法院為國家最高司法機關，基於五權分治彼此相維之憲政體制，就其所掌有關司法機關之組織及司法權行使之事項，得向立法院提出法律案。」確認司法院享有法律案的提案權。自此之後，司法院取得法案的主導權，成為推動司法改革的重要利器。由司法院副院長洪壽南擔任召集人，討論有關「法院組織法」等相關司法組織及司法權行使法案的研修。因為是由司法院主導，變成是行政院法務部要派員到司法院開會，這當然也是關鍵之一。經過多次的討論，「法官法」的觀念才逐漸被接受。前司法院副院長洪壽南先生本人因為看得懂日文，相當清楚日本戰後法官地位的提高，因此也比較能夠接受。所以說司法院釋字第一七五號解釋可算得上是臺灣司法改革史上的重要解釋之一。

堅持司法獨立與超然

二〇〇三年至二〇〇七年這四年，我主掌司法行政工作，又參與大法官釋憲案件的審議，精神體力的耗費，還有遭受的壓力，都比以往來得大。因為這幾年「朝小野大」、政黨之間競爭激烈，政治對立與鬥爭延伸到法院裡。總統選舉無效訴訟、三一九真調會條例等一系列的釋憲案，競爭雙方都想用司法的力量扳倒對手。但我堅持司法的獨立、中立與超然。在政治人物眼中，不是朋友就是敵人，我卻成了雙方的敵人，在此過程中受到的各種壓力，不難想像，也讓所有行政同仁及大法官們都格外辛苦。

隨著人類進入新的世紀，臺灣也歷經了多次的政黨輪替。在當時朝小野大的政治格局下，府會相爭、權力互抗，此起彼落，所在多有。然大法官並未置身事外，面對棘手憲政案件，毅然作出定分止爭、影響深遠的解釋，如核四停建預算執行案（釋字第五二〇號解釋）、三一九槍擊真調會組織案（釋字第五八五號解釋）、國家通訊傳播委員會人事案（釋字第六一三號解釋）、監察委員任命案（釋字第六三二號解釋）

等案件，解釋的結果絕大多數也獲得行政與立法部門的尊重。其中尤值一提的是，二○○四年總統大選前夕發生槍擊案，全國震驚、舉世注目，立法院隨之制定「三一九槍擊事件真相調查特別委員會條例」，成立了史無前例的「真相調查特別委員會」，賦予超過既有政治部門權力的調查權限，引發違憲爭議。大法官為此召開憲法法庭，進行言詞辯論，於二○○四年十二月十五日作成釋字第五八五號解釋，宣告上開條例部分內容「逾越立法院調查權所得行使之範圍，違反權力分立與制衡原則」。解釋之後，餘波蕩漾。立法院在審議九四年度中央政府總預算案時，刪除司法院院長、副院長、大法官及秘書長九四年度司法人員專業加給的預算。隨後，基於部分立法委員的聲請，大法官作成釋字第六○一號解釋，明示大法官為憲法上的法官，並宣告上開措施違反憲法第八十一條規定保障法官的精神，護衛司法尊嚴與憲法制度，毫不退縮。在臺灣民主化、政黨輪替之後，立法院仍然企圖以刪減大法官預算作為報復大法官解釋的手段，固然令人遺憾，但大法官得享憲法維護者的美稱，已毋庸置疑。展望未來，至盼大法官們能夠承先啟後、繼往開來，讓憲法維護者的名號，得符其實。

我常以「這裡是國家最理性、最客觀、最公正的處所」與司法同仁共勉；我們要做國家最理性處所的捍衛者，只能依據憲法與法律，對自己的良心負責，對全國人民負責，對歷史負責，這是我個人堅守的一貫信念。

回首來時路，司法院組織改造工程雖未能竟其功，但曾經有過的堅持與執著，以及曾經付出的努力與心血卻不容否認，更不能一筆抹煞的。

三十五年司法人生

雖然我在大學時就考上司法官，並在一九五九年升大四的那個暑假進入司法官訓練所第四期受訓，卻因種種外在因素而在大四下學期申請退訓，返校上課。原本立志從事學術工作，卻因緣際會於一九七二年以四十歲之齡被任命為大法官，成為司法的一員，三十餘年在司法界服務，實在是始料所未及。自出任大法官，以迄二〇〇七年卸除司法院院長一職，我從臺灣有史以來最年輕的大法官，轉眼間，成了有史以來擔任大法官最長的司法老兵！這些數字紀錄的背後，代表了多少人對我的提攜、扶持與慷慨相助，飽含了無數酸甜苦辣的人生際遇與生命滋味，更有我個人對司法的深刻體認與理想願景。

我是第三屆大法官遞補，當時是由蔣介石總統提名；一九七六年，第四屆大法官由嚴家淦總統提名；一九八五年，由蔣經國總統提名，擔任第五屆大法官，任期至一九九四年；擔任第六屆大法官是由李登輝總統提名連任，任期原本應至二〇〇三年九月，但我在一九九九年二月一日受命為院長，因而失去大法官身分。自二〇〇三年十月一日才又由陳水扁總統提名擔任大法官並為

我擔任司法院院長時期，與大法官們出遊。

2007年９月30日，自司法院院長卸任。

院長，直至二〇〇七年九月三十日，四年任期屆滿後退休。我在司法院服務，前後共有三種身分：一是單純的大法官身分；二是司法院院長，但不具大法官身分；三是大法官並為司法院院長身分，總共有三十五年之久。

憲法是否發揮規範作用，關鍵不只是在於憲法條文本身，更重要的是，憲法的現實面，因為法條規定往往抽象而不完整。唯有當憲法的理念成功地深入每一個人的生活領域，且憲法規範與憲法現實之間的隙縫越來越小，憲法被真正地具體落實時，憲法始稱得上是一部「活的憲法」或「有實際作用的憲法」。大法官在法學界、政治界與一般民眾心目中的地位，受到肯定或批評，至少都直接或間接立基在憲法規範與現實之間的差距。憲法規範與現實之間距離的拉近，釋憲制度具有關鍵性的地位，憲法學理亦扮演極其重要的角色。憲政運作及釋憲實務則又影響憲法學理的內涵與發展，使憲法理論不致流於抽象、空洞。因此，憲法規範、憲政運作、釋憲實務與憲法學理之間往往交替影響、彼此互依，學理和實務的交流與互動，尤其重要。

釋憲：集體創作的成果

需要強調的是，大法官解釋是集體創作的成果。雖然，對於提出協同意見書或不同意見書的個別大法官，社會上通常會給予較多的掌聲。但是，我認為在內部默默推動、協調，使解釋能夠順利作成的大法官們，也應該得到鼓掌與肯定。因為我們的制度與英美國家不大相同，我國司法制度的運作方式，通常會有所謂「承辦大法官」或「承辦小組」制度，先由承辦大法官或承辦小組草擬法院的意見，法院的意見形成之後，再由所有大法官決定是否要接受。大法官曾經多次討論，是否要將主辦大法官顯名在外，讓外界知道。但直到目前為止，仍未採取這種作法。因為，大法官們認為主辦大法官不是那麼重要，解釋的作成是集體的成果，重要的是大法官整體的意見，而非個別大法官的意見。因此，大法官解釋的作成，必須相互協調、彼此讓步，方有可能。尤其在四分之三高可決門檻時期，多數大法官的互相忍讓，更是釋憲制度得以運作並發揮功能的重要關鍵。如果大家都不肯各退一步、妥協遷就，便無法形成多數意見，作出解釋，不同意見書也就沒有發表的機會。我覺得司法機關合議功能的最大發揮，就是大法官，解釋的作成都是經過共同的討論，集思廣益。在此過程中，我受教良多，獲益匪淺。

我非常感謝歷屆所有的大法官，在司法院服務的期間，很多大法官對我愛護有加。一九七二年剛進入司法院時，當時的大法官像是林紀東先生、洪力生先生、曾繁康先生、金世鼎先生等人，都是我的老師。另外，與我同時擔任大法官的陳樸生先生，也是我大學時期的老師，我曾聆聽他所講授的課程兩次，他曾任最高法院院長，離職後被提名為大法官。另外一位是年紀大我十一歲的范馨香大法官，在當時的大法官中，她是僅次於我最年輕的大法官。范大法官非常優秀，一九四三年中央大學畢業，雖然不是第一位女大法官，卻是第一位最高法院的女法官，也在擔任十四年最高法院法官後，升任為最高法院第一位女庭長。她的先生王作榮教授是我臺灣大學的同事，多了一份親切感，她對欠缺司法實務經驗的我相當照顧。因為當時通過憲法解釋須有四分之三以上大法官的同意，極需要溝通協調，我們兩位年紀較輕，常負起跑腿的工作，許多解釋案便在我們通力合作、居間協調下完成。我覺得大家不要太相信英雄，英雄後面有多少人的奉獻在裡面，尤其是社會科學方面的成就，都是眾人一點一滴的努力、累積，互相影響而來。

一九八五年十月至一九九四年九月的第五屆大法官，受到時代浪潮的衝擊最大。在此期間，我失去了兩位我最敬愛的同事。第五屆任期開始不久，范大法官便罹患肝病，於一九八七年十一月逝世，我寫了一篇文章悼念她，題目是：「永遠的香——敬悼一位可佩可愛的司法前輩」。我與楊日然大法官情同手足，他於一九八二年擔任大法官以後，我們經常彼此切磋釋憲意見，並共同籌劃憲法法庭的建制，也一起出國考察。可惜的是，在該屆大法官任期即將結束之時，楊大法官因病於一九九四年辭世，令人痛惜。憶起日然兄對這份工作的尊敬，全心投入，他思考細密而且數理及語言邏輯造詣精深，總能像準確的偵測儀器一般，測出法規之間的矛盾和法律體系中的漏洞。他曾借調擔任省府委員，有在地方政府服務的經驗，使他的思想不僅只在理論上見其崇高，且能兼顧民意的趨歸。

我的司法願景

司法改革是一個事業，也是我司法生涯的最後一關，我沒有其他大志或政治企圖，只是單純地想把司法改革做好。我於一九九九年二月一日就任，二〇〇七年九月三十日卸職。在這八年八個月期間，司法院以審判為中心，逐步實踐我在就職時所提出的「實現司法為民的理念」、「建立權責相符的正確觀念」、「營造合理的審判環境」、「推動公平正義的訴訟制度」及「改造跨世紀的現代司法制度」五項重點目標。

二〇〇八年九月十五日，司法院大法官釋憲六十週年。為慶祝這一深具意義的日子，司法院在司法大廈三樓大禮堂舉行慶祝大會，邀請歷任院長、副院長、大法官、本院顧問、所屬法院院長法官、法務部及檢方代表、學者、律師與法律扶助基金會代

2008年9月15日，大法官釋憲六十週年，我以「承先啟後、再創新猷」為題致詞。

2018年9月17日，大法官釋憲七十週年慶祝大會，左起許宗力院長、賴英照前院長、賴浩敏前院長、我。

釋憲七十週年，我受邀參與盛會，並於大會上致詞。

表等參與。我也受邀參加，並以「承先啟後、再創新猷」為題致詞，同時與賴英照院長共同切下「生日蛋糕」，為大法官「走過釋憲一甲子」劃下美麗的句點，場面感人。

韶光荏苒，轉瞬又是十年。二〇一八年九月十七日，司法院舉行大法官釋憲七十週年慶祝大會，邀請歷任大法官回到司法院參與盛會。我受邀於大會上致詞，重申司法應從人民觀點出發，讓人民能夠信賴司法、尊重司法的理念。

身為一名司法老兵，我的願景是希望司法能夠得到人民的信賴和尊重；法官也能夠敬重愛惜自己的職務，充分理解自己任務的神聖性，依良知與法律來作審判；若人民的權利受損，能夠及時得到公平正義的裁判；另外，也希望法官能夠有好的工作環境，過正常人的生活。

1 戴炎輝（一九〇八～一九九二年），臺灣屏東人，臺北高等學校畢業後，進入日本東京帝國大學法學部就讀，受業中田薰教授，並於一九三五年通過日本高等文官司法科考試。後返臺，於高雄執業律師；一九四五年任臺灣高雄地方法院法官。參見黃靜嘉、戴炎輝，〈樸實嚴謹、開一代之宗風的大師〉，《法制史研究》，第五期，頁一八九以下。

2 依一九五七年十二月十三日修正公布之「司法院組織法」第三條第一項規定：「司法院設大法官會議，以大法官十七人組織之，行使解釋憲法並統一解釋法律命令之職權。」

3 在解釋理由書的第一段末句特別指出：「惟上述各種命令，如經法官於裁判上引用者，當事人即得依司法院大法官會議法第四條第一項第二款之規定聲請解釋。本件聲請，依上開說明，應予受理。」

4 第三屆大法官作成的最後一號解釋是釋字第一四六號解釋（一九七六年七月二十三日）。

5 這兩號解釋作成時，我剛好接受溫克勒教授的邀請，赴維也納大學短期訪問，不在臺灣，所以沒有參與會議。

6 參見「審檢一體不容分家　應一併改隸司法院　全國檢察官提出意見書　剖陳利弊堅決反對割裂」，《徵信新聞報》（原《中國時報》），一九六〇年十月十四日，第二版；「審檢機構同一隸屬　關係密切不宜變更　各級檢察官一百二十人　對法院改隸事提意見書」，《中央日報》，一九六〇年十月十四日，第四版；「審檢一家系統嚴整　歷史編制不應割裂　全國檢察官對法院改隸問題　發表研究結論分呈有關官署」，《聯合報》，一九六〇年十月十四日，第三版。

7 「鄭彥棻答立委詢問　審檢分立問題關鍵將在立院」，《中央日報》，一九六〇年十一月三日，第三版。

8 參見司法院編印，《司法院史實紀要》，第一冊，一九八二年十二月，頁二〇～二一。

9 馬紀壯（一九一二～一九九八年），歷任海軍總司令、聯勤總司令、國防部副部長後，於一九七八年出任行政院秘書長，同年底臺與美關係生變，沈昌煥辭去外交部長，由總統府秘書長蔣彥士接替，馬紀壯接補蔣彥士的空缺，出任總統府秘書長。一九八四年擔任行政院首席政務委員，一九八六年出任駐日代表，一九九〇年轉任總統府資政。

10 瞿韶華（一九一四～一九九六年），歷任臺灣省政府教育廳專門委員、臺灣省政府教育廳人事室主任後，於一九五九年出任行政院副秘書長，一九七三年任臺灣省政府委員兼秘書長。一九七八年任行政院秘書長，一九八四年任考試院考選部部長，一九九〇年任國史館館長，一九九五年任總統府國策顧問。

11 謝延庚（一九二九～二〇〇六年），江蘇省阜寧縣人。一九六九年獲國立政治大學政治研究所法學博士；歷任中興大學公共行政系教授，東海大學公共行政系教授、系主任、公共行政研究所所長、公共行政研究在職專班主任。參見「謝延庚教授著述年表」，《東海大學圖書館館刊》第四十五期，頁六二。

12 一九七九年三月十一日，聯合報社與中國論壇社以「法院改隸問題」為主題，舉行座談會，由聯合報副社長王必成、中國論壇社發行人楊選堂共同主持。會中謝延庚教授提出：法院隸屬問題是當前大家所關切的國家大事，絕對不可拖延。由憲法本身去探討，法院隸屬司法院，理當如此。在今天的世界上，一個國家不能光是以經濟建設為中心目標，必須以經濟建設來帶動政治建設，政治發展再推進經濟發展。所以政治建設應該和十大建設同樣重視，如果真的能這樣去做，全民精神必因之大為振奮，其效果必數倍於十大建設。如果我們小看此事，以為有了困難就不做，那麼背後的、隱藏的反響，是很值得憂慮的。希望政府以法院改隸，作為向全民表示政治革新的一個起點。參見《聯合報》，一九七九年三月十二日，「法院改隸勢所必至，推檢分立宏揚法治，本報昨邀學者專家發表卓見，期對廣大讀者提供明確概念」報導。

13 〈審檢分隸行得通嗎？〉，《聯合報》，一九七九年三月二十七日，第二版。

14 〈審檢分隸當然行得通！——答楊仁壽先生鴻文〉，《聯合報》，一九七九年三月二十八日，第三版。

15 參見〈司法行政應與司法審判分離〉，《中國時報》，一九七九年三月十四日，第二版。

16 汪彝定（一九二〇～一九九三年），一九七六年任國際貿易局局長，一九七八年任經濟部政務次長，一九九〇年任臺灣糖業公司董事長。

17 參見〈從法院改隸上表現政治改革的決心〉，《中國時報》，一九七九年三月二十四日，第二版。

18 參見司法院編印，《司法院史實紀要》，第一冊，一九八二年十二月，頁二一～二六。

19 收錄於阮毅成，《法語》，下冊，一九八〇年，頁四三八～四六一。

20 立法院簡史，https://www.ly.gov.tw/Pages/Detail.aspx?nodeid=157&pid=6。

21 行政院研究發展考核委員會，《國家賠償法之研究》，一九七八年。

22 楊建華（一九二七～一九九八年），一九五一年參加書記官普考獲第一名，一九五三年司法官考試榜首，一九五四年律師考試獲第三名。一九五五年進入司法官訓練所第一期受訓，次年結業考試亦名列第一。一九八二年遞補為第四屆司法院大法官，於一九八五年連任第五屆司法院大法官。

23 參見「大法官解釋 一擱十多年」，《中國時報》，一九八〇年四月二十七日，第二版。

24 釋字第一六二號解釋作成後，此一爭議仍未因此而消除，反而別生疑義。參見「法官資格立委表憂慮」，《中央日報》，一九八〇年五月五日，第三版。

25 關鍵條文是「司法院組織法」第二十條：「司法院設人事審議委員會，依法審議各級法院推事、行政法院評事、及公務員懲戒委員會委員之任免、轉任、遷調、考核、獎懲事項。前項委員會，由司法院院長、副院長、秘書長、最高法院院長、行政法院院長、公務員懲戒委員會委員長為當然委員。其餘委員，由司法院長就高等法院以下各級法院院長及其他必要人員中指派兼任之。」

26 《聯合報》，一九八〇年四月二十七日，第二版。

27 《聯合報》，一九八〇年十一月八日，第三版。

28 《聯合報》，一九八〇年十一月九日，第二版。

29 《聯合報》，一九八〇年十一月九日，第三版。

30 同時也是現行條文。

31 第十九條第二項：「勒令歇業或停止營業之裁處，應符合比例原則。」第二十二條第三項但書：「但沒入，應符合比例原則。」

32 參見陳儀深、潘光哲、王泰升訪談，溫楨文記錄，〈馬漢寶先生訪談紀錄〉，《臺灣法界耆宿口述歷史》（第二輯），頁九三～九四；李君韜、謝宜庭整理，〈臺大法律學系五十年：憶往與懷故——馬漢寶〉，《臺大法學基金會通訊》，第九、十期，二〇〇〇年三、六月，頁三。

33 國安三法，指「國家安全會議組織法」、「國家安全局組織法」及「行政院人事行政局組織條例」。

34 同一天公布釋字第二五六號解釋，涉及再審程序中法官應自行迴避之範圍。

35 同一天公布釋字第二五七號解釋，涉及貨物稅稽徵規則對特定壓縮機之計稅規定是否違憲問題。

36 《中國時報》，一九八九年一月七日，第二版。

37 《中國時報》，一九九〇年四月二十一日，第三版。

38 參見王泰升，〈為臺大法律系與華大法學院建立學術夥伴關係的馬漢寶老師〉，《馬漢寶先生八秩雙壽紀念文集》，二〇〇六年，頁一九以下。

39 瑪喬麗・羅保（一九二九～二〇一六年），美國西雅圖華盛頓大學法學博士（J. D.），於該校法學院執教至退休（一九六〇～一九九三年），為該院第一位女性教授，一九九一年擔任系主任。長年致力法學研究與寫作方法的法學教育，被尊為「法律寫作教學之母」（Mother of the Field of Legal Writing Education）。

40 「（舊）教育人員任用條例」第二十一條：「學校職員之任用資格，除技術人員、主計人員、人事人員分別適用各該有關法律之規定外，應經學校行政人員考試及格，或經高普考試相當類科考試及格。本條例施行前，已遴用之學校現任職員，除已依法取得任用資格者外，應由考試院限期辦理考試，以定其資格，其考試辦法，由考試院會同行政院定之。未通過考試者，得繼續任原職至其離職為止。」

41 「（舊）教育人員任用條例」第二十一條：「學校職員之任用資格，除技術人員、主計人員、人事人員及本條例施行前已遴用之各類學校現任職員，分別適用各該原有關法令之規定外，應經學校行政人員考試及格，或經高普考試相當類科考試及格。」

42 德國聯邦憲法法院分為兩庭。關於被宣告違憲的法律能否再立法的問題，參見翁岳生，〈司法院大法官解釋效力之研究〉，收於《現代法治國家之釋憲制度與司法改革》，二〇二〇年六月，頁二七八～二九〇。

43 載於《司法院大法官釋憲四十週年紀念論文集》，一九八八年，頁一三三～一五三。

44 參見《大法官釋憲史料》，一九九八年九月，頁四二六、四二七。

45 參見司法院史實紀要編輯委員會編，《司法院史實紀要》，第五冊，上集，二〇〇七年九月，頁三二五～三二六。

46 參見法務部編印，《羈押權釋憲案相關資料輯要》，一九九六年六月，頁一三二～一五六、一五七～二三〇、七八三～八一二。

47 原文：Die Reformierung des Justizsystems der Republik China.

48 參見司法院，《大法官釋憲史料》，頁一八七～二一七。

49 參見司法院大事紀：「65-09-17 總統嚴家淦先生特任陳樸生、翁岳生、林紀東、翟紹先、梁恆昌、范馨香、陳世榮、鄭玉波、姚瑞光、涂懷瑩、李潤沂、蔣昌煒、洪遜欣、楊與齡、張劍寒為第四屆大法官（監察院於同月十六日行使同意權；張劍寒辭未就）」；文化部國家文化資料庫系統識別號：0005821077「第四屆大法官十四人，於司法院就職，全體共攝合影之實景。稍後並將舉行本屆大法官預備會議。另，大法官原有十五人，其中臺灣大學政治研究所及政治系主任張劍寒，以『研究工作繁重，暫難兼顧』為由，向總統嚴家淦請辭獲准。」

50 參見吳庚，〈前臺灣大學法學院張劍寒院長追思文，悼念 張劍寒老師〉，原文刊於《人權會訊》第一一四期，二〇一四年十月；後轉載於臺大政治學系系友聯誼會電子報，第十二期，二〇一五年九月，http://politics.ntu.edu.tw/alumni/epaper/no12/no12_3.htm。

51 翁岳生，〈論司法院大法官會議之功能〉，《輔仁法學》，四期，一九八五年。

52 司法院編印，《司法改革委員會會議實錄》，下輯，一九九六年五月，頁一三六一～一三八一。

53 司法院編印，《司法改革委員會會議實錄》，上輯，一九九六年五月，頁一～七。

54 司法院編印，《司法改革委員會會議實錄》，中輯，一九九六年五月，頁五四六以下。

55 各提案之分組會議結論及全體會議結論內容，參見司法院於一九九九年十一月出版之《全國司法改革會議實錄》，下輯，頁一六三七～一七九八。

56 一九九七年五月二十七日，司法院（86）院臺大一字第11875號函。

57 二〇〇二年九月二十三日，司法院（91）院臺大一字第25122號函。

58 江元慶，〈相隔六十年　翁岳生再續師生緣〉，《商業周刊》，第八三三期，二〇〇三年十一月六日。

59 翁岳生，〈司法院大法官解釋效力之研究〉，發表於二〇〇四年四月十六日由臺大公法中心、高雄大學政法學系合辦之「政治理論與公法學之對話——恭祝吳庚大法官榮退學術研討會」，收錄於《公法學與政治理論》，二〇〇四年十月出版。

60 二〇〇六年一月二日，司法院院臺大一字第0950000069號函。

61 律師團的成員分別是江鵬堅、鄭慶隆、張政雄、鄭勝助、呂傳勝、尤清、鄭冠禮、高瑞錚、郭吉仁、張火源、謝長廷、陳水扁、張俊雄、蘇貞昌、李勝雄，每名被告有兩名律師協助辯護。

62 依現行「法官法」第十五條第一項規定：「法官於任職期間不得參加政黨、政治團體及其活動，任職前已參加政黨、政治團體者，應退出之。」這項規定同時適用於大法官（參見同法第二條第一項：「本法所稱法官，指下列各款之人員：一、司法院大法官。二、公務員懲戒委員會委員。三、各法院法官。」），已經不需要特別簽署退出政黨的聲明或切結。

63 憲法規定的五院，除了司法院為最高司法機關（憲法第七十七條）外，其餘分別是「行政院為國家最高行政機關」（憲法第五十三條）、「立法院為國家最高立法機關」（憲法第六十二條）、「考試院為國家最高考試機關」（憲法第八十三條）及「監察院為國家最高監察機關」（憲法第九十條）。

卷九
法治與我

心繫公法學教育

半生於司法院度過，目睹政治生態時移勢轉，親歷釋憲功能由枯而榮，見證臺灣法治起落變遷，品賞箇中諸般曲折況味，臺灣的法治深耕與未來發展，一直是我心之所繫、至所關切；熱愛學問、樂於浸淫書海、執著學術研究，仍然是我的本色；傳授法學專業知識、作育英才，鼓勵學子多方涉獵，凝煉書卷氣息，培育誠正人格，則是我一生的志業。

一九七二年，因時代背景與國家所需，我進入司法院服務。在司法院服務期間，我仍持續在臺大兼課，並未忘記對法學界應負起的責任。當時，司法院的工作每週只有一個半天的會，臺大形式上改為兼任，實際上專任時所教授的課並沒有改變，只有增加而沒有減少。因此，當時的校長閻振興先生對我說：「學校請你來上課，是學校賺錢啊！因為你的名稱雖然是兼任，但實際上是專任。」本來我要搬離臺大的教職員宿舍，閻校長卻說：「你不用搬，學校請你是學校賺到，你哪裡需要搬離宿舍！」後來，時代不一樣了，司法院的工作也增加了，我覺得應該搬離宿舍才對，學校也有相同看法，於是我在一九八七年搬離臺大宿舍，不過繼續兼任，直到現在。其實，擔任司法院院長之後，仍繼續在法律系兼課的，戴炎輝老師是第一位。他擔任司法院院長時已經七十二歲了，還繼續在系裡上課，讓我很感動。

我搬離臺大宿舍的那一年夏天，還去探望蔡章麟老師，他不僅是臺籍第一位大法官，同時也是我當時念臺大法律系時候的老師，特別是在研究所時期，為了加強法學

1987年，我去拜訪第一屆大法官蔡章麟老師（左）。隔年，老師就離開人世，令人懷念。

德文能力，曾經旁聽過蔡章麟老師在大四開設的第三年德文課。他用德國民法當教材，一條一條地唸，我們跟著老師逐條讀過德國民法條文，打下法學德文的基礎。留學期間一直保持聯繫，回國任教後也不時前往老師住處問候與討教。我剛被任命為大法官時，一次在法學院與老師相遇。他看我一身隨意便裝，頗有不修邊幅的味道，便十分慎重的對我說：「你現在是大法官，身分不一樣，應該要多注意穿

1988年間，臺大法研所期末請同學來家裡聚會，由內人（前排右二）下廚請修課研究生便飯。

著。」我感受到老師對後輩關愛之意，從此留心衣著莊重，既尊重自己，同時也是對他人的敬重。雖是小事，受用終生，師恩難忘。

記得回國任教後第一年，就有研究生請我指導碩士論文。但自覺才剛任教，並不合適，因此沒有立刻答應，向當時的系主任請教及商量後，第二年才開始收學生，指導碩士論文的研究與撰寫，後來擴及到博士論文的指導。在授課與指導學生的過程中，我將許多新穎的議題分配給同學們研討分析，或作為課堂報告主題，或成為論文題目，引發同學對公法（尤其是行政法）的興趣，公法研究漸成風氣。我因為較早進入司法院服務，無法在學校專任教職，又礙於大法官的身分逐步減少對外發表文章、表示個人的法律見解，改由指導學生寫作一系列公法的碩士論文與博士論文。早期研究生不多，我指導的碩士論文均在二〇〇〇年以前完成，博士論文有四位在此之後，前者有上百位，後者也有二十幾位，對於臺灣行政法與憲法的發展發揮一定的影響力，也彌補個人著作較少的遺憾。指導學生中有幾位是南師校友，如大法官王和雄、最高行政法院院長張登科、最高法院庭長黃一鑫等，得有機會以學長的身分指導學弟，著實是人生一件樂事。

回首當年出國留學，法律人偏重民刑法的時代，我選擇了「公法」作為畢生鑽研的目標，踽踽獨行於公法路上數十年，逐漸看到曙光。今昔之比，隨著政治形勢的變遷，追求民主法治的聲浪日益高漲，公法學的重要性已經無人可以否認，公法學者更成了立法、司法與行政部門仰仗的重要資源。現代法治國家應有的行政法制，不管是立法方面或實務運作，臺灣大致上都已經具備，這些都是臺灣法學的成就，也是我們大家共同努力的成果。

投身行政法建制

臺灣早期的法治建設，在行政法方面，主要是仰賴行政院於一九六七年設置的法規整理委員會。在時任行政院政務委員田炯錦的統籌下，赴美、日進行考察研究，回國後並進行法規整理工作，主要貢獻包括修正訴願法、制定中央法規標準法等，後者尤其重要，影響深遠。戰後的臺灣，行政命令欠缺法治基礎，其用語、涵義及分類頗為混亂，行政命令的基本觀念與概念區分，尤其是命令、令、指令、訓令等概念的區分，為戰後初期行政法學者探討的重點。至於命令與法律的關係，包括命令與法律優位、法律保留原則之關係，受到動員戡亂的戰時法制暨威權體制的限制，觀念上較為消極而保守，當時甚至還有不對外公布的行政命令。一九七〇年八月三十一日，「中央法規標準法」制定公布，區分法律和行政命令，上述亂象獲得一定程度的解決，為相關法治建設踏出重要的第一步[1]。行政院法規整理委員會後來轉型為常設性的行政院法規委員會。我在一九七一年至一九七二年間，受聘為行政院法規委員會委員，親身參與相關法規的審議與決定。

與此同時，行政院於一九六九年成立研究發展考核委員會（研考會），負責運用科學方法辦理政策研究與規劃工作，並追蹤、管制與考核政府的施政計畫，為臺灣於戒嚴時期可資稱道的法治建設之一。自一九七〇年代末期起，行政院研考會即開始多方委託專家學者進行行政法制之研究。我自己也參與研考會成立後推動的行政法集體研究計畫。最早是在一九七五年主持「稅捐救濟程序之研究」[2]。再來是一九七七年主持「國家賠償法之研究」，研究成員有施文森、張劍寒、鄭玉波教授等[3]。這份研究報告，於一九七九年立法院制定國家賠償法的討論時，發揮相當大的功效。同年，我參與林紀東老師在一九七九年主持的「行政機關組織通則草案之研究」[4]、張劍寒老師在一九七八年主持的「行政制裁制度之研究」[5]，以及林紀東老師在一九七九年主持的「行政程序法研究」[6]。在國家賠償法的研究計畫之後，我又在一九八三年受研考會委託主持「資訊立法之研究」[7]，並於同年八月十四日舉行「資訊文件之法律地位及人民隱私權之保護」專題討論，由我和法務部次長施啟揚聯合主持，行政院法規委員會委員胡開誠、中央圖書館館長王振鵠、臺大法律系教授王澤鑑等學者應邀在會中提出報告[8]。這份研究對於電腦犯罪、隱私權的保障、資訊公開與智慧財產的保護等立法產生催化作用。

主編《憲政時代》

我以擔任行政法專任教師受聘進入臺大教書，當時行政法在法律系學生心目中並不是重要科目，國家司法官考試也不考行政法。一九六六年，我第一次開授「行政法專題研究」，只有一位女生選修，她念了一學期後出國去了，第二學期就停開。不過，從一九六七年起到現在，我在臺大法研所的這門課程，一直沒有中斷過。一九六九年，王澤鑑兄自德學成回國服務，接任臺大法律系系主任，安排我擔任大學部的行政法課程。我相當珍惜此一得來不易的教學機會，且預測行政法將列入司法官考試的必考科目，全力以赴，準備教材，於課堂上講授德國戰後行政法的新理論，並強調法治國家行政法的重要性，灌輸同學法治的新觀念。一九九〇年代，行政法如預期列入司法官考試科目，臺灣同時因萬年國會的終結進入行政法立法的黃金時刻，許多研究生紛紛選擇行政法作為碩士或博士論文題目，如今行政法學研究已是我國的顯學之一。

相對來說，對於與行政法合稱為公法的憲法，於威權時代被「三民主義」或「國父遺教」所取代，政治性濃厚，早期我較少著作發表。記得一九八二年間，總統府秘書長鄭彥棻先生擔任「中國憲法學會」（後改為「社團法人中華民國憲法學會」）理事長，請我負責主編該會的季刊《憲政時代》。鄭老先生是我尊敬的法界前輩，義不容辭，在助理同仁的協助下，經過多年的努力，將此政論性的期刊轉變成「學術性」的法學刊物。在此期間，鄭老先生每次遇到我，就會催促我要為《憲政時代》寫文章。結果十多年下來，只寫了一篇〈近年來司法院大法官會議解釋之研討──有關人民權利之保障（上）〉，刊載於《憲政時代》，原本計畫續寫的下篇也沒完成，想來不無愧對鄭老先生！

草擬稅捐稽徵法

「行政程序法」是現代法治國家的重要標記之一，美國、德國、奧地利，乃至於鄰近的日本，於二十世紀先後陸續制定內容不一、或繁或簡的行政程序法。反觀臺灣，儘管學者早已撰文引介美國[9]、德國[10]、日本[11]、奧地利[12]等國之行政程序法（又稱行政手續法），卻遲至二十世紀最後一年才制定公布「行政程序法」，二〇〇一年一月一日正式施行。不過，正當行政程序的法制研究與擬議，在臺灣最早卻是從探討稅捐救濟程序開始，逐漸形成一套「稅捐行政程序法」。

一九七五年間，我受行政院研考會的委託進行稅捐救濟程序相關研究，參與的成員有鄭玉波、楊與齡、戴立寧、沈寶山等人。當時對於逃漏稅處罰的處理機關之不同，認事用法難以一致，加上不服課稅處分的救濟程序分歧，同一稅捐事實可能發生一方面被認定成立逃漏稅而予以處罰補徵，另一方面卻被認為不成立而不予處罰者，或者發生漏稅額認定不一致的情形，影響人民對政府的信賴甚鉅。該計畫在比較美國聯邦稅務法、德國租稅通則與財務法院法、日本國稅通則與行政不服審查法等外國立法例後，提出三種立法建議方案供政府選擇[13]。

一九七六年十月八日，立法院三讀通過「稅捐稽徵法」，同年十月二十二日總統公布，全文五十一條，共分七章：總則、納稅義務、稽徵、行政救濟、強制執行、罰則、附則。體系井然，規範周整。其中第三章稽徵下分：繳納通知文書、送達、徵收、緩繳、退稅、調查六節，可謂是我國稅捐稽徵統一法制與行政程序的首次系統成文規範。需要特別一提的是，「稅捐稽徵法」第四章的行政救濟有所謂的「申請復查」，是因為申請復查程序在當時就已經存在於稅捐實務上，行之有年，因此將之法制化[14]，並規定「納稅義務人對稅捐稽徵機關之復查決定，如有不服，得依法提起訴願及行政訴訟」，形成稅捐稽徵特有的「復查→訴願→行政訴訟」救濟程序，延續至今。第五章強制執行明定：「經確定後逾期未繳之稅捐，由稅捐稽徵機關移送法院強制執行」，解決當時行政執行法欠缺公法上金錢給付義務強制執行規定之法制漏洞問題，並且以稅捐課徵「確定」作為移送強制執行之前提要件。從今天的角度來看，這項規定在當時可說是相當進步。後來，「稅捐稽徵法」歷經不下二十次的修正，以「之一、之二……」的方式增補內容，基本條文仍維持五十一條，規範架構可以四十年不變，環顧國內外相關法制，實屬少見。

「稅捐稽徵法」自行政院送立法院審議至完成立法，為時兩年，歷經四個會期，立法過程其實頗為波折。根據當時財政部部長李國鼎先生在立法院的報告：財政部原於一九六八年間依國家安全會議加強稅捐稽徵之決定，擬具「加強稅捐稽徵條例草案」一種，經行政院核轉立法院審議。其後，鑒於稅捐稽徵立法涉及頗廣，一九六八年以後財政經濟環境亦多有改變，爰將前草案撤回，重新檢討參酌其他國家有關稅捐徵收之體例，以逐漸劃一各項內地稅有關稽徵程序之共同規定為目標，重行擬訂「稅捐稽徵法草案」送立法院審議[15]。

闡述個人意見惹爭議

一九七五年間，「稅捐稽徵法」草案於立法院審議期間，各方意見不一。尤其草案中賦予稅捐機關「搜索權」的條文，引起工商界惶恐疑慮。那時王澤鑑兄剛好擔任臺大法律系系主任，他知道我正在研究並草擬稅捐稽徵法，認為這個法案對實務非常重要，於行政法學未來的開展亦深具意義，特地請我以「稅捐稽徵法草案」為主題，於該（一九七五）年十一月十八日在臺大法學院進行一場專題演講，從學術的觀點說明個人對草案的看法。透過面對面的講述與互動，得以讓我與青年學子分享最新的租稅行政程序與權利救濟的知識和觀念，教學相長，不亦樂乎！

意想不到的是，這場演講被報紙刊登出來，記錄我對「稅捐稽徵法草案」的看法：例如「公平的稅法，始能達到社會財富重新分配的目的」、「如果稅法不公平，或執行上有偏差，社會正義和國家現代化都談不上」、「有關調查權、搜索權問題，……翁大法官強調，調查與搜索權應該具備，當然也應該慎重。條文中應加注『必要』的文字，使檢察官簽發搜索票時，對案情加以衡量，同時在執行時會同有關單位人員，調查時以雙方辦公處所為限，均屬必要。」[16]這些原本是符合法治國基本原則的客觀見解，想不到被解讀成偏於政府立場，漠視人民權利。報紙刊出當天，我接到梁肅戎先生的來電，他曾擔任雷震及彭明敏的辯護律師，當時頗有「人權律師」的聲望。在電話中，梁先生對於我站

1975年間，臺大法律系系主任王澤鑑教授（左）請我到臺大法學院以「稅捐稽徵法草案」為題進行一場專題演講。

在政府的立場贊同稅捐稽徵法相關規定的說法，深表不以為然。更要緊的是，他說我具有大法官的身分，不合適公開發表不利於人民權利的看法。我自認並無偏向政府、輕忽人民權利的想法，對於梁先生的指教，不以為意[17]。倒是他提醒以我的身分對爭議問題發表法律見解恐有不妥一節，讓我不得不有所警惕。我自一九七二年擔任大法官之後，仍繼續在臺大兼課，學術研究並未停止，加上第三屆大法官時期聲請案件不多，精神上及時間上較有為文著述法學的餘裕；其間，亦對行政法院裁判時有評論甚或批判。部分行政法院評事（當時之稱謂）對此不無微詞，胡經明評事就曾代表其同事輾轉曉以道理：「同為司法界同仁，如有意見自可當面溝通，何須在外批評？」我得知後，從善如流，自此除受邀學術演講或受委託主持研究計畫外，鮮少就實務爭議為文闡述個人意見，在我司法生涯期間產出的學術論文相對較少，因由於此。

催生行政程序法

除了稅捐救濟程序的研究與立法外，一般行政程序法制建設對法治的影響層面及重要性更大。二次戰前，行政法的研究風潮原本側重行政實體法，較不重視程序法，程序部分向來被認為僅具輔助功能，得由行政機關裁量決定行之。二次戰後，因受到美國法的影響才開始重視程序正義。行政程序法在臺灣的研議與立法過程，恰亦呈現此種公法思潮的演進脈絡[18]。

我國行政法先驅林紀東教授早在一九五六年即以〈行政法之法典立法問題〉一文，首倡行政法的法典化。「法典化」可以分為兩層意涵，一是指將各種法規予以歸類、整理，使之體系化，並編纂於同一法典。二是指將學說、判例、習慣等形成的法律原則予以成文化。這裡說的行政法的法典化，是從行政法規、行政法院判例或行政慣例中，抽繹出可適用於各種行政行為之共通法則，再加以制訂成有系統之成文法條，成為行政法的總則。我國提倡行政法法典化的學者，除林紀東教授外，尚有俞叔平教授與史尚寬教授。俞教授於一九五八年將奧地利的四大行政法法典譯成中文，並完成《行政法典芻議》一書。史教授於一九五九年發表〈論行政法典之編訂〉一文[19]，此種觀念分別受到德國及奧地利行政法法典化的影響，德國行政程序法的立法構想與內涵，對我國的影響尤為深刻。

一九七九年間，行政院研考會為順應時代潮流、保障民權及提高行政效率，特地委託林紀東教授主持，張劍寒、古登美和我等學者進行研究，該計畫除比較美國聯邦行政程序法外，尚研究日本一九六四年行政手續法草案、西德一九六三年行政手續法草案、奧國行政手續法、義大利行政手續法及西班牙行政程序法等。該報告認為行政程序法是現代民主國家所必不可少的法律，雖然與現行法制多有未盡相符之處，立法困難重重，但仍有制定的必要，因此在一九七九年間提出我國第一部「行政程序法草案」[20]。可惜的是，該草案並未獲得應有的重視。不過，該行政程序法的草擬基本上是從編定（德國式）行政法總則的方向出發，也因此奠下我國行政程序法帶有行政法法典化色彩的基調。

經建會的委託研究

行政程序法的立法工程在沉寂了十年之後，於一九九〇年又開始活絡起來，主要的關鍵是行政院經濟建設委員會（簡稱「經建會」）於一九八九年委託國立臺灣大學法律學研究所進行行政程序法的研究。

「經建會」的來由，要從中華民國政府於一九四八年七月與美國在南京簽定「中美經濟援助協定」，同時設立行政院美援運用委員會（簡稱「美援會」）說起。時逢國共內戰，同年年底美援會在臺灣成立辦事處，後隨政府遷臺，自一九五〇年起，由陳誠擔任主任委員[21]。美援會對我國法治建設的貢獻，主要表現在對經濟法規法典化的業務上。由於當時臺灣的多數經濟法規歷經數十年而未修正，早已趕不上時代發展與社會需要，政府當局遂進行一連串法律改革措施。美援會在一九六一年三月籌備成立法律修編籌劃組，從事修編財經法律的研究，由蔡中曾[22]擔任籌劃組主任，在其主導下發起了一連串簡化財經相關法律與法典化的改革。法律修編籌劃組的第一個成果就是制定獎勵投資條例[23]，其後並出版了六大冊研究報告。當時小組成員有專精各國法律的人才，參考世界各國的立法，並酌量我國國情提出立法或修法建議。這些財政法律的改革，不但促進我國法治建設，也深化了美國對臺灣法律體系的影響。一九六三年九月，美援會改組為行政院國際經濟合作發展委員會（簡稱「經合會」）。一九七三年八月，行政院又將經合會改組為行政院經濟設計委員會（簡稱「經設會」）。

一九七七年十二月，行政院將經設會與行政院財經小組合併改組為行政院經濟建設委員會（簡稱「經建會」）。一九八五年一月七日總統公布「行政院經濟建設委員會組織條例」，經建會正式成為行政院的常設組織。二〇一三年八月二十一日，「國家發展委員會組織法」及「國家發展委員會檔案管理局組織法」制定公布；二〇一四年一月二十二日，經建會與研考會併入國家發展委員會後，現已裁撤。

成立於一九四八年的美援會及其後改組成立的經建會，對於臺灣法治建設卓有貢獻，部分重要行政法制的研訂多出自經建會的委託研究。與制定行政程序法最直接相關者，就是我在一九八九年受經建會健全經社法規工作小組委託主持的「行政程序法之研究」。除協同主持人廖義男外，當時的研究團隊成員還有許宗力、湯德宗、劉宗德、葉俊榮、許志雄等公法學者。該研究計畫的目的是藉由「整理、分析現行行政程序相關規定，經由學理探究與比較法的研究，以求建構一套體系化的行政程序制度」，作為行政機關的準則，並擴大民眾參與及提升人民對行政的信賴。該研究計畫除比較整理外國法制外，包括美國行政程序法、德國行政程序法及日本一九八九年行政手續法等，尚檢討行政程序法與我國現行法制之關係，並為我國草擬行政程序法草案[24]。該計畫研究成果獲得行政院與立法院的肯定，大多數的建議條文均於其後為立法院所接受，於一九九九年完成立法程序，二〇〇一年一月一日正式施行，為臺灣法治行政的實踐開啟新的里程碑[25]。除了程序規定外，也有總則性及行政實體規定，規模宏大，內容豐繁，與法治先進國家相比，毫不遜色。尤其將行政法上一般原則法典化，為我國行政程序法獨一無二的特色，其「居於行政法總則地位，指導及規範行政機關一切之行政行為，為貫徹依法行政之最重要基礎」[26]。

行政程序法研究計畫完成後，經建會又於一九九一年七月繼續委託臺大法研所研究，仍由我主持，廖義男教授協同，幾乎相同人馬進行「現行法與行政程序法草案的配合之研究——交通運輸、環保、地政、大眾傳播及稅捐程序規定之分析與檢討」。此項研究於一九九二年十一月完成，提出報告。行政程序法與當前主要行政基本法制，如訴願法、行政訴訟法、行政執行法、行政罰法、政府資訊公開法、中央行政機關組織基準法等，呈現出臺灣法治行政的發展軌跡與基本輪廓。

人生舞臺與志業的巧妙融合

「行政程序法之研究」有一件小插曲，值得一提。一九九〇年六月十四日，也就是這件研究計畫大功告成之日，所有研究人員及助理們到臺大法學院附近位於杭州南路的「北海漁村」地下室晚宴，歡聚一堂，氣氛熱絡。隔日，星期五上午，大法官舉行全體審查會，討論相當敏感的第一屆中央民代退職案，剛好輪到我主持，眾人意見分歧，相持不下。中場休息時，我突然休克、不省人事而無法起身，經一一九救護車緊急送到臺大醫院舊館急診處。日然兄尤其焦急萬分，隨救護車到醫院，責無旁貸地替我處理已排定的學生論文口試等事務，讓我能夠安心靜養。急救後，我被留在醫院數日，至同月十八日星期一始辦理出院。住院期間，林洋港院長及其他同仁紛來探望。部分大法官私下安慰我，事情一定會解決，請我寬心。特別是吳庚大法官在異中求同的過程中，居中協調，力求折衷。

果然，我出院後的第一次會議，也就是六月十九日星期三下午，大法官們對於爭議最大之第一屆中央民代終止行使職權的時點，相互讓步，達成共識，對臺灣民主憲政發展具歷史性關鍵意義的司法院釋字第二六一號解釋，終於在次（二十）日星期四上午順利通過，對外公布。事後聽說那天參加「北海漁村」晚宴的老師或助理，有人隔天腸胃不適。我不知道自己的休克是起因於前晚的海鮮飲食，還是面對會議爭吵的不快（醫院診斷與心臟疾病無關），更不敢想像此一巧合的突發事件是否影響到進行中的大法官解釋。總之，對我個人來說，這件事彰顯的意義是，我人生舞臺與志業——臺大法學院的教學與研究、司法院的釋憲與司法改革——的一次巧妙融合。

「行政程序法」的研究與立法，不僅載負依法行政、法明確性原則、平等原則、比例原則、信賴保護及權力不得濫用、正當法律程序等法治國的重要基本原則，同時也傳承了臺灣不同世代行政法學的研究路徑，法治根苗已經深植，法學土壤逐漸肥沃，發芽開花結果只是時間的問題。在此過程中，需要的是集眾人之力，繼續的耕耘、細心的培育，比如說結合國內行政法學者，共同完成「行政程序法」的逐條釋義，藉由深耕讓法治行政的觀念能夠生根。社會不斷演進，本來就要新陳代謝，方能永續發展。現今行政法制越來越進步，行政法學的水準越來越好，與我當年相比，真是不可同日而語。威權時代已經過去，憲法與行政法的內容已不分彼此，而是交互作用。我只是公法的早期開路者之一，通往法治的大道還要靠大家一起走下去！

改造行政訴訟法

一九七四年，我曾撰文討論行政訴訟制度的現代化，參考戰後法國、西德、日本等國家行政訴訟制度的演變，提出下列幾點看法[27]：首先，行政訴訟之範圍應予擴大，使公法上一切爭議原則上均可由行政法院審理，此乃基於「有權利必有救濟」（ubi ius ibi remedium）之法理，而現代法治國家所謂的救濟，當然係指請求法院救濟的途徑；其次，訴願前置主義雖有維持之必要，但得廢止再訴願之規定，並增加行政訴訟之審級。且行政法院作成判決前應舉行言詞辯論，以保障當事人的程序權；並明定行政訴訟法上行政機關之意義；於行政法院對經普通法院認其應提起行政訴訟而駁回之案件，如自認為無受理權限時，應聲請司法院大法官解釋，不得逕行駁回人民請求，以免人民求助無門。在行政法院組織層面，行政法院法官除應保障其獨立外，更應遴選對行政法有研究者擔任。

一九八〇年，審檢分隸後，司法院首任副秘書長楊建華曾任行政法院庭長，深知當時的行政訴訟法對人權保障之不周，提議修正。一九八一年七月，司法院行政訴訟制度研究修正委員會正式成立，由林紀東老師和我擔任召集人，延攬專家學者共同參與研議，每兩週開會一次，先後經過十一年、二百五十六次會議後，才於一九九二年完成「行政訴訟法修正草案」的研擬，將原三十四條修正為三百零八條[28]，送請立法院審議。一九九八年十月二日立法院三讀通過「行政訴訟法修正草案」，同年十月二十八日公布；「行政法院組織法」則於一九九九年二月三日同步修正公布。

一九九九年二月一日，我就任司法院院長；同（一九九九）年七月八日，我發布司法院（八八）院臺廳行一字第一七七一二號令，定「行政訴訟法」自二〇〇〇年七月一日起施行。從一九八一年七月司法院成立行政訴訟制度研究修正委員會，由我擔任召集人之一，開始研議修法起，到完成立法，經歷了近二十年，可以在我手上簽發施行公文，讓行政訴訟新制正式上路，為行政訴訟制度的改造工程劃下階段性的完美句點，感到無比的欣慰。回想這過程中多少人的無數心力付出與不計回報的無私奉獻，心裡充滿了無限感謝。特別是一九九八年十月間，立法院審議「行政法院組織法」，由於是該會期的最後一次會議，若未通過，行政訴訟新法就沒辦法推動。當時立法委員謝啟大著力甚多，夜晚時分法案通過時，我已就寢，在床上接獲謝啟大來電，告知喜訊，即時向還在現場的立法委員以電話一一道謝，興奮地難以入眠！

我退休後，司法院仍然持續改革行政訴訟制度。二〇一二年九月開始，行政訴訟從二級二審改為三級二審，地方法院設有行政訴訟庭；交通裁決事件改由行政法院審理。三級二審制的行政訴訟，對於人權保障可以發揮極大的功能與效用，在亞洲地區可謂名列前茅，比日本或韓國等國家都要進步。

法學傳承與永續

雖然我在司法院服務的時間相當長，但如何促成臺灣法治的發展，鼓勵集體合作與團體研究，建立學者間的合作與國際交流，一直是我關心的重點與努力的方向。擔任司法院大法官期間，隨著臺灣政治的開放與自由化，釋憲工作的分量逐漸繁重，所幸還能兼任臺大教職，可以在課堂上與學生切磋學問、討論法治問題，分享研究心得。直到一九九九年接任司法行政首長職務以後，白天必須全時從公，只能在下班後每週抽出晚上二小時為研究生開課。法學研究與法律教育始終是我的最愛，擔任行政工作完全不在我的人生規劃。猶記一九九四年，日然兄臨終前數日，我尚與他筆談，商量有關擔任行政首長的事情。一九九五年間，曾經多次推辭司法行政首長職務。直到一九九八年底，李登輝總統請我接掌司法院，在理念與責任感的驅使之下，始毅然選擇接受挑戰，肩負起召開全國司改會議與推動司法改革兩大使命。開始時，全國意見一致、輿論相當支持，司法院同仁士氣高昂，在司法為民的理念下，全面啟動改革列車，氣勢良好，亦有成果。可惜好景不長，原本應無政治色彩的司法改革，後來也無法避免受到政治鬥爭的波及，司法改革法案受阻。大法官並為司法院院長新制實施後，我身兼兩職，更是我最感艱苦的四年。二〇〇七年九月底，任期屆滿退休，我帶著些許失落感離開司法院。是年十二月十九日，臺大法學院為我舉辦「榮退演講暨學術研討會」，並於會後出版《法治的開拓與傳承——翁岳生教授的公法世界》一書，得以回到我最愛的學術圈，與法學界師友齊聚一堂，讓我感到無比的溫暖與慰藉。

二〇一一年間，臺大法律學院老師們好意計畫在隔（二〇一二）年為我出版八十

2007年12月19日，臺大法學院為我舉辦「榮退演講暨學術研討會」，會後合影留念。

歲祝壽論文集。個人自忖已非主流，不敢應允，乃予婉謝。後來，臺大公法中心提議改以舉辦學術研討會的方式為我慶生，並希望成為一種定期且長遠的公法學研討會。法學與法治一直是我心懷的理想，能夠藉此活動傳承與延續，自是欣然接受。二〇一二年六月假臺大法律學院舉行，會議當日，我被安排作開場講話，語畢響起即席演奏的祝福音樂，讓我感到無比的溫馨與喜悅，恍似回到三、四十年前單純的教職生活，大家愉快地在徐州路的校園裡，潛心於教學研究、專注於法治建設，對前途充滿理想與希望的時光，而忘記在司法院最後幾年被捲入政治是非的日子。初為大學人師時，系裡面的前輩老師出身背景與專業領域各有不同，加之也有剛從國外學成回國的年輕朋友，語言上或許略有隔閡，卻不影響人際關係的融洽。當時大家生活單純樸實，沒有太多的利害衝突，討論問題心平氣和、各有分寸，經常在教員休息室見面、互打招呼。儘管在威權時代，大家仍然展露笑容，相處和諧。還記得剛回國的頭兩年，日然兄和我經常在學校附近杭州南路小吃店午餐，不時與劉甲一、陳祺炎等前輩老師相遇，飯後總是一起步行回到教員休息室，聽聽他們的教學經驗與生活點滴，每每受益良多。

出席亞洲法學會

「獨學而無友，則孤陋而寡聞。」讀書治學需要與人交流，集思廣益，方能有成。法學研究與法治深化，亦不例外。一九七二年，我原本打算到美國進修，不意被任命為大法官，而改為出訪美國四十五天，並順道訪問日本。進入司法院之後，一九七七年，韓國邀請當時的司法院院長戴炎輝老師及司法院秘書長程德受先生到漢城出席亞洲法學會。因承蒙戴老師的好意及程先生的建議，我也一併被邀請，會後還一起到日本，並參訪日本最高法院、東京大學法學院等機關，同行的還有司法院院長辦公室主任。此行，我們先到韓國漢城（現在的首爾），參加亞洲法學會的研討會，由韓國最高法院院長主持。其間，主辦單位安排我們一行人到韓國民俗村參訪。當時出國並不容易，由於戴炎輝院長畢業於日本東京大學法學部，多年未回母校，遂於韓國行程結束後，接續進行一趟訪日之行，在時任駐日本代表陪同下，拜訪東大法學院。據戴老師說，該校法學院院長是他當年在日本的同學。會談時，雄川一郎教授、塩野宏教授也都在場。

一九七二年，我第一次訪日時就曾與雄川一郎教授碰過面，早有交情。塩野宏教授的岳父是田中二郎教授，因此之故，也讓我結識了這位日本知名的行政法大家。東大行程後，我們前往日本最高法院參訪，著名的日本刑法學者團藤重光（一九一三～二〇一二年）當時在最高法院擔任法官，陪同我們參觀大法庭，戴老師還坐上審判長的座位拍照留念。同行的還有賴浩敏，他於一九六九年獲得日本東京大學法學碩士，當時仍在東大進修，也跟著一道參加。

1977年，司法院戴炎輝院長（右四）帶隊至漢城出席亞洲法學會，其間參訪韓國民俗村。

1977年，司法院戴炎輝院長（右三）帶隊訪問東京大學法學院，與雄川一郎教授（左二）、塩野宏教授（右一）合影。

1977年，司法院戴炎輝院長（左五）帶隊訪問東京最高法院，在團藤重光法官（右五）陪同下參觀大法庭，同行除了我（左四）之外，還有賴浩敏（右一）等人。

與東京最高法院團藤重光法官（中）合影。

成立東亞行政法學會

一九九二年一月十八日，我參加由日本名古屋大學法學院室井力教授主辦的第一屆行政法制度之日臺韓比較研究研討會，主題是「法之支配與行政法」，由日本、韓國及臺灣各一位學者出席，並發表學術演講。日本方由室井力教授擔綱演說，韓國方是韓國建國大學的金鐵容教授，我代表臺灣方，於會中發表論文〈中華民国行政法四十年来の發展〉，並與日韓等國學者交流，休息時間及晚宴時，與日本諸多好友晤面話舊。研討會後隔日，室井力教授邀我及另一位韓國學者金鐵容教授到他家小敘，相談甚歡，決定延續三方的學術對話，於是有了成立「東亞行政法學會」的構想。

一九九五年，我赴日本名古屋大學法學院，參加由我、韓國金鐵容教授及室井力教授共同發起成立的「東亞行政法學會」成立大會，有來自臺灣、日本、韓國及中國大陸的行政法學者。我並且在第一屆學術總會上發表演講，題目是「中華民國行政法之現況與課題」。自此「東亞行政法學會」每兩年舉辦一次，在日本、韓國、中國大陸與臺灣四地輪流舉行。我擔任司法院院長期間，第四屆東亞行政法學會於二〇〇〇

1992年，參加日本名古屋大學室井力教授主辦的「法之支配與行政法」研討會。
左起：室井力教授、金鐵容教授、我。

1992年，參加日本第一屆「公開共同研究研討會」，晚宴聚餐。
左起：室井力教授、團藤法官、我、金鐵容教授。其中，團藤法官特別從東京到名古屋參加研討會。

研討會後，我與韓國金鐵容教授（右一）至室井力教授（後立者）家中小敘，決定成立「東亞行政法學會」。

年十二月下旬在臺北中央研究院舉行，盛況空前。我發表主題演說「臺灣近年來行政法之發展」。二〇〇二年十一月二十三、二十四日，第五屆東亞行政法學會在日本名古屋舉行，我以臺灣行政法學會理事長身分，率大法官及國內行政法學者參與。二〇一二年六月第三輪由韓國主辦第十屆學術研討會，我已經自司法院退休，也應邀前往參加。東亞地區行政法的發展，或繼受他國或自我生成而各具特色，復因地緣與文化相近而交互影響，多有彼此互補或參考借鏡之處，透過定期舉辦區域性國際研討會，進行專題討論與經驗交流，對各國行政法學的提升有所助益，更可促進東亞法律圈的形成與法治的實踐。

日臺憲法共同研究會

二〇〇七年，我自司法院院長及大法官一職卸任後，少了公務的羈絆，多出自主運用的時間，比較有機會訪友敘舊。二〇一〇年這一年就有兩次的訪日。可惜，當年留德期間認識、後來成為至交之一的室井力教授，不幸於二〇〇六年過世。二〇一〇年二月，我應邀偕同內人參加日本早稻田大學舉行的第五屆「日臺憲法共同研究會」，同行的臺灣學者還有葉俊榮、黃昭元、李建良、蔡宗珍等幾位教授。於研討會期間，園部逸夫教授得知我來日本，特別邀請我及內人在日本帝國飯店午宴，參加宴會的還有樋口陽一教授夫婦及塩野宏教授夫婦。園部教授曾在臺灣就讀臺北州立臺北第一中學校（現建國中學），他的父親園部敏曾經擔任過臺北帝國大學（現臺灣大

2010年2月20日，與園部逸夫教授（後左二）、樋口陽一教授夫婦（前後右一）及塩野宏教授夫婦（前後左一）於日本帝國飯店共進午餐的合影。

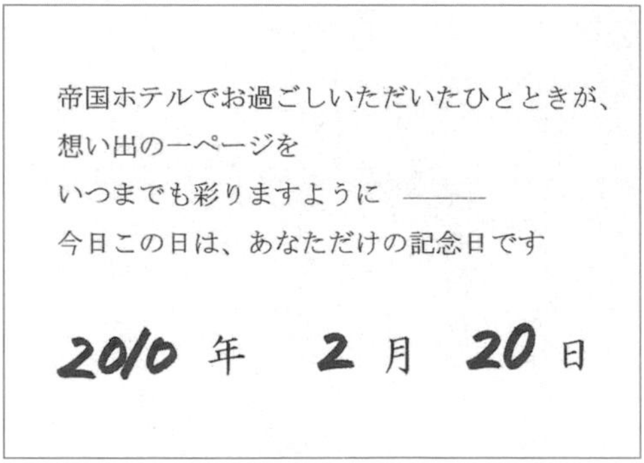

帝国ホテルでお過ごしいただいたひとときが、
想い出の一ページを
いつまでも彩りますように ——
今日この日は、あなただけの記念日です

2010 年　2 月　20 日

園部逸夫教授午宴會後贈卡：願在帝國飯店度過的時刻成為記憶中的一頁，無論何時都閃耀光彩——今天這一天是專屬於您的紀念日。2010年2月20日。

學）的行政法教授，對臺灣有一份特殊的感情。老友同道齊聚敘舊，其樂也融融。

「日臺憲法共同研究會」結束後，我受邀赴名古屋大學法學部演講。經當地留學生的安排，特地前往室井力教授在岡山的墓前上香致意。這一次訪日，也與昔日留學期間的好友再聚，特別是與高田敏教授重逢。高田敏長我兩歲，一九六二年我在海德

2010年２月23日，我偕內人在日本與室井力教授的學生留影。前排右一是林美鳳女士，當時在名古屋大學攻讀博士學位。

2010年２月24日，我偕內人在日本與高田敏（左一）夫婦於京都留影。

堡念書的時候，他和室井力是京都大學的同門師兄弟，剛好也在那裡進修，拜他們之賜，我得以結識杉村敏正教授及烏勒教授。我博士論文口試時，高田敏特地到會場外等候，在我「出關」後的第一時間向我致賀。之後，我們曾經在德國一起參加福斯特霍夫開的研討課與研討會。我回國後，仍然時相往來。高田敏教授對於促進德國與日本法學交流，不遺餘力。二〇一四年九月，德國政府頒給高田敏教授聯邦共和國一等功績十字勳章，表彰他對德日法學交流的重大貢獻[29]。

二〇一〇年五月二十九日，我再次受邀訪日，這次是前往北海道大學參加日本臺灣學會第十二回學術大會，發表紀念演講，題目是「司法院大法官の解釋と臺灣の民主政治、法治主義の發展」。

設立臺灣行政法學會

二〇二〇年，我率團赴日本參加東亞行政法學會，是以臺灣行政法學會理事長的身分。臺灣行政法學會是社團法人，於一九九八年九月十一日在政大行政大樓七樓成立，我被推舉為第一屆及第二屆理事長，後續由城仲模教授（第三、四屆）、劉宗德教授（第五、六屆）接任，目前已至第八屆，由東吳大學副校長董保城教授擔任理事長。

以社團法人型態成立法學會，集合學界與實務界人士，透過學術活動的舉辦，建立交流的學術平臺，共同推動並促進法學發展，在臺灣素有歷史。前面提過的「中華民國憲法學會」，成立於一九五一年五月二十日，算是歷史最悠久的公法學術社團，一九五二年創刊的《憲政時代》至今仍定期刊行，相當不容易。一九八二年間，曾受時任理事長鄭彥棻先生之託，負責《憲政時代》的編務，一九九四年代楊日然兄任編輯委員會召集人，嗣於二〇〇一年擔任第五任理事長，至二〇〇五年止，後被選為名譽理事長。

另外一個重要學術組織是成立於一九七〇年的「社團法人臺灣法學會」，原名是「中國比較法學會」，於一九七一年獲內政部函准立案全國性學術團體，於二〇〇三年登記為社團法人。臺灣法學會的活動宗旨雖不限於公法，但在其運作的過程中，對於臺灣的憲政發展與行政法學的提升卓有貢獻。其間，更因其改名受到限制，聲請大法官解釋，本身成為憲法的活教材。案由是「中國比較法學會」更名為「臺灣法學會」後，向內政部報請核備，內政部以「社會團體許可立案作業規定」人民團體應冠以所屬之行政區域名稱為由，要求其名稱應冠以「中國」或「中華民國」或「中華」的行政區域名稱。臺灣法學會不服，經行政爭訟後，由時任理事長林子儀教授為代表人，於一九九七年七月二十一日聲請大法官解釋內政部系爭規定違憲。一九九九年四月一日，大法官公布釋字第四七九號解釋，宣告「內政部訂定之『社會團體許可立案作業規定』第四點關於人民團體應冠以所屬行政區域名稱之規定，逾越母法意旨，侵害人民依憲法應享之結社自由，應即失其效力。」這號解釋是我上任司法院院長後作成的第三號解釋（第一號是四七七號解釋），雖然聲請案提出時，我還具有大法官身分，後因擔任司法院院長而喪失，所以沒有參與最後階段的議決程序。

毫無疑問，以上兩個法學會對於臺灣公法的發展，貢獻良多。不過，在臺灣民主法治化的過程中，臺灣始終沒有以「行政法」為主的學術社團，在國內行政法的互動合作或國際學術交流或連結上多有受限。因此，在行政法學界與實務圈內早有成立臺灣行政法學會的構想。一九九八年間，政大法學院法治斌教授擔任行政院國家科學委

1998年9月11日在國立政治大學行政大樓7樓會議室，成立臺灣行政法學會。左起：董保城、劉宗德、陳清秀、許宗力、廖義男、我、法治斌、葉俊榮、蔡文斌、湯德宗。

員會法律學門召集人諮議委員，積極發起並籌備設立中華民國行政法學會（後改名為「臺灣行政法學會」），董保城教授時任政大總務長，劉宗德教授則任政大教務長，熱心籌備會議成立事宜。該年九月十一日，十位國內行政法學者在政大行政大樓七樓會議室集會，商議章程等設立事宜，作成成立的決議，與會學者公推我擔任創會理事長，法治斌教授擔任首任秘書長，以推行行政法學研究、行政實務經驗交流及宏揚依法行政理念為宗旨，每年定期舉辦二至三場的大型行政法學學術研討會，研討主題包含行

2020年7月11日，我受邀參加2020年臺灣行政法學會年度學術研討會，獲頒榮譽理事長證書，左為現任理事長董保城副校長。

政法學總論及行政法學各論，期能促進行政法學理論及實務的發展。

臺灣行政法學會成立後，除了持續促進國內行政法學發展外，並成為東亞行政法學會、兩岸行政法學術研討會的推動橋樑，讓東亞地區的行政法學術交流活動得以賡續與傳承。臺灣行政法學會舉辦的行政法學術研討活動，我幾乎是無會不與。二〇二〇年七月十一日，臺灣行政法學會年度學術研討會於東吳大學舉行，以「行政罰法與相鄰行政法的關係」為主題，我應邀參加並致詞，同時獲頒榮譽理事長的頭銜，深感榮幸與感激。回想二十二年來，臺灣行政法學會在眾人的共同努力之下，從草創、起步、成長而到茁壯，一步一腳印地為臺灣行政法學走出一片天，成果豐碩，心感欣慰之餘，深切期許行政法學的同好們勿忘初心，不失根本，再接再厲，讓臺灣行政法學透過學術社群承先啟後，使法治行政的實踐理想繼續薪火相傳，走得長遠、行得穩健。

行政法兩岸一會

一九九五年，我赴日本名古屋大學法學院，參加「東亞行政法學會」成立大會，與會的行政法學者來自臺灣、日本、韓國及中國大陸，這是我第一次與中國大陸的行政法學者接觸並交流，認識了羅豪才、應松年、劉莘等幾位中國行政法教授。在「東亞行政法學會」成立大會上，與中國大陸行政法學者雖初次晤面，卻頗有一見如故之感，惺惺相惜之同時，雙方衍生出共同舉辦兩岸行政法研討會的構想。

一九九七年，應中國大陸行政法學會之邀，由我組團前往北京國家行政學院參加「兩岸行政法學術研討會」。當時，我雖有大法官身分，但尚未負責司法行政工作，經司法院施啟揚院長的同意，得以前往與會。在此次會議中，雙方交換兩岸行政法的發展與學術研究心得，同時決定日後定期舉行「兩岸行政法學術研討會」。自此每年隔地舉辦行政法學術研討會，一年在大陸，一年在臺灣。除二〇二〇年外，至今未曾間斷。

臺灣行政法學會舉辦的行政法學術研討活動，我幾乎是無會不與。不過，由於我自一九九九年起擔任司法行政首長職位，不便前往中國大陸，故無法參加於中國大陸舉行的研討會，直到二〇〇七年卸任後，才比較有機會到對岸參與行政法研討會。

1995年，至日本名古屋參加第一屆「東亞行政法學會」，與中國大陸行政法學者合影。右起：應松年、劉莘、我、劉宗德、羅豪才。

二〇〇九年四月間，我受大陸行政法學會會長應松年教授（一九三六年～）之邀，偕同內人到中國大陸北京大學、人民大學、山東大學、浙江大學等校演講，一路由王和雄大法官夫婦陪同，以及元照出版社紀秋鳳副總的多方協助，這是我從公職卸任後第一次訪問中國大陸。令我高興的是，得以會晤久違的老友羅豪才教授（一九三四～二〇一八年）。回想自一九九五年在日本有一面之緣後，已過了十餘年。羅教授曾赴美國哥倫比亞大學進修，從學於美國行政法教授蓋爾霍恩（Ernest Gellhorn, 1935-2005），後任教於北京大學法律系，並為該校副校長。於一九九六年至一九九七年，任最高人民法院副院長、中國法學會副會長；一九九八年，當選為全國政協副主席。羅教授祖籍福建省泉州市安溪縣，而翁氏宗族祖先也是從福建安溪渡海來臺，由於有這層因緣，除了學術交情外，多了一份親切的感覺。我於二〇〇九年訪問中國大陸時，羅教授已從全國政協副主席職務卸任（二〇〇八年三月卸任），雙方在北京碰面時，倍感自然、相談甚歡。

2009年４月16日，於北京友誼賓館與「法治政府論壇」的參與者合影留念。

「法治政府論壇」會場。左起：應松年教授、我、王和雄大法官。

大陸之行，尋根之旅

二〇〇九年大陸之行，緣於兩岸行政法學會的交流，我因長期職務上關係不能到大陸，大陸行政法學會於我卸任後好意安排，主要目的是參與行政法相關學術研討會。首站是到北京大學演講，再來是參加中國政法大學法治政府研究院主辦，於二〇〇九年四月十六日舉行的「法治政府論壇」，主題是「兩岸公法學的發展」，由我主講，應松年教授主持。我與應松年教授同樣也是結識於一九九五年在日本舉行的第一屆東亞行政法學會，自此成為行政法學上的莫逆之交。應教授是兩岸行政法交流的靈魂人物，自一九九七年起，二十多年來，在學術社群的整合與聯繫，以及在研討會的推動與參與方面，不遺餘力，令人敬佩。

「法治政府論壇」結束後，主辦單位特別安排我及內人於四月十九日參訪北京歷史名勝天壇、天安門及故宮。其間，承蒙王和雄大法官夫婦及元照出版社駐北京工作夥伴、好友結伴同行，輕鬆暢遊中國古都，人生一樂也。令我感動的是，羅豪才教授於當日晚上撥冗宴請我與內人，並陪同我倆夜遊北京，至情難忘。

2009年４月19日，與內人及諸多好友結伴遊覽北京天壇。

二〇〇九年大陸之行的第二場學術活動，是由中國人民大學法學院主辦的「名家法學論壇」，由我主講「行政程序法在臺灣的實施與挑戰」，王和雄大法官亦參加與談，共襄盛會。

此次大陸之行，於我個人而言，另一個高潮是同鄉羅豪才教授精心安排的「回鄉謁祖」之行。我一路從北京、上海、杭州等地南下，羅教授夫婦特地在廈門機場等候我與內人，從此地到安溪科榜回鄉謁祖全程陪同，令我深為感動，懷念至今。斯人已逝，此情可待成追憶。

前面提過，翁氏宗族祖先是從福建安溪渡海來臺的，村裡一直有完整的族譜，哪個人是哪一代、哪個宗族，都很清楚。多年來，村裡常有回大陸尋根，與安溪的宗親互有來往。我因為工作

2009年４月20日，參加中國人民大學法學院主辦的「名家法學論壇」，我主講「行政程序法在臺灣的實施與挑戰」。左三為王和雄大法官。

2009年４月19日，遊覽北京，與羅豪才教授（左一）合影留念。

關係，始終無法回鄉尋根、晉謁祖先。拜時任北大副校長羅豪才教授之賜，得以在此次大陸之旅中返鄉謁祖。由於羅教授是安溪的傑出鄉親，在桑梓之地頗具人望，託他之福，一路有人為我們開道，受到鄉親熱烈的歡迎，特別是安排我謁訪位在科榜鄉的翁氏宗祠。在祭祀翁氏祖先的祠堂

2009年，在羅豪才教授安排下，返回福建省廈門安溪縣謁祖，與翁家宗親合影留念。

嘉義縣義竹翁氏宗親是來自福建安溪科榜翁家的移民。2009年，我返回福建省廈門安溪縣謁祖，親訪科榜翁氏宗祠。

鄉親北大副校長羅豪才教授伉儷（左四、五）陪同我和內人回鄉謁祖。

裡，遙想當年翁氏宗親從這裡渡海移民臺灣，落腳嘉義縣義竹，著地生根、繁育子孫後世，更深切體悟到慎終追遠、飲水思源的意義。此行於我來說，是一趟喜樂滿載、倍感思親的尋根之旅。

親赴大連參與學術研討

因緣際會，兩岸定期舉辦行政法學研討會的構思，發想於一九九五年兩岸行政法學者於東亞行政法學會首發會議，自一九九七年啟航至今未曾間斷，堪稱兩岸學術交流的典範。惟過去礙於我的公職身分與種種因素，無以親身前往中國大陸參加兩岸行政法學術盛會，總有幾分的遺憾之感。所幸二〇一七年十一月，第十八屆兩岸行政法學研討會於中國大連市舉行，我受邀參加，自是欣然應允，偕同內人前往與會。大連之行，除了參加研討會外，藉此難得機會遊歷長春、瀋陽、哈爾濱等地，參訪大連森林動物園、棒捶島等名勝及風景區。

兩岸行政法學研討會不間斷的舉行，讓臺灣與大陸行政法學者經由學術研討相互

2017年11月15日，第十八屆兩岸行政法學研討會於中國大連市舉行，我於大會上發言。左為應松年教授。

第十八屆兩岸行政法學研討會於中國大連市舉行，應松年教授於晚宴時致歡迎詞。左一為臺灣行政法學會理事長董保城教授。

參加第十八屆兩岸行政法學研討會，與內人遊覽大連的棒捶島合影留念。

瞭解，在潛移默化之下逐漸讓大陸走向法治。臺灣的民主法治不是一蹴而就，而是歷經多年不斷的戮力推動才慢慢地完成。同樣地，中國大陸的民主化與法治化也需要無數法律人的長期投入，才能獲取實質的成果。我相信在眾人堅定的努力下，總有一天中國大陸也會民主化、法治化。也許，我可能沒有來得及看到這一天，但這始終是我的信念。

文化根柢的情懷

大陸法律學者中，除了羅豪才與應松年教授因行政法學而與我結緣外，另一位我由衷敬佩的是江平教授（一九三〇年～）。他主攻民商法，卻敢於批判時政，勇於提出法治建言，精神可佩。江教授是中國首批被派往蘇聯的留學生，先後就讀於喀山大學和莫斯科大學法律系，回國任教於北京中國政法學院，在民法教研室任教。文革期間，因故被打成右派，新婚妻子被迫與他離婚，並於勞動過程中被火車壓斷一條腿。一九七八年，北京政法學院復校，江平被恢復教職，並於一九八八年升任北京中國政

2013年11月24日，我和內人（右一）與江平教授及其夫人（左二、左三）在北京的旅館裡敘舊合影。

法大學校長。一九九〇年二月，因故被免職[30]。

一九九七年，東吳大學法學院秉承章孝慈校長自一九九三年起每年延請大陸法學學者來臺講學的政策，邀請江平教授到院講學[31]。王澤鑑兄與江平教授同為民法學者，多有來往，相互熟識。經澤鑑兄的引介，我得以在臺灣與之結識，兩家人一起出遊，自此成為好友。江平教授因為當過大學校長，人稱江校長，在大陸很有人望。

我與江教授最近一次的會面是二〇一三年偕內人到大陸參加會議，他及其夫人特別到我下榻的旅館看我夫妻倆，老友相逢，分外高興。每次與江平教授聊起他過去的各種遭遇，總讓我感慨萬千。想想大陸人民過去承受過許多政治上的苦難，也應該要能夠享受自由民主的生活。因此，我一直鼓勵年輕一代的學者多與大陸學者往來，透過學術交流彼此瞭解，雙方建立理性友善的關係，這是我在法治上對大陸的一絲關懷，也是源乎文化根柢的自然情愫。

回憶往事，先父師承漢學先生，與地方漢學人士往來密切，自己設私塾教人讀漢文，同時加入詩社，藉筆墨以酬壯志，留有詩作多首。我雖未曾受教於先父，但漢學文化早已在耳濡目染下無形中進入我的心靈。自幼喜好讀書，先父每次出差總會帶些讀物回來，讓我接觸學校課本以外的知識，當中如《三國演義》、《西遊記》等書蘊含中華文化精髓，每每讓我手不釋卷。及長，在南師有幸受業於多位受中華文化陶冶、國文素養深厚的師長，從他們身上吸收了不少文學養分，接觸到諸如四維八德的傳統美德，修身、齊家、治國、平天下；嚴以律己、寬以待人等內外修為等古訓，為我樹立起立身原則。身為中華文化孕育下的兒女，我始終認為源遠流長的中華文明體系與愛好和平、有容乃大的精神傳承，為人類重要的文化成就之一，經過長時間的演變，歷數千年而不衰，必將經得起時代的考驗，永續發展！

德臺公法學術交流

除了東亞及國內學術交流外，與其他國家的往來、建立學術網絡，尤其是我的留學國——德國，在我能力所及的範圍內，無不竭力協助與促成。與德國哥廷根大學史塔克教授的情誼，只是其中一例。

前面提過，一九七六年，史塔克教授應教育部之邀，以哥廷根大學校長的身分第一次來臺訪問。他與我素昧平生，因讀到我於一九七二年在德國《當代公法年鑑》發表的一篇文章論文，主動寫信與我聯繫，希望得有面晤的機會，因而結識。一九八〇年間，許宗力教授考取教育部公費留德獎學金，經我引介拜入史塔克教授門下，成為他第一位臺灣門生。在這期間，史塔克教授每學期都會寫信給我，詳述許宗力教授在德期間的修課及學習狀況，負責的態度及照顧學生的用心，令人感佩。一九八九年，史塔克教授應臺大法律學院的邀請第二次到訪，並發表專題演講，便是由已學成歸國的許宗力教授擔任即席翻譯。當時李建良教授適考取教育部公費留德獎學金，有幸藉此機緣拜見史塔克教授，蒙允為指導教授，延續史塔克教授與臺灣的師生緣，讓公法

1990年，赴德國海德堡大學短期訪問，與當時在德國攻讀博士學位的林明鏘（左）、李建良（右）於海德堡馬普學人宿舍前合影。

學派有傳承。一九九〇年八月，我因執行前述經建會委託的「行政程序法之研究」研究計畫，赴德國海德堡大學短期訪問，並拜訪該校施密特．阿斯曼教授，向他請教有關行政程序法的問題，同時蒐集文獻資料。校方安排我住在馬普學人宿舍。當時，林明鏘教授恰好在海德堡大學跟隨施密特．阿斯曼教授攻讀博士學位，得以晤面相談；另方面，在哥廷根大學念書的李建良教授聞訊後，特別遠道前來看我，並代史塔克教授傳達對我的問候之意。兩位博士候選人還陪同我拜訪施密特．阿斯曼教授，討論研究計畫相關內容。在異國他鄉，能夠與學生們相遇，並且進行學術交流，令人感到愉快。

共同舉辦德臺研討會

一九九八年，史塔克教授第四次訪臺時，跟我提到德國與臺灣進行法學交流的想法，雙方有了共同舉辦德臺研討會（Deutsch-taiwanesisches Kolloquium）的構想。一九九九年七月八日至十日在德國哥廷根大學舉辦第一次研討會，會議主題是「國家與個人之文化及法比較」，讓構想付諸實現。是年二月，我剛好接任司法院行政職務，並於七月主持全國司法改革會議，不克前往參加，但仍以書面賀詞說明這項會議的性質及意義，並且希望這項活動下次也能在臺灣舉行，參與的對象更能擴大。三年之後，這個構想獲得了實現，就在二〇〇二年九月二十六日至二十八日，第二屆德臺研討會在臺北舉行。參與成員除了德國與臺灣學者外，還有奧地利、西班牙等國的學者。有了兩次成功的經驗，德臺研討會遂成了哥廷根與臺北兩地定期輪流舉行的公法知識饗宴。研討會的成果會後均集結成專書，由德國諾莫斯（Nomos）出版社出版，透過文字的傳輸，讓德語世界的人士瞭解臺灣公法的發展以及臺灣和歐洲（尤其德國）的法學互動，也見證了德臺公法學術交流的緊密程度與具體成果。研討會的主題著重探討與臺灣法律發展有關之問題，由我與史塔克教授共同商議確定的五次研討會主題分別是：國家與個人之文化及法比較（一九九九年，第一屆）、民主憲法國家中憲法學之角色（二〇〇二年，第二屆）、憲法審判權之法比較（二〇〇六年，第三屆）、公法典範的繼受與變遷（二〇〇八年，第四屆）、法律（二〇一一年，第五屆）。

值得一提的是，第五屆德臺研討會輪回德國主辦，照例在哥廷根大學舉行。時二〇一一年，我已經卸下司法院大法官及院長的職務，得以第一次親身赴德國與會。收穫良多之餘，並在史塔克教授的陪同下，到萊布霍爾茨教授的墓前致意。回想一九七八年我受邀到萊布霍爾茨府上作客，一晃眼已經是三十幾年前的事情了！此次訪德，令人印象深刻的是，除了得以親身參與此項由我倡議發起的學術饗宴外，長期與會的伊普森（Jörn Ipsen）教授時任下薩克森邦憲法法院（Niedersächsischer Staatsgerichtshof）的院長，好意邀請我及所有與會成員參訪下薩克森邦憲法法院，並進行學術會談。於學術座談會中，伊普森院長特別將中華民國國旗呈現在會場，讓我備覺尊榮，感念至今。

2011年，我到德國哥廷根參加第五屆德臺研討會，會後與史塔克教授（右）至萊布霍爾茨教授墓前獻花致意。

2011年，第五屆德臺研討會後，受邀參訪下薩克森邦憲法法院，臺灣學者與該院院長伊普森教授（前排右三）、研討會成員史塔克教授（後排左二）合影。

2011年，參訪下薩克森邦憲法法院，並與該院院長伊普森教授共同舉行學術座談會。會場上方可見中華民國國旗，讓我備感尊榮。

2014年4月，於臺北舉行的第六屆德臺研討會晚宴，桌上的孔明木雕像是送給史塔克教授（前左）的禮物。

第六屆德臺研討會輪回臺灣主辦，於二〇一四年四月間由中研院法律學研究所及臺大法律學院共同合作籌辦，主題是「基本權、法治國與民主作為行政法之基礎」，我除參與研討會外，並受邀參加晚宴，與史塔克教授及臺大法律學院教授共進晚餐。席間，李建良、蔡宗珍教授夫婦贈送史塔克教授孔明木雕像，以資紀念，場面十分熱絡。第七屆原本應該輪回德國主辦，因關鍵人物霍因（Werner Heun）教授罹病而暫時中斷，遲至二〇一八年才又恢復。

曼谷的學術研討會

我與德國公法學界的聯繫，另一特殊際遇是以泰國作為聯繫點。緣於二〇一〇年十一月間，我受DAAD贊助設於泰國國立法政大學（Thammasat University）之德國暨東南亞公共政策與良善治理研究中心（CPG）[32]的邀請，參加於泰國曼谷舉行的學術研討會，會議主題是：「憲政主義與良善治理」（Constitutionalism and Good Governance）。除泰國實務與學界人士外，有來自德國、英國、澳洲、挪威、中國大陸、香港、南韓、臺灣等地學者與會，為期二日，盛況空前。與我同行的臺灣學者還有李建良教授。席間，與好友陳弘毅教授喜相逢，並結識德國重要公法學者，如埃勒斯（Dirk Ehlers）、皮爾羅（Bodo Pieroth）教授等人，相談甚歡。此行尤具意義的一件事是讓國際社會及國外學界瞭解我國法治建設的經驗與成果。我雖然已卸下司法院院長的職務，仍時刻心繫臺灣的民主憲政法治，總希望有機會讓國外知道大法官釋憲的成就。於該次會議，我除了發表論文闡述臺灣憲法法院的解釋與民主憲政法治的發展[33]，並且致贈法政大學法律學院大法官解釋英譯本一套七冊，由該學院普羅卡蒂

2010年11月，我與李建良教授（右二）應邀赴泰國參加於曼谷舉行的國際學術研討會，與泰國法政大學法律學院院長Surasak Likasitwatanakul教授（左一）交換名片，陳弘毅教授（左二）亦同時與會。

致贈泰國法政大學法律學院一套司法院大法官解釋英譯本。左起：李建良教授、我、普羅卡蒂教授（法政大學）、埃布森（Ingwer Ebsen）教授（德國法蘭克福大學）、格拉瑟教授（CPG主任）、艾瑟（Robert Esser）教授（德國帕紹大學）。

（Kittisak Prokati）教授代表接受，並與觀禮學者們當場展閱。我於該次會議發表的論文，後收錄於二〇一四年由埃勒斯及格拉瑟（Henning Glaser）等教授主編的《憲政主義與良善治理》一書。

返國後，我受邀擔任該研究中心出版的專業英文期刊《歐亞法治期刊》（*European-Asian Journal of Law and Governance*, EAJLG）的編輯委員。由於該研究中心是由法政大學與德國法蘭克福、敏斯特及帕紹（Passau）等四所大學共同營運，期刊的主編及編輯委員多為德國法律學者，特別覺得親切，於是欣然同意。該專業期刊於二〇一一年夏天發行創刊號，刊載格林等教授所著多篇有關公法研究與實務的論文，令我意外的是，該期收錄一篇由李建良教授撰寫的文章，題名為：「憲法維護者理念的倡議者與實踐家：翁岳生教授對臺灣民主憲政發展的貢獻」[34]。

司法外交首航之旅

我擔任司法院院長八年期間，除了從事司法改革、司法行政及憲法解釋工作之

2000年，拜訪美國聯邦最高法院，與大法官斯卡利亞（中）合影。在場還有我的秘書莊繡霞（左一）、外交部部長程建人（右三）、我的辦公室主任林石根（右二）。

外，最令我感到意義非凡的經驗和機遇，要屬以司法院院長身分率團訪問各國憲法法院或最高法院，並參加國際司法會議，除了鞏固邦誼之外，並借此機會讓外國知道臺灣的法治發展[35]。每次出訪，如有可能，總會安排德國之行。以下揀擇印象深刻的歷程，略記行旅二三事。

第一次以司法院院長身分出訪，是二○○○年一月十一日至十八日，受李登輝總統指派擔任特使，率同外交部部長程建人等，前往瓜地馬拉祝賀該國總統波狄優就職。此行除會晤瓜國新任總統外，並與該國憲法法院院長、最高法院院長見面，就兩國司法改革等相關議題交換意見。此行同時分別與尼加拉瓜、宏都拉斯、薩爾瓦多及哥斯達黎加等國元首會面晤談，建立並增進國際瞭解與友誼。於回程時，順道在程建人部長陪同下拜訪美國聯邦最高法院，由大法官斯卡利亞（Antonin Scalia, 1936-2016）親自接待。言談間，我當面邀請斯卡利亞大法官來臺訪問，他欣然答應。二〇〇二年九月十二日，斯卡利亞夫婦首次抵臺訪問六日，主要目的是與司法院進行司法交流，並就我國現階段司法改革提供建議。同月十六日參訪總統府，陳水扁總統對他們應司法院院長邀請來臺訪問，代表中華民國政府與人民表達敬意和謝意。

匈牙利與德瑞學術行腳

二〇〇一年五月二十二日，啟程前往匈牙利布達佩斯，參加第九屆國際司法會議，同行人員有彭鳳至大法官。結束後，一行人特別轉往德國，於五月二十八日參訪聯邦憲法法院。當時的院長是尤塔・林巴赫（Jutta Limbach, 1934-2016）教授，德國有史以來第一位、也是迄今唯一的女性院長。她親自出面接待我們，交換兩國釋憲的

2001年5月28日，我率團訪問聯邦憲法法院。左起：彭鳳至大法官、聯邦憲法法院院長林巴赫、我、二位外交部駐德人員、林石根。

2001年5月30日，我在瑞士聖加倫大學訪問，於該校「安全政策論壇」上發表演說。

2001年5月30日，與瑞士聯邦最高法院院長（左四）及法官（左二）合影。右三為彭鳳至大法官。

經驗。這是我第一次以司法院院長的身分拜訪聯邦憲法法院，兩國司法最高機關的首長正式會面，意義重大。回想最初以學生身分旁聽言詞辯論程序，到以大法官身分訪問憲法法院，以迄得以進行司法首長對等正式會談，心感難以置信。

結束憲法法院訪問後，我隨即北上至海德堡探望指導教授莫斯勒，當時他已經八十九歲高齡了，老師和師母對我關心有加，知道我擔任司法院院長要職，都為我高興。這是我與恩師的最後一次晤面。

結束德國之行後，隨後轉往瑞士聖加倫（St. Gallen）大學訪問，於該校「安全政策論壇」（Sicherheitspolitisches Forum）上發表演說，講題是：臺灣與中國大陸關係的當前問題[36]。演講後，同日順道拜訪瑞士聯邦最高法院，與該院院長及法官交換意見，建立互訪平臺。

中美洲群島旅跡，師生緣續舊金山

二〇〇二年，出訪兩次。一次是擔任總統特使，於一月二十三日至二十七日，率

2002年於英國高等法律研究院（Institute of Advanced Legal Studies, IALS）演講。

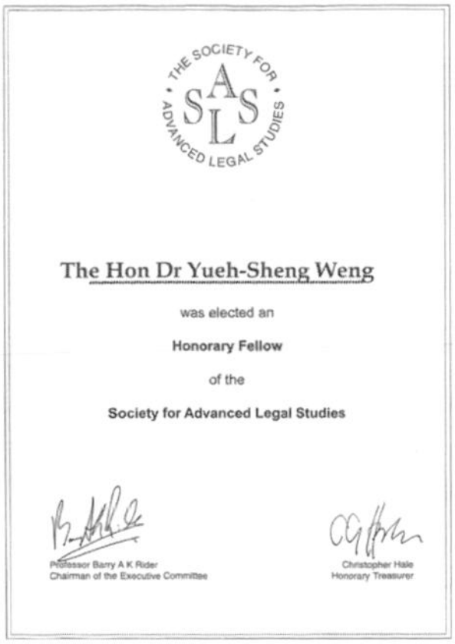

2002年，我獲英國高等法律研究學會（Society for Advanced Legal Studies）頒贈榮譽會員。

團赴宏都拉斯共和國參加新任總統就職大典，成員除我和內人外，尚包括我駐宏都拉斯大使張慶衍夫婦、司法院參事兼院長辦公室主任林石根、外交部禮賓司司長馮寄台及中南美司司長侯清山等人。特使團一行人途經英國、美國，再抵宏都拉斯。當時張志聯老師住在美國舊金山，我特別前往探望，並在老師的家裡見到她的兒子、女婿。闊別多年，師生重逢，相當開心，閒話家常之間，我的思緒不禁回到當年老師來義竹力勸家母讓我升學的情景。

一月二十七日，我參加馬度洛總統就職大典，二十八日離開宏都拉斯後，旋即應哥斯達黎加最高法院院長莫拉（Luis

張志聯老師（中）和我、內人合影於美國舊金山。

與張志聯老師的兒子（左二）、女婿（右二）在舊金山相見歡。

一行人在張志聯老師自宅前合影。

2002年5月21日，在海德堡的霍夫酒店與師長老友聚餐。前排左起：我、德林、史奈德、伯恩哈特、施密特．阿斯曼、穆斯克隆。後排左起：林石根、陳耀祥、陳碧玉大法官。

2002年5月21日，拜訪德國聯邦憲法法院，與剛接任院長的帕皮爾教授合影。

Paulino Mora）的邀請，轉赴哥國訪問，晉見哥國羅德里格斯總統及第二副總統歐蒂女士，並拜訪該國最高法院，與該院全體大法官舉行座談，三十日返抵國門。

再訪柏林，重遊海德堡

二〇〇二年的第二次出訪是於五月二十二日至二十四日，應邀前往法國史特拉斯堡參加第十屆國際司法會議，並發表演說[37]。首站到德國訪問，先後走訪柏林、海德堡等地，見到久違的學術友人與師長，同時照例拜訪聯邦憲法法院。

於拜會位於柏林的聯邦眾議院時，朔爾

茨教授當時是聯邦眾議院的議員，親自引導我參觀聯邦眾議院，並在國會裡面設宴招待一行人。席間，相談頗深，講了許多內幕。例如為什麼聯邦憲法法院一直在卡爾斯魯不搬的原因；慕尼黑大學的教授如帕皮爾（Hans-Jürgen Papier）及廸法比奧（Udo Di Fabio）之所以能當上聯邦憲法法院法官，原因是他擔任聯邦眾議院法制委員會召集人，從中出了一些力。

接著，去了海德堡，猶如回到老家一樣，我特別邀請當年的老師們到霍夫酒店（Europäischer Hof）聚餐，這是在海德堡大學法學院的對面，一家相當高級的驛館。當時，史奈德教授已經九十歲了，還能夠外出到場。德林、伯恩哈特等教授也都同來餐敘，伯恩哈特的身體狀況還挺不錯，在座的還有施密特．阿斯曼教授，相對年輕。可惜史坦柏格教授沒有出現，那時他應該七十幾歲了。

非洲南美跨洲遊蹤

二〇〇三年，第六屆大法官任期屆滿時，我原本想要退休，揮別公職生涯。不意

與秘魯憲法法院院長合影。

於秘魯憲法法院留影。

於秘魯最高法院留影。

與秘魯最高法院院長合影。

2004年9月，於巴西聖保羅大學法學院演講。

陳水扁總統強力慰留，並且動之以司法改革尚未成功之情，希望我留下來繼續努力。我幾番推辭未果，乃勉強接下首任大法官並為院長之職。二○○三年至二○○七年這四年，我主掌院務又從事釋憲，工作極其艱苦，政治壓力與阻力交加，精神體力雙重考驗，其中甘澀，只能借杜甫「文章千古事，得失寸心知」的詩句，聊表一二。

二○○四年總統大選前夕發生槍擊案，全國震驚、舉世注目。五月二十日，陳水扁總統就職，同月二十二日，我膺總統之命擔任特使，率團前往馬拉威共和國，參加該國新任總統就職大典。會後，與該國首席大法官吳耀樂（Ezra Unyolo）會晤，就兩國司法制度、組織及人事等議題交換意見，並邀請他來臺訪問[38]。五月二十五日，一行人轉赴南非約翰尼斯堡訪問，除聽取我國駐南非外交人員的簡報外，主要是拜會南非憲法法院，由該院大法官薩克斯（Albie Sachs）接待。五月二十七日，赴此行最後一站——史瓦濟蘭王國訪問，會晤該國司法暨憲政事務部部長戴維親王、高等法院代理首席法官安南戴爾及副總理夏班固，雙方就司法議題廣泛交換意見，五月二十九日返抵國門。

回國後，腳步尚未停歇，旋又於同年的八月二十一日啟程，前往南美洲，訪問秘魯、智利及巴西諸國。一行三人，首先抵秘魯，分別參訪該國憲法法院及最高法院，與二法院院長會晤。緊接赴智利最高法院，拜會該院院長，並與該院法官交換司法審判經驗。再至巴西聖保羅大學訪問，先與該校法學院院長晤談，後於該校演講廳發表演說，聽眾主要是該校法學院教授及學生，場面相當熱烈。九月五日，帶著滿滿的訪問成果飛抵臺灣。

與智利最高法院院長及相關人員合影。

南非憲法法院攬勝

二〇〇四年參訪南非憲法法院時，認識了南非傳奇人物薩克斯大法官。他一九三五年出生於約翰尼斯堡，青年時期即親身經歷種族隔離的不正義；以行動對抗不義政權，獲罪入獄。服刑後，流亡英國，於一九六六年出版獄中日記。他在薩塞克斯大學（University of Sussex）的博士論文後來以《南非的司法》一書面世。一九七七年起，他協助莫三比克建立新的法律制度，同時替非洲國民會議起草相關行動守則，為南非流亡解放組織奠定法治基礎。一九八八年，遭南非特務暗殺，失去右手及一隻眼睛。在《自由鬥士的溫柔復仇》（*The Soft Vengeance of a Freedom Fighter*）一書中，他寫道：成就自由、民主及法治，勝過以眼還眼的復仇。新生南非的權利憲章出自其手筆：尊嚴、自由、平等「屬於生活在其中的所有人民」[39]。二〇一四年，薩克斯榮獲第一屆唐獎「法治獎」，表彰他秉持尊重人性尊嚴的法治精神，為人權與正義奮鬥不懈。

說來我首次訪問南非憲法法院並不是這趟南非之行，早在一九九五年八月九日我就曾到訪過該院於約翰尼斯堡的舊址，當時還是暫借的臨時處所。南非憲法法院於一九九四年依臨時憲法設立，一九九五年開始運作，審理的第一件案件就是涉及死刑是否違憲的爭議。一九九五年六月六日，南非憲法法院判決宣告死刑違反南非憲法，薩克斯大法官也參與這項歷史性的司法決定。南非過去是英國殖民地，司法體制屬於英美系統，卻選擇建置歐陸德國式的憲法法院，而不是美國的分散式違憲審查制度，主要原因是制憲會議對於既存最高法院法官是否具備憲法意識與人權保障的認知有所疑慮，未必能轉型成為美國的最高法院，故決定另設超然於普通法院的憲法法院[40]。

鑑於南非憲法法院不管在制度上或運作上，均有值得臺灣參考借鏡的地方，我特別提議由大法官組團前往南非考察，由我擔任領隊，於一九九五年八月成行，同行有蘇俊雄、林國賢、孫森焱三位大法官。當時，南非仍是臺灣的邦交國（一九九八年斷交），我與時任南非駐臺大使早已認識，請他居間聯繫。南非政府對於大法官此次到訪，熱忱接待，規格崇隆，禮遇有加。彼時中華民國駐南非大使陸以正先生（一九二四～二〇一六年）經驗豐富，一路提供必要協助，讓此行格外順利，圓滿達成任務。時任南非憲法法院院長查斯卡爾森（Arthur Chaskalson, 1931-2012）為了讓我們瞭解南非憲法法院死刑違憲判決的作成過程及法律觀點，特別詳述該案的始末及審理過程，並提供相關資料，尤其贈與我方判決全文副本，還親自在判決書首頁簽名題署贈予給我，受之倍感榮幸。這些資料對於我國大法官日後處理這項棘手而重要的憲法問題，相當具有參考價值。

1995年8月14日，南非憲法法院院長查斯卡爾森（左二）於判決書首頁簽名題署贈予給我（左一），旁為蘇俊雄大法官（右一）、孫森焱大法官（右二）。

1995年8月14日，南非憲法法院院長查斯卡爾森展示判決書。前排左起：林國賢大法官、我、查斯卡爾森院長、孫森焱大法官、蘇俊雄大法官。

大法官訪問南非憲法法院，贈送院長查斯卡爾森一幅張大千國畫，以表感謝。

司法院訪問團全體成員與南非憲法法院院長查斯卡爾森合影。

1995年8月，大法官訪問南非最高上訴法院，與該院院長科比特合影。

與內人於南非好望角合影。

一行人與南非最高上訴法院院長科比特（左五）合影。

此次出訪南非，除拜會憲法法院外，同時參訪該國最高上訴法院，並與該院院長科比特（Michael M. Corbett, 1923-2007）合影留念。南非共和國的中樞機關相當特殊，最高立法、行政、司法機關各分三地。行政首都（總統與內閣）位於北部的普利托利亞（Pretoria）；國會大廈座落在南部的開普敦，是立法所在地；最高上訴法院則設於中部的一個小地方，叫布隆泉（Bloemfontein）。事後，林國賢大法官將訪問全程撰寫了一份完整的考察報告成書，與該份題署簽名的判決一起存於司法院。

法國憲法委員會及美國最高法院巡禮

二〇〇五年十二月十九日，膺總統之命擔任特使，率團至西非布吉納法索（Burkina Faso），參加該國總統連任的就職大典，會後拜訪該國憲法委員會，由塔奧雷主席親自接待。該國原是法國的屬地，司法制度深受法國影響。因此，特別利用這次出訪過境法國巴黎的機會，分別拜會法國前憲法委員會主席蓋納（Yves Guéna）、憲法委員會主席馬澤奧（Pierre Mazeaud）、參議員巴丹泰（Robert Badinter）、中央行政法院副院長聖馬克（Reraud Denolxde Saint Marc）等人，就法國憲法委員會的角色、委員會的任命及運作、行政法院革新等司法相關議題交換意見。一行人於二〇〇五年十二月二十五日返抵國門。

二〇〇七年，我應巴拿馬共和國最高法院院長迪克森（Dixon）女士的邀請，於

美國聯邦最高法院院長羅勃茲大法官（左）與我握手、相互致意。

參訪美國聯邦最高法院時，該院安排專人為我、羅勃茲院長（右二）及甘迺迪大法官（左二）攝影留念。右一為許政賢教授、左一為陳瑞堂大法官的女兒，當時在駐美辦事處服務。

一月八日率團前往訪問。此行除簽訂兩國司法機關合作協定，參加二〇〇七年司法年會開幕式、公設辯護所啟用典禮外，並與該國最高法院院長及大法官晤談。行程中，又分別會見哥斯達黎加最高法院院長莫拉、多明尼加最高法院院長蘇貝洛（Jorge A. Subero Isa）及委內瑞拉最高法院院長迪亞茲（Oma Mora Diaz）等各國最高法院院長及大法官多人，交換相關司法實務經驗。此外，為瞭解巴國法學教育概況，特地參訪巴拿馬大學及法學院，由該校校長格拉薩（Gustavo Graca）親自接待，並召集該校各學院院長及全國二十二所分校主任舉行座談。

此行出訪行程中，順道參訪美國加州大學洛杉磯校區、喬治華盛頓大學法學院，並參訪美國聯邦最高法院，受到院長羅勃茲（John Roberts）、大法官甘迺迪（Anthony Kennedy）、斯卡利亞等人的熱烈歡迎，雙方就兩國司法現況交換意見，晤談甚歡。

參訪美國最高法院時，獲贈專人攝影的裱裝照片，上面印有該院院徽，精美而尊貴。

大法官解釋的譯傳

大法官解釋的翻譯工作，是我在主持司法院行政工作時，為促進國際社會對我國法治建設的瞭解所推動。最初是將所有大法官解釋與理由書翻成英文，從第一號至六百多號解釋（任內當時）全數英譯。這是一件相當龐大的工程，花費了好幾年的時間，由多位大法官及留美學者共同完成，特別是主編施文森大法官的貢獻尤大。日文譯本方面，則由林永謀、孫森焱兩位大法官與多位留日學者負責，於二〇〇七年九月《中華民國司法院大法官解釋集——人權篇》問世。這項工程已成為司法院的例行事務，至今仍接續進行。

大法官解釋的翻譯與出版，特別是英譯本，對於讓國外人士瞭解臺灣釋憲的成果與公法的發展，助益甚大。比如說史塔克教授曾為文提及我在司法院院長任內：精選重要大法官解釋，使之譯成英文，彙編而成綠皮二冊（二〇〇〇年、二〇〇一年），其後又將全部的解釋出版五大紅皮鉅冊（二〇〇七年）。由此，吾人可以得知，大法官早在一九七三年（第一三七號解釋）即已解釋，法官對於法律的解釋優先於上級行政機關的釋示。透過釋字第二六一號解釋（一九九〇年），大法官將一九四七年起「被凍結」、而後不再配稱為民意代表的民代宣告違憲，並諭令於一九九一年全面改選。大法官經由釋字第三七一號解釋（一九九五年）建立了具體規範審查程序，讓各級法院法官得以審查其應適用之法律是否合憲，並且在確信其為違憲時，得以向掌有規範審查專屬權之大法官會議聲請解釋[41]。前述我在二〇〇七年訪問美國聯邦最高法院；二〇一〇年參加於泰國曼谷舉行的「憲政主義與良善治理」學術研討會，分別致贈美國聯邦最高法院羅勃茲院長及泰國法政大學法律學院一套大法官解釋英譯本，可說是司法外交最好的伴手禮。

大法官解釋英譯與整編持續進行，二〇一八年，司法院大法官慶祝釋憲七十週年，同時出版一本收錄二十則指標性解釋的英文紀念集，史塔克教授在德國為文祝賀時，特別介紹這本書中英譯的重要解釋，除了前述的解釋外，還包括新近的釋字第七四八號解釋，並且引述大法官於釋字第六〇三號解釋中有關「人性尊嚴」保障的闡釋[42]，讓臺灣的釋憲成就也可以藉英文在世界廣為流傳。

1 Yueh-Sheng Weng, Die Entwicklung des demokratischen Verfassungsstaats und die Wandlung von Gesetzesbegriff und Gesetzgebungsfunktion in Taiwan, in: Heun/Starck (Hrsg.), *Das Gesetz*, 2012, S. 17 ff.

2 行政院研究發展考核委員會，《現行稅捐救濟程序之研究報告》，一九七七年三月。

3 行政院研究發展考核委員會，《國家賠償法之研究》，一九七八年。

4 行政院研究發展考核委員會，《行政機關組織通則草案之研究》，一九八一年，頁一。

5 行政院研究發展考核委員會，《行政制裁制度》，一九七九年。

6 行政院研究發展考核委員會，《各國行政程序法比較研究》，一九七九年。

7 行政院研究發展考核委員會，《資訊立法之研究》，一九八五年。

8 《中央日報》，一九八三年八月十五日，第三版。

9 張劍寒，〈美國聯邦行政程序法制訂之目的〉，《法律評論》，三十七卷三期，一九七一年，頁一五～一九。

10 翁岳生，〈論西德一九六三年行政手續法草案〉，《行政法與現代法治國家》，二〇一五年，三民書局重印版，頁一五三～一八八；翁岳生，〈西德一九七三年行政手續法草案之研究〉，《行政法與現代法治國家》，二〇一五年，三民書局重印版，頁一八九～二一二。

11 翁岳生，〈日本一九六四年行政手續法草案之研究〉，《行政法與現代法治國家》，二〇一五年，三民書局重印版，頁二八九～三三二。

12 翁岳生，〈奧國行政手續法之研究〉，《行政法與現代法治國家》，二〇一五年，三民書局重印版，頁二六五～二八七。

13 行政院研究發展考核委員會，《現行稅捐救濟程序之研究報告》，一九七七年三月，頁九三以下。本研究報告先於一九七六年六月提交給研考會，分上下兩冊（下冊為附錄），作為結案報告；後再於一九七七年三月由研考會將原報告及有關資料編印成冊，以供參考。

14 行政院研究發展考核委員會，《現行稅捐救濟程序之研究報告》，一九七七年三月，頁七以下。

15 《立法院公報》，六十五卷七十九期，頁二三～二四。

16 參見「稅捐稽徵法草案　大體尚合理　大法官翁岳生分析表贊同」，《中央日報》，一九七五年十一月十九日，第七版。

17 關於調查人員能否搜索一事，財政部後來提出參考條文，修改為稅捐稽徵機關申請司法機關簽發搜索票後，需會同警察或自治人員，始能實施搜索；「指定場所」，可修改為「辦公處所」（參見《聯合報》，一九七六年五月九日，第三版），即是依照我的看法，以確保人民的權利。

18 翁岳生，〈行政程序法的理念與立法，法律哲理與制度——公法理論〉，《馬漢寶教授八秩華誕祝壽論文集》，二〇〇六年一月，頁二二九以下。

19 刊於《建設雜誌》，七卷八期，一九五九年一月，頁三四～三五。

20 行政院研究發展考核委員會，《各國行政程序法比較研究》，一九七九年。

21 陳誠擔任主任委員之期間為一九五〇年三月十五日至一九五四年六月一日、一九五八年七月十五日至一九六三年九月。其間，由俞鴻鈞（一九五四年六月一日至一九五七年八月二十二日）及嚴家淦（一九五七年八月二十二日至一九五八年七月十五日）擔任主任委員。

22 蔡中曾是首位取得耶魯大學法學博士的臺灣人。一九六五年，與其父親蔡六乘律師共同創辦常在法律事務所。

23 李國鼎口述，劉素芬編著，陳怡如整理，《李國鼎：我的臺灣經驗》，二〇〇五年，頁二二四。

24 行政院經濟建設委員會，《行政程序法之研究（行政程序法草案）》，一九九〇年。

25 翁岳生，〈行政程序法之立法過程與展望〉，《行政程序法草案研討會論文集》，一九九九年二月，頁一～六。

26 廖義男，〈臺灣當代公法學理論之發展及行政法制度之建立與變革〉，《法治的傳承與永續》，二〇一三年十二月，頁二八～二九。

27 翁岳生，〈行政訴訟制度現代化的研究〉，《行政法與現代法治國家》，二〇一五年，三民書局重印版，頁三六八～四一七。

28 《行政訴訟法修正草案總說明暨條文對照表》，司法院印行，一九九二年十二月，頁一～五。

29 高田敏先生のドイツ連邦共和国功労勲章一等功労十字章受賞に寄せて，https://avh-jp.com/notes/高田敏先生のドイツ連邦共和国功労勲章一等功労。

30 參見江平口述、陳夏紅整理，《沉浮與枯榮：八十自述》，二〇一〇年。

31 東吳大學法學院院訊，第三期。http://www.scu.edu.tw/law/law4/law4-1-1/law411-3.htm#。

32 原文：The German-Southeast Asian Center of Excellence for Public Policy and Good Governance, CPG.

33 論文題目：Interpretations of the Constitutional Court and the Developments of the Rule of Law and Democratic Constitutionalism in Taiwan.

34 原文：The Advocate and Practitioner of the Idea of Guardian of the Constitution (“HÜTER DER VERFASSUNG”): Prof. Yueh-ShengWeng’s Contributions to the Development of Democratic Constitutionalism in Taiwan.

35 以下資料部分參考《司法院史實紀要》，頁八九〇～八九一。

36 原文：Aktuelle Probleme der Rechtsbeziehungen zwischen Taiwan und dem chinesischen Festland.

37 原文：Striking a Proper Balance? — Judicial Roles in Ensuring National Security and Freedom of Press in Taiwan.

38 同（二〇〇四）年九月三十日，吳耀樂大法官應邀偕同該國駐華大使馬洛亞訪問司法院，希望進一步促進雙方司法經驗的分享與交流。會中，林子儀大法官親自就我國的司法制度、憲法法庭、大法官解釋等多面向進行介紹，並且闡述我國司法為民與保障人權的核心價值。參見《司法周刊》，第一二〇五期，二〇〇四年十月七日，第一版。

39 參見Christian Starck, Tangpreis « Rule of Law » für Albie Sachs, *JZ* 2014, S. 1150.

40 https://www.concourt.org.za/index.php/about-us/history。

41 Christian Starck 著，李建良譯，〈翁岳生教授八秩華誕祝壽獻辭〉，《臺灣法學雜誌》，一九一期，二〇一二年，頁六。

42 Christian Starck, 70 Jahre Verfassung und Verfassungsgerichtsbarkeit in Taiwan, JZ 2019, 828 (829).

卷十

惜福與感恩

飲水思源：最是溫厚故鄉人

人生如夢！我覺得自己非常幸運，一路走來，受到許多人的幫助，回想前塵往事，彷彿是一場夢境。多年來，我一步一腳印，踏實地向前走，從未想過能達到今日的境地。回顧自己的人生，我受過很多人的幫忙、鼓勵與教導。

義竹是我的出生地、家鄉、生命史的根源所在。回首消逝的悠悠歲月，兒時在八掌溪岸邊的長堤上看書、養鵝、賞景，還有築夢，景象歷歷在目，是我無法抹滅的年少記憶。義竹以務農為主、民情純樸，文風淳然，我在義竹國小拿到了人生的第一張畢業證書。小學老師胡先德先生的「精神一到、何事不成」，在我失學的過程中持續地引領我前進，從八掌溪畔的泥巴路，一步一步走到臺大的椰林大道，繼而考取公費、赴德留學、回國任教、擔任大法官，後成為全國最高的司法首長，一路走來，一直受到鄉親的照顧、呵護，鼓勵和祝福。記得離家北上求學、就讀臺大期間，義竹鄉旅北同鄉會同學們不時的照應，讓我備感溫馨而不覺隻身異地。我考取公費、啟程留學的一件小事，在地方上竟成為一樁大事，鄉親們集資為我設宴餞行不成，就改在大紅布上集體簽名，熱烈相送，溫情滿滿，點滴在心，常思回報。

二〇一三年初，金石堂書店周正剛、翁麗娟伉儷與周傳芳、顏薰齡伉儷作東宴請鄉親聚餐，盛情感人。席間，憶起當年受到同鄉會照顧的往事，我提議我們應該可以成立臺北市的義竹同鄉會，獲得在座鄉親的響應。遠流出版公司董事長王榮文兄為人熱心，又有行動力，二話不說，一口應下籌備的工作。經王榮文兄的多方奔走，義竹同鄉會於二〇一三年六月二十九日舉行成立大會，大家公推王榮文兄擔任會長、禮客OUTLET董事長翁素蕙女士為秘書長，我和前中央研究院院長翁啟惠先生則被推舉為榮譽會長。成立大會上，鄉親大小齊聚一堂，熱鬧滾滾，其樂融融。

二〇一五年四月，義竹國小一百周年校慶，我返校與校友及在校師生同樂。無意間，聽到校長林曜輝先生提到學校原有圖書室老舊，且位置設在二樓，學生使用率偏低，早有整建的計畫，卻礙於經費不足而遲遲無法開展。王榮文會長聞言隨即發動樂捐，並慷慨解囊，加上我、翁啟惠院長、翁素蕙董事長各捐一百萬元，集得四百萬元給母校打造全新圖書室，取名為「智慧發生堂」。經過兩年的設計整建，於二〇一七年六月二十九日舉行落成揭牌儀式，由王榮文兄撰文，特請義竹鄉親、書法名家侯吉

義竹同鄉會於2013年6月29日舉行成立大會，與翁素蕙女士（左一）、王榮文兄（左二）、翁肇喜兄（左三）、翁麗娟女士（右一）及翁啟惠先生（右二）合影。

成立大會上，鄉親大小齊聚一堂，熱鬧滾滾，其樂融融。

諒先生書寫，記述來由：

義竹國小百年校慶（一九一五～二〇一五年），林曜輝校長、洪國榮會長希望募款重建圖書室、美術室、校史館。時值台北市義竹同鄉會返校，當場徵得兩位榮譽會長翁岳生博士、翁啟惠博士和王榮文會長、翁素蕙秘書長同意，每人樂捐新臺幣壹佰萬元。圖書館隨即啟動設計整建，在張龍吉建築師和學校老師家長會志工團努力下，智慧發生堂於焉成立。希望這個空間是大小朋友開啟智慧、求真行善找美的所在，是鄉下小孩認識世界、培養志氣的場所。知識改變命運，勤讀好書，智慧發生。

「智慧發生堂」留有出資四人的題字，以茲留念，我題了「多讀好書　常做善事」八個字，以表達我對故鄉的感念和對學子的期許。

鄉親長輩中，前臺大工學院院長、也是第一任明志工專校長的翁通楹，我的叔公，在我大二時適時指點迷津、勸我不要轉系，大學期間不時噓寒問暖，出國時特來送機、溫馨叮嚀，回國後又時相照應，令我深深懷念，尤其他發起的「無名登山社」，成為我生命中的一部分。

大約是在我五十歲的時候，由於身體狀況不佳，翁通楹叔公就建議我應該多多爬山健身，邀請我定期參加他擔任召集人的無名登山社活動，每週爬山一次。多年下來，週日早上八點半，政治大學行政大樓前，山友們不約而聚地從政大校園內上山，走到樟山寺，再下山來，一路閒話家常，風雨無阻，從未間斷。爬著走著，從政大後山到樟山寺的這段路，就成了這個無名登山社每週日的固定行腳，也漸漸形成了每月聚餐一次的慣例。山友中有許多是教育界、學術界的前輩，如中研院院士羅銅壁、前臺大醫學院教授江萬煊、前臺大化學研究所所長許東明（後來成了親家）、前臺大理學院院長施拱星、前臺大醫院外科主任許書劍、臺大地質系教授王源、臺大數學系教授賴東昇、好友黃谷波等人。這些山友中不少是超過七、八十歲以上的老人家，當初我只算是「中生代」，如今隨著年歲的增長，我也成了山友中的「長輩」。

二〇一三年，義竹同鄉會成立之後，義竹鄉親也加入了這個當初無意間湊成的山友團，讓每週一次的爬山、每月一次的聚餐，更加熱鬧滾滾。每年我固定請大家聚餐兩次，一次是過年期間，一次則是在我生日的那一個月。每逢我的生日，學生或好友們總是好意要幫我祝壽，我不敢應允，又不好婉拒，於是就利用這樣的機會，由我作東，跟大家齊聚一堂，歡喜餐敘。

2017年7月1日，我循例在貓空談天園請山友、同鄉及學生吃飯，他們則買蛋糕為我慶生。

2018年7月1日，在貓空談天園席開六桌，老友齊聚一堂，人生一樂也。左起：楊水枝、邵怡敦、王榮文、王源、翁啟惠、翁素蕙、彭旭明。

不管四季交替變化，能夠四十年如一日地在週日與老友們相聚，聊天話地，算是我的福份。這就像是人生，不斷的遇見，又不斷的再見，滿滿的溫情，永在人間！

同是南師一家親

考上南師，對我一生影響很大。南師是一所歷史悠久的學校，成立於日治時期（一八九九年），我就讀當時是省立臺南師範學校，後歷經多次改制：省立臺南師範專科學校（一九六二年）、省立臺南師範學院（一九八七年）、國立臺南師範學院（一九九一年），現為國立臺南大學（二〇〇四年起）。

南師好幾位老師讓我相當懷念，至今仍保持聯繫，特別是馬驥伸老師[1]，他自師院畢業，於一九五〇年間分發到南師擔任專任教師，我則是在一九四九年進入南師普通師範科就讀，受教於他。我只比馬老師小一歲，因為升學一路波折，成了他的學生。後來，馬老師轉到臺北成功中學任教，朱石炎高中就讀該校時，曾上過他的課。馬老師的太太是出版界及新聞界的名人黃肇珩女士[2]，曾擔任過監察委員。她與我有一段特殊的連結——正中書局曾經出版一本《叫太陽起床的人》，書裡記錄了十位奮鬥成功者的訪談，我也在其中，正是在馬師母黃肇珩女士擔任正中書局總經理的期間。另一位情同親人的老師是邱素沁女士，她是創辦永漢日語、永漢國際書局及《財

2015年，我（後排中立者）與內人（後排左四）宴請馬驥伸老師、黃肇珩師母（前排右二、右三）、邱素沁老師（前排左二）、楊日然兄的太太陳勤女士（前排左一）、三民書局創辦人劉振強先生（前排右一）及南師同學餐敘。後排右一是楊日然兄的公子楊健志，現為臺大生命科學院生化科技學系教授兼系主任。劉振強先生是南師師友每年餐敘一次的發起人。先生已逝，令人懷念。

2019年8月23日，我與內人作東邀請馬驥伸老師、師母（坐者右二、左一）、邱素沁老師（坐者左二）及南師的同學餐敘，在座還有馬漢寶老師（坐者右一）。邱素沁老師是我與內人共同的老師；兩位馬老師都是我尊敬的長輩，一位是東北齊齊哈爾的馬老師，另一位是安徽的馬老師。朱石炎（後排右一）於就讀成功高中時，曾受業於馬驥伸老師，亦與會同樂。

訊》雜誌的臺裔日本文化界名人邱永漢先生（一九二四～二〇一二年）的妹妹，於一九五三年任教於南師藝師科，主要教我們家事課，後轉任臺灣省立師範大學教育學院家政學系，內人就讀師大時，曾受教於邱老師，她算是我們夫妻倆共同的老師。想當初我報考南師時，原本填的志願還是藝師科呢！

除了南師老師之外，當時的同學有些成為一輩子的好友，像是陳啟輝、陳益進等，至今仍然保持聯繫。二〇一三年，臺南縣於後壁舉行花展，當時的縣長蘇煥智先生是我臺大教過的學生，特別邀請我及南師同學參觀，大家齊聚一堂，歡喜敘舊。

2020年7月17日，臺南師範師生每年一會，除了基本成員外，今年又多了楊日然兄的孫女（後排左一）。

2013年，我與內人受邀參加後壁花展，與蘇煥智縣長（右四）及南師同學合影。

職涯前輩手足情

我忝為臺灣有史以來最年輕的大法官，回想當時初出茅廬的「青澀歲月」，有幸接受諸多有風骨、有學問、有見地、有原則的前輩們，在品德上薰陶、在經驗上傳承、在專業上指導，使我得以成長茁壯，讓我在「憲法維護者」角色的掌握與拿捏上能有所依循、進退有據。每憶及前輩們的風範，總令我景仰不止，永沐春風。當時，如林紀東大法官的剛正不阿、正義凜然；陳樸生大法官的謙謙君子、諄諄學風；洪遜欣大法官的認真執著、堅持真理；鄭玉波大法官對人權保障的重視；楊建華大法官任勞任怨，不斷創新的精神；范馨香大法官熱忱用功、平易近人，更視我如弟，將實務運作之妙鉅細靡遺地傳授予我；楊日然大法官思路縝密、品格高尚，與我情同手足，經常促膝鑽研、樂此不倦……。此外還有許許

與林紀東大法官（左）、張劍寒教授（中）交情深厚。

與楊日然大法官（右）、蔣昌煒大法官（左二）、蔣次寧（右二）合影。

永遠懷念的楊日然大法官。

多多的前輩們，午夜夢迴，常令我感觸良深，思念不已。因為有數不盡的良師益友們的協助，才讓我在學院及司法生涯中得治仁者之風，與聞智者之言，擁有回味無窮的美好時光。

我尤其想念楊日然兄！他已經逝世二十七年了，直到今天，我依然非常懷念他。當年在臺大念書時，他不僅以學長身分照顧我，禮讓宿舍床位給我，甚至還幫我介紹家教。一九五九年，我們一起參加司法官訓練所第四期受訓，共同生活了六個月，雖然因故先後退訓，但在這六個月的時間裡，無論是早餐前植物園的散步路上，或是晚餐後、夜自習前的休息時分，朝夕相處，兩顆熱情於學問、對人生充滿憧憬的心，早已相互激盪、彼此交融，不知分享了多少理想、交換了多少承諾。沒有需要兌現的約束，只有心靈契合的信任。一九六六年，我們一起回國任教，共用同一間研究室，從此攜手為實現我們年輕時的理想而努力，鎮日醉心於教學與研究，只關注法學與法治的發展，不知疲累、不計個人處遇。風雲際會，我們在臺灣民主憲政轉型的關鍵時期，成了司法院的同事，以憲法維護者自許，如同戰鬥的夥伴，為臺灣的憲政與人權保障而奮鬥。如今，日然兄走了，可帶不走我為他保存的青春歲月和閃亮的日子！

德國師友恩澤永在

回想在德國念書的這段期間，受到很多人幫忙與照顧，老師及助教們對我愛護有加，尤其是受到史奈德教授的照拂及其助理史密特博士的義助。指導教授莫斯勒對我的恩情，更不在話下。我回國後，持續保持密切的聯繫，只

2001年5月29日，我與指導教授莫斯勒夫婦於海德堡的最後一次合影。

要有機會到德國，無論行程如何安排，都會設法探望莫斯勒教授夫婦。最後一次拜訪他們是在二〇〇一年五月二十九日，恩師已經八十九歲高齡了。他於同年十二月過世，不久之後，師母也跟著辭世。往事追憶，不勝唏噓。

想當年，我在找指導教授毫無頭緒、徬徨無依的時候，適時伸出援手、為我引介莫斯勒教授的久保敦彥，我一直心存感恩，至今保持聯繫。我回國任職後，有機會到日本都會設法與他碰面。他有時也會邀我訪日，到他任教的學校演講，並至他父親的

與莫斯勒教授於舟山路家中合影。

與恩師莫斯勒夫婦、施啟揚夫婦、馬漢寶夫婦、王仁宏夫婦於家中合影。

家中作客。我與他的父親——久保正幡教授，早在我留德期間就已經認識。久保正幡教授專攻西洋法制史，與德國學界時有往來，又因久保敦彥當時在海德堡，因此常有碰面的機會而逐漸熟識，他也曾是我海德堡住處的座上賓。我回國後，曾經邀請他到臺灣演講，進行學術交流。值得一提的是，楊日然兄於一九六〇年四月赴日本東京大學攻讀博士學位時，曾經上過久保正幡教授的課。久保教授對日然兄相當照顧，多方協助。日然兄是拿日本政府獎學金出國的，後來獎學金年限屆至，多賴久保教授的幫

久保敦彥（後立者）邀我訪日，到他家作客，與他的父親久保正幡教授（右）合影。

1985年11月18日，我與久保敦彥（左）及他的父親久保正幡教授（右）於日本箱根合影。

忙，推薦他獲得其他獎學金，方得以在一九六六年完成學業。

多次提到的史密特博士，到過日本，對東方人很友善，可惜英年早逝。在我回國進入臺大擔任教職之後，雙方仍然時有信件往返，互通有無。近日在整理文件時，看到他於一九六八年寄給我的一張賀歲照片，上有他在美國德州騎馬的英姿，照片背後留有箇牋，重讀再三，睹物思人，往事湧上心頭，不禁眼眶一熱。這封短信是這樣寫的[3]：

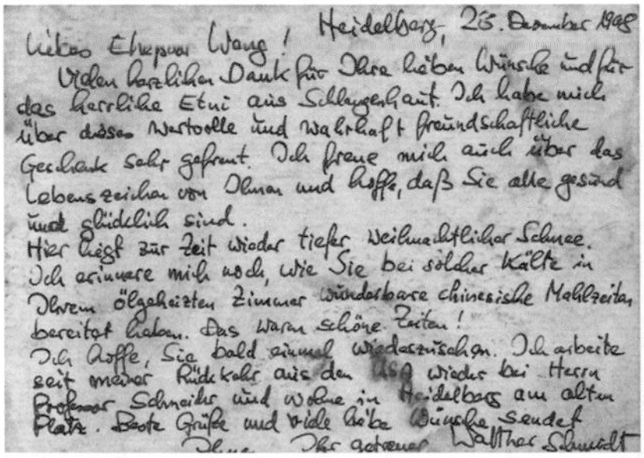
Heidelberg, 23. Dezember 1968
Liebes Ehepaar Wang!
Vielen herzlichen Dank für Ihre lieben Wünsche und für das herrliche Etui aus Schlangenhaut. Ich habe mich über dieses wertvolle und wahrhaft freundschaftliche Geschenk sehr gefreut. Ich freue mich auch über das Lebenszeichen von Ihnen und hoffe, daß Sie alle gesund und glücklich sind.
Hier liegt zur Zeit wieder tiefer weihnachtlicher Schnee. Ich erinnere mich noch, wie Sie bei solcher Kälte in Ihrem ölgeheizten Zimmer wunderbare chinesische Mahlzeiten bereitet haben. Das waren schöne Zeiten!
Ich hoffe, Sie bald einmal wiederzusehen. Ich arbeite seit meiner Rückkehr aus den USA wieder bei Herrn Professor Schneider und wohne in Heidelberg am alten Platz. Beste Grüße und viele liebe Wünsche sendet Ihnen Ihr getreuer Walther Schmidt

1968年，史密特博士在美國德州騎馬的英姿照片，照片背面有他寫給我的信。

史密特博士與我內人在海德堡家中的合影。

親愛的賢伉儷，誠摯的感謝您們的祝福以及精緻討喜的蛇皮盒。面對如此價值無比及友誼滿溢的禮物，讓我深感萬分的愉悅。尤其高興得知您們的近況，謹此祈福您們闔家健康，萬事如意。此刻在德國，又是聖誕時節、白雪紛飛的隆冬。猶記在如此寒冬的日子，在您們油燃暖氣的房間裡，品嚐您們為我準備令人難忘的中國菜。這真是一段美好的時光！我希望與您們儘快再見一面。我從美國回來之後，再度任職於史奈德教授處，並且住在老地方。奉上誠摯的祝福。

您信賴的瓦爾特・史密特

海外存知己——憶Frau Ofer

德國人看起來冷冷的，但一旦熟識、互相了解，其實很熱情，樂於助人，而且真心幫忙。時間越長，越覺得德國人是很忠誠、可靠的朋友，值得深交！

摯友羅馬法權威教授塞爾布先生，在我留德期間亦師亦友，與我交情甚篤，恩情難忘，紙短情長無法勝數。前面提過，他的大姨子Frau Ofer是小學老師，剛好我曾在小學擔任過幾年的老師，於是在塞爾布穿針引線下，我們於一九六二年在德國結識。此後，每逢聖誕節，她都會邀請我們去家裡過節，後來成為至交，直到現在。連我的幾位學生或其他老師，例如孫酒翊、陳怡凱等，都到過她家，也跟她及其家人成了要好的朋友。我只要有機會到德國，一定會去拜訪她，聊聊生活起居與健康狀況，那時她早就退休了，女兒也當了小學老師。兩個女兒及其先生都曾來過臺灣，與我的女兒也都有交情，時相聯繫，兩家稱得上是「世交」。我所有的德國朋友當中，寫信給我最多的，非她莫屬。Frau Ofer幾乎每年都會稍來溫馨的問候，萬里書信、字跡工整，情滿於文，意溢於紙。

二〇一九年底，接近聖誕節的時候，我收到孫酒翊教授從德國帶回一份聖誕卡片，長約三十公分，是Frau Ofer在病床上親筆彩繪手作的一幅花樣圖畫，一筆一畫，精緻非凡，讓我內心感動萬分。更令我無比激動的是，附隨在這份量輕情重禮物的信箋，是她在病榻上撐著虛弱的病體，

Frau Ofer在病床上親筆彩繪手作的花樣圖畫。

用顫抖的筆觸勉力給我寫的最後一封信，寫信時間是二〇一九年十二月二十日。讀著讀著，不覺眼淚早已潸然落下：

親愛的翁夫人、翁先生，終於、終於，我可以有辦法寫信給您們了。在我面前，仍然放著您們十月二十三日寄來的信。剛才我又重讀了一遍。感到非常地愉快，特別是因為幼德也在上面寫了幾行字。還有您們在信裡頭放了兩張很美的家庭照片。誠心地感謝。您們的信我已經不知讀了多少回，每次總是讓我感動得熱淚盈眶。感謝您們長年來的友誼。您們深植在我的心中！——親愛的翁夫人、親愛的翁先生，我無法及早寫信給您們，只因為我有將近六個禮拜躺在醫院裡。我的情況非常不妙。總覺得：現在就要死去，但上帝卻不要我。我患有急性腎衰竭。前天，我原本要出院，第一件事就是想給您們寫信。聽孫女士（按：孫迺翊）說，您們到過以色列的「聖地」。這的確是一趟令人印象深刻的旅行。您們可克服了這段疲憊累人的路途？——再過四天就是聖誕夜了，我們會有兩天的假日，全家可以團聚了。不只是女兒們及其先生會來看我，還有孫兒Matthias偕同他的太太Tanja，加上他們的小兒子Elias。Matthias已經拿到人類學的博士學位。Stephan小他三歲，也早提交他的物理學博士論文，但還差口試，之後也是博士了。

親愛的翁夫人、翁先生，郵包在聖誕節過後才會寄達您們那，不過先以此信告訴您們，我躺在病床上。謹此，奉上我親切、誠摯的問候　Verena Ofer。

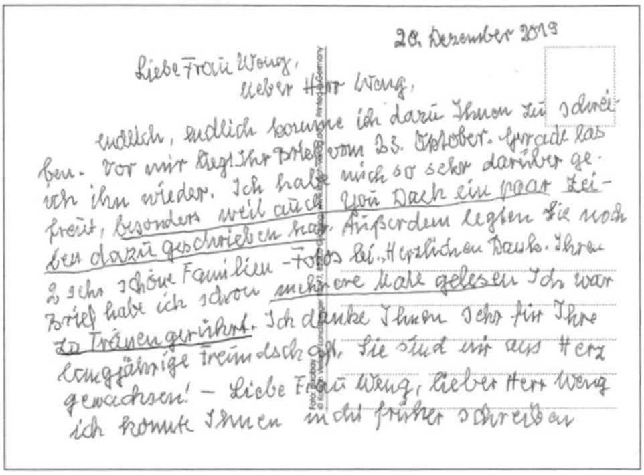

20. Dezember 2019

Liebe Frau Weng,
lieber Herr Weng,

endlich, endlich komme ich dazu Ihnen zu schreiben. Vor mir liegt Ihr Brief vom 23. Oktober. Gerade las ich ihn wieder. Ich habe mich so sehr darüber gefreut, besonders weil auch You Dach ein paar Zeilen dazu geschrieben hat. Außerdem legten Sie noch 2 sehr schöne Familien-Fotos bei. Herzlichen Dank. Ihren Brief habe ich schon mehrere Male gelesen. Ich war zu Tränen gerührt. Ich danke Ihnen sehr für Ihre langjährige Freundschaft. Sie sind mir ans Herz gewachsen! – Liebe Frau Weng, lieber Herr Weng ich konnte Ihnen nicht früher schreiben

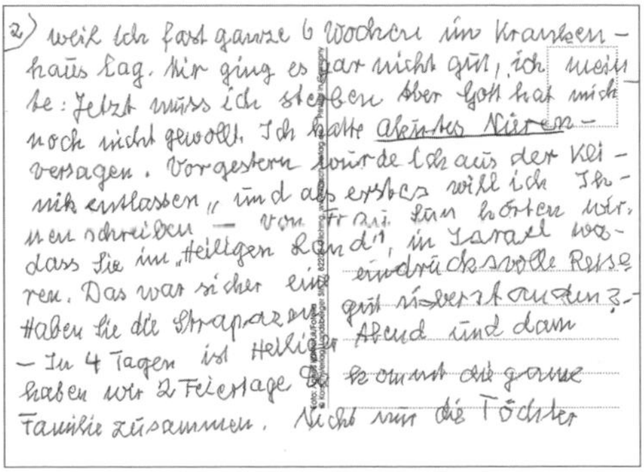

2) weil ich fast ganze 6 Wochen im Krankenhaus lag. Mir ging es gar nicht gut, ich meinte: Jetzt muss ich sterben. Aber Gott hat mich noch nicht gewollt. Ich hatte akutes Nierenversagen. Vorgestern wurde ich aus der Klinik entlassen, und als erstes will ich Ihnen schreiben – Von Frau Sun hörten wir, dass Sie im „Heiligen Land“, in Israel waren. Das war sicher eine eindrucksvolle Reise. Haben Sie die Strapazen gut überstanden? – In 4 Tagen ist Heiliger Abend und dann haben wir 2 Feiertage. Da kommt die ganze Familie zusammen. Nicht nur die Töchter

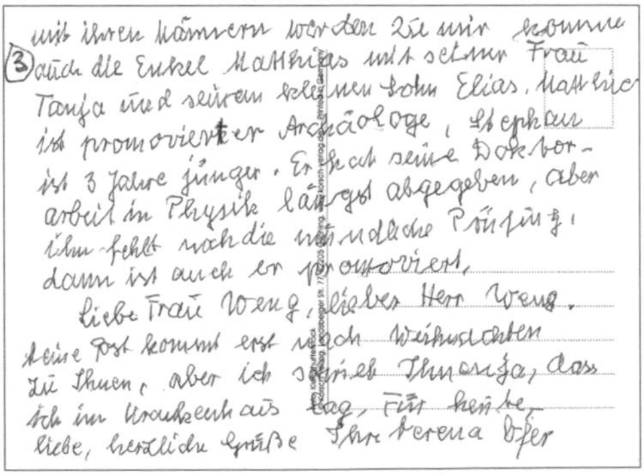

3) mit ihren Männern werden zu mir kommen, auch die Enkel Matthias mit seiner Frau Tanja und seinem kleinen Sohn Elias. Matthias ist promovierter Archäologe, Stephan ist 3 Jahre jünger. Er hat seine Doktorarbeit in Physik längst abgegeben, aber ihm fehlt noch die mündliche Prüfung, dann ist auch er promoviert.

Liebe Frau Weng, lieber Herr Weng.
Meine Post kommt erst nach Weihnachten zu Ihnen, aber ich schreib Ihnen ja, dass ich im Krankenhaus lag. Für heute liebe, herzliche Grüße Ihre Verena Ofer

Frau Ofer寫給我的最後一封信，從顫抖的字跡，可以看得出她寫這封信是如何的不易，讀來不禁熱了眼眶。

1962年，我與內人（左三）初次拜訪Ofer家庭，與Frau Ofer（右三）及其先生（右二）、女兒、兒子合影。

2019年底，Frau Ofer（右前）因病住院，兩個女兒及女婿陪侍在側。在病床上，Frau Ofer製作精美的手繪賀卡，贈我留念，令我感動萬分。

Immer, wenn wir von dir erzählen, fallen Sonnenstrahlen in unsere Seelen.
Unsere Herzen halten dich gefangen, so, als wärst du nie gegangen.

Verena Ofer

geb. Lehmann

* 22. Oktober 1925 † 27. Februar 2020

Wir vermissen dich sehr.

Rita und Otto
Ursula und Hans-Lothar
Klaus
Matthias, Tanja und Elias
Stephan und Svenja
und alle Angehörigen

Frankenthal, den 3. März 2020

Die Trauerfeier mit anschließender Urnenbeisetzung findet am **Freitag, 6. März 2020,** um **11.00 Uhr** auf dem **Hauptfriedhof in Ludwigshafen** statt.

Eine Kondolenzliste liegt auf.

Frau Ofer的告別式於2020年3日6日舉行，Ofer家庭於3月3日在當地報紙刊登悼念訊息，上面寫著：

每當我們提起妳，陽光總照拂著我們的靈魂
我們的心與妳緊緊地相繫，彷彿妳未曾離去

收到Frau Ofer的聖誕禮物後，我原本準備了一份禮物，打算以國際航空包裹寄給她。這是一份由前考試委員、臺北大學名譽教授趙淑德女士創作的水墨彩繪國畫集，我覺得與Frau Ofer的風範十分相配。誰知寄到德國後，Frau Ofer剛好因病入院，無人收件，郵件包裹被退了回來。不意，隔年，二〇二〇年二月二十七日，德國時間中午、臺灣時間晚上七點左右，Frau Ofer與世長辭。Frau Ofer的死訊傳來後，我告訴她大女兒這份禮物會再次投寄。

Frau Ofer的告別式於二〇二〇年三月六日舉行，不久，Frau Ofer的女兒Rita稍來寫於三月十日的卡片和紀念物。睹物思友，虔心默禱，願她在天國安息。

感恩的心，感謝有你

感謝身兼父職的媽媽，含辛茹苦的培育；在鄉下念書的那幾年，天未亮就忍著凍，起床為我煮早飯做便當的小姑姑；為了讓我專心學業，從小留在家裡種田的弟妹，他們都沒有跟我計較，讓我自由發展；不介意我穿著一條卡其褲和一件舊港衫去

2009年1月，媽媽和我們夫婦合影。

相親，一路陪著我度過各種酸甜苦辣，又能體諒我幾乎把時間都給了學生和學問的好牽手；還有在求學任職過程中，給我指引、鼓勵、幫助的長輩師友……。午夜夢迴，總能感覺到那點點滴滴、纖絲細微而實在的暖暖溫情，沒有你們恩重如山的厚澤，就沒有今天的我。我深深覺得自己是幸運的，也是幸福的！

二〇一〇年十月四日，高齡九十七歲的媽媽安詳地永別人世，身為人子的我，滿懷感恩之心，祈願您在天之靈安息。

1 馬驥伸（一九三一年～），政治大學新聞系碩士。曾任教育電臺節目部副主任兼新聞組長，「中央社」資料編輯部主任，臺灣大學社會教育系新聞組副教授，《讀者文摘》中文版顧問，大眾傳播教育協會理事長，國際新聞協會臺灣分會常務理事，中國文化大學新聞暨傳播學院院長。並曾任教於輔仁大學、淡江大學，教授新聞文學、新聞倫理等課程，現已退休。引自臺灣文學網：https://tln.nmtl.gov.tw/ch/m2/nmtl_w1_m2_c_2.aspx?person_number=J32024。

2 黃肇珩，臺灣師範大學社會教育系新聞組畢業。曾任中央通訊社記者、國內新聞部主任，《中華日報》發行人兼總社長，臺灣師範大學、輔仁大學、中國文化大學兼任講師、副教授，正中書局總經理，《活水》文化雙週報社長兼總編輯，監察委員，並為中華民國圖書出版事業協會理事長、世界女記者與作家協會中華民國分會理事長。現任監察院高級顧問。引自臺灣文學網：https://tln.nmtl.gov.tw/ch/m2/nmtl_w1_m2_c_2.aspx?person_number=L45079。

3 德文原文：

Liebes Ehepaar Weng! Heildelberg, 25. Dezember 1968

Vielen herzlichen Dank für Ihre lieben Wünsche und für das herrliche Etui aus Schlangenhaut. Ich habe mich über diese wertvolle und wahrhafte freundschaftliche Geschenke sehr freut. Ich freue mich auch über das Lebenszeichen von Ihnen und hoffe, dass Sie alle gesund und glücklich sind.

Hier liegt zur Zeit wieder tiefer weihnachtlicher Schnee. Ich erinnere mich noch, wie Sie bei solcher Kälte in Ihrem ölgeheizten Zimmer wunderbarer chinesische Mahlzeiten bereitet haben. Das waren schöne Zeiten!

Ich hoffe, Sie bald einmal wiederzusehen. Ich arbeite seit meiner Rückkehr aus den USA wieder bei Herrn Professor Schneider und wohnen in Heidelberg am alten Platz. Beste Grüße und viele liebe Wünsche sendet Ihnen. Ihr getreuer Walther Schmidt.

跋 叫太陽起床的人

一九八七年，正中書局出版一本書——《叫太陽起床的人》，書裡訪問介紹十位奮鬥成功者的歷程與關鍵。除我之外，還有王永慶、紀政、許水德、許倬雲、朱銘等人。編者為我的故事下的標題是「從八掌溪畔的泥巴路走起」。曾幾何時，「叫太陽起床的人」卻成了一路跟著我的封號，也許是我在訪談中提到：「大學時，我天天比太陽早起，一張開眼睛，真感覺到『啊！又是痛快的一天要開始了！』整個人都振奮起來。」

的確，我當時精神與體力都很好，吃飯時努力、走路時努力、念書時努力，使勁地利用每一天的時間。多年來，胡先德老師「精神一到，何事不成」這句話讓我一生受用無窮，給我求知、工作及生活的驅動力。什麼是「成功」？能將每一天過得充充實實，並且能充分利用時間，就是成功的人。成功不一定要做大官，我從未因為在司法院擔任大法官、院長而覺得自己成功，我只不過是「認真吃飯、認真讀書、認真工作」而已。還記得德國老師教過的一句德文諺語：「工作使人生甜蜜」（Arbeit macht das Leben süß），一個人應該白天用心工作，專心致志、全力以赴，夜裡從不患失眠，一覺醒來自然精神飽滿、生氣蓬勃。一直到現在，我仍然習慣早起，每日運動、閱讀報章書籍，讓每一天有個美好的開始！我的生活就是如此簡單、平凡而充實。

世間萬事萬物都是相依相連、互為影響的，任何人能有一點點小成就，背後往往有太多人的犧牲奉獻，誰都不該沾沾自喜，想想數不清的無名英雄，我們就應該回饋社會更多。縱使對社會不能有所貢獻，至少也不要做出有損社會、貽害他人的事情。二次戰後，在臺灣的日本老師要被調回日本，有些人明天就要回去了，今天還在教室裡幫忙修補桌椅，這就是負責任。一個人對社會要有責任感，我們在這社會中都只是一個螺絲釘，至少要盡本分，不要危害社會。

不一定要當英雄，英雄是以多少人的血汗塑造而成的。猶憶父親愛好文學，參加詩社，有些介紹日治時期文人的文史資料，如連雅堂等，也曾介紹過家父。當年，他曾託人從上海商務印書館買了一本《辭海》，還有一些中國大陸的文學作品。我偶爾會翻來看看，也許是受到文學薰陶，讓我日後對英雄主義不感興趣，並且和政治保持距離。不過，父親菸癮很重，喝茶講究濃厚，又喜歡打麻將。這些壞習慣後來都沒有出現在我身上，我也不買獎券之類不勞而獲的東西，始終認為一切都應該靠自己的努力。

我沒有雄才大志，只求能夠盡本分，讓社會和諧、進步。如果真的要說志向，那就是希望用知識的力量消除戰爭，帶來和平。記得小時候俯倒在河堤上，遠遠看著美軍的轟炸機在鹽水上空投擲炸彈，義竹同樣也經常有美軍的飛機來掃射，讓我對戰爭心生反感，直接影響了我讀書的目的。大學畢業那年，我以「戰爭犯罪」撰寫畢業論文，原因在此。雖然不必寫，寫的人也不多，一百多位只有一、二十位願意寫畢業論文，我還是花了時間撰寫，多少跟我厭惡戰爭、熱愛知識、追求和平的秉性有關。

我是一個平凡的人，要是我的人生經驗還有可以參考的地方，我想是：凡事努力，沒有努力就沒有機會；不能只靠機會，有努力才有機會。隨時充實自己，機會來了才能抓住機會。

千萬不要和別人比，要和自己比。讀書是我的興趣，從小熱愛閱讀課外讀物、探尋人類智識，不喜與人競爭，小學到大學，一路念書很少想過要當第一名，雖然多半名列前茅，但我並不真的在意成績，只想保持自己一定的水準，並且儘量把多餘的時間花在自己想念的書本上。凡事要對得起自己，對得起伸出援手的人，努力上進、忠厚待人，以長遠的眼光抱持好的理想，便是正確的人生觀。寧願別人虧待自己，也不要佔別人的便宜；凡事唯誠以對，方能長久，雖然一時得不到好處，但看遠不看近，人生幾十年很快就過了！

時間荏苒，世易時移，人生稍縱即逝，何必太過計較！我在司法官訓練所時常跟學員說：「你們不要斤斤計較，為什麼自己比別人努力、盡忠職守，卻沒有獲得同等的評價或成果？這時你們應該虛心反省自己的做事方法、觀念以及待人的態度，力求改善。若仍無成效，不要介意和灰心，盡力就好，至少你對得起自己的良心！」

幼年失怙，是我生命歷程中一個重大的轉折點。突如其來的變化，讓我不得不提早「有張成熟與長大的臉」。還記得父親過世的那一幕，當我看到他的遺體放在客廳中的時候，在我小小的心靈裡，已經有感於人間萬事的無常，以及人生變幻的莫測。雖然不再有天真無慮的童年時光，但從一路失學，到逐步受高等教育、赴德留學、回國任教、服務司法，我一直覺得冥冥中受到父親的保佑與庇護。

感謝神的恩典，賜我力量與寧靜！

兩位我敬愛的小學老師——胡先德老師與李永連老師，都是基督徒，葬禮均由教會為之。初商時，張志聯老師曾勸我要信主；我的女兒們早都受洗、信奉耶穌基督，而我在人老之後，終於也在二〇一七年歸於主的聖名。

早在二〇一七年我受洗的前幾年，我的外甥女陳鳳珠傳道就不定時地持續來家裡探望我及內人，向我們傳福音，為我及內人禱告並祝福，或帶著我們一起禱告，幫助我們認識上帝，與上帝建立關係。在二〇一六年十二月，有一次，鳳珠傳道來為我禱告時，剛好我正感冒身體不適，鳳珠傳道就為我的身體健康祈求上帝醫治。禱告之後，我的病情似乎好轉、精神舒暢，感覺主耶穌基督的聖靈充滿內住我心，當日，我決志接受上帝作我的救主。

幾週後，我應邀參加在首都飯店舉行的馬漢寶老師九十大壽午宴。由於我稍晚到場，被指定坐在馬老師身旁。席間，馬老師又款款向我提及上帝旨意，殷切囑我早日

參加為期11天的「以色列聖地之旅」，我、內人（右）及立德（左）攝於客西馬尼園，這是耶穌被釘死在十字架上的前一晚，和門徒禱告的所在地。回國後，內人也在信友堂受洗。

2019年與內人參加信友堂主日獻詩，與同屬教會的大女兒幼德（左二）、二女兒憶德（左一）合影留念。我家第一個受洗歸入主名的是小女兒立德，她平日在靈糧堂聚會，因而不在照片上面。

歸入主名、闔家喜樂。左起：立德、幼德、憶德、內人、我。

受領洗禮。宴畢，我從首都飯店步行至兄弟飯店搭乘捷運返家。上了捷運車廂後，坐在對面的一位老先生竟突然對我說：「您的領帶好漂亮噢！受洗應趁早啊！」言下彷彿是神在召喚我到祂的身邊。當下，我決定受洗，歸主名下。二〇一七年二月二十六日，我由中華基督教長老會臺北信友堂之許新生牧師施洗，接受耶穌基督為個人救主及生命的主，並成為教會會友。

受洗之後，榮耀歸主名。二〇一九年十一月八日至十九日，我與內人及小女立德參加為期十一天的「以色列聖地之旅」，遊歷加利利海，走訪耶路撒冷舊城，到「哭牆」朝聖，並親臨耶穌受難地，在基督教的聖地上，與主更加接近。

⚘

每個人都會有向主報到的那一天，但死亡不是生命的終點，而是永恆生命的開始！

後記　永不過期的憶念

書寫翁岳生老師的生命故事，是一趟溫厚篤實的感性之旅。

這本書記述了老師的學思歷程和生活體驗，呈現命運滌盪下的個人際遇，反映出時代變遷中的人物與事件。全書以「求學」、「學術」、「司法」、「法治」為敘事主軸，運用多線交叉、平行鋪陳的方式，刻畫老師在不同時期背景下的人生軌跡與社會網絡。隨著故事情節的發展，適時切換敘事介面，捕捉老師的每一個生命神情，讓每一幀照片的畫色更為飽滿。

老師歷經幼貧失學、力爭上游的求學逆境，慘澹歲月中跋涉的心路歷程，自是一段無可複製的生命版本，娓娓道來，構成相對完整的結構敘事。學成返國後，老師的學院際遇和訪學遊蹤，打破編年敘事，橫向是留學時期人脈的展延，縱軸則為後續司法生涯的端緒，遠近取景與特寫交互組合，節奏或快或慢或停格的生動畫面，處處引人入勝。

在臺灣司法史上，老師是最年輕、也是任職最長的大法官，與擔任司法院院長合計三十五年的公職生涯，前無古人，後恐亦無來者。老師把三分之一強的人生歲月奉獻給了司法，長期參與釋憲工作，見證了臺灣憲政發展與民主轉型的關鍵時刻，鉅細難以畢舉。老師常說：「大法官解釋是集體創作的成果」，在回顧指標性釋憲案件之餘，穿插其間的敘事段落，交織成可推想前因後果的司法故事。

身為法律人與公法學者，老師最關切者，莫過於臺灣法治的發展，即使淡出司法舞台，仍心繫之。法治的落實不能紙上談兵、無法一望即知，需要在地實踐、積微成著。透過對比視角，側寫襯托老師對法治的關懷，以法學社群聚合、跨域學圈交流、司法外交行腳等看似獨立的平行時空，串連出張力十足的歷史場景與餘韻醇厚的有情世界。

一九八六年，我在中興大學剛完成碩士論文，於口試會場上初見老師。我的論文主題是「論公益」，高度抽象，初無頭緒，便設法把主軸聚焦在相對具體的問題上。論題之一是「不確定法律概念」與「行政裁量」之應否區別，我從公益角度切入得出某種否定的觀點。猶記老師問我：「你真的認為這兩者無區別的必要嗎？」這道問題一直伴隨著我，思索至今。

再次遇到老師，是在臺大法研所博士班入學口試的會場上。那（一九八八）年，我僥倖通過考試，得以參加老師每週六下午的「行政法專題研究」。在老師嚴格的要求和剴切的提點下，師友問學長短，午後時刻，只有愜意。當年底，我幸運考取教育部公費留德獎學金，以法學研究為志業的心願，初露曙光，不意在申請入學過程中屢屢受挫。恰逢德國哥廷根大學史塔克教授訪臺，承蒙老師不棄，特為我引介，方得赴德受業教授門下，於一九九四年獲得法學博士學位，返國續行於學術之路。

儘管書山有路勤為徑，在公法學涯途上，仍不免踉蹌，幸得老師持續的提攜和適時的點撥，庶不致偏離正軌，不覺間，已近半甲子。師恩之情，點滴在心，難以言盡。

大約是二〇〇九年的夏天，開始與老師促膝聊話當年，或錄音或筆記，斷續把老師的生命歷程轉化為文字，兼而蒐集師朋友輩的撰述，並查證相關資料，補綴漏逸。經過老師多次審閱、補充細節，逐成定稿。在一次次的言談中，聽著老師口述一段段不同風景構成的生命旅程，領略老師質樸的生活風格和闊達的生命格局，體會老師對理念的執著和深厚的情義，每每有感於懷、滿心溫暖。一回，老師說起當年留德時期師母的種種付出，感念至深，一時凝噎無語，多少回憶在默然間無聲地迴轉……。

記憶是一種念想，承載了自己和他人的生命片段，漸層積累，新舊交疊，隨著時空的遞移，也許不復真實，卻不會過期。沉澱思緒，重溫存於內心角落的如煙往事，總能品味出那超越時空的無盡情意。

李建良
二〇二一年二月十四日

翁岳生年表

李建良整理

時間	敘事
1932/7/1	出生於嘉義縣義竹鄉六桂村。
1939	就讀義竹公學校，1941年改名為義竹國民學校。
1944/3/4	父親翁元章先生因病去世。
1945/3	義竹國民學校畢業。
1945/4	進入義竹國民學校高等科就讀（日治時期的高等科相當於後來的初中一年級）。
1945/10	臺灣光復。
1946/8	義竹國民學校高等科肄業。
1946/9	轉讀臺南市南英商業職業學校初級科。
1947/7	臺南市南英商業職業學校初級科肄業。
1947/8	插班進入省立嘉義商業職業學校（省立嘉商）初級部二年級。
1948/6	省立嘉商初級部第一屆畢業生。
1948/7-1949/8	到岸內糖廠東後寮農場工作，擔任「牌仔工」。

1949/9	考取省立臺南師範學校（臺南師範）普通師範科。
1949/9-1953/6	進入臺南師範普通師範科就讀，準備報考師範學院。
1953/9-1956/8	派任至高雄市立成功國民學校服務。
1953/9/16	臺中師管區預備士官一期入伍服役。
1954/2/16	退伍。
1954	教學考績獲得甲等，隨後被調任五年級升學班的導師。
1955	因健康因素，轉為自然科的科任老師。
1956/9	考上國立臺灣大學法律系司法組。同年，保送師範大學。
1958/4	高等考試司法官檢定考試及格。
1958/8	高等考試司法官考試及格。
1959/7	升大四的暑假，進入司法官訓練所司法官班第四期受訓。
1960/2	申請自司法官訓練所退訓，返校上課。
1960/6	以「論戰爭之犯罪性」為題撰寫畢業論文（指導教授：彭明敏），自臺大法律系畢業，同時考取臺大法研所，並通過自費留學考試。
1960/9	與內人莊淑禎舉行文定儀式。

1961/1	與內人莊淑禎結婚。
1961/7/30	考取教育部公費留學（法律學，赴德國）。
1961/10/25	在松山機場啟程，赴德國海德堡留學。
1961/10/28	抵達德國法蘭克福機場，從機場搭乘計程車到海德堡。
1962/3	內人莊淑禎來德國與我團聚。
1963/1	旁聽史奈德（Hans Schneider）教授擔任訴訟代理人出庭聯邦憲法法院第一庭舉行的言詞辯論。
1963/2	成為莫斯勒（Hermann Mosler）教授的指導學生，開始撰寫博士論文：“Die Stellung der Justiz im Verfassungsrecht der Republik China”（司法在中華民國憲法之地位）。
1963/3	大女兒幼德出生。
1965/11	通過博士資格筆試，共國際公法、憲法及行政法、法制史三科。
1966/2/9	通過博士論文口試。
1966/3-8	至斯拜爾大學參加烏勒（Carl Hermann Ule）教授開設之行政程序法專題研究課程，討論行政程序法的制定及其草案，結識烏勒教授。
1966/6	二女兒憶德出生。
1966/9/12	與內人、兩個女兒，舉家從德國搭機返臺，途經比利時。

1966/9/14	返抵國門。
1966/9	獲聘為臺大法律系副教授，主授大學部的「比較司法制度」與研究所的「行政法專題研究」，並開設「德國法學名著選讀」。
1968/1	發表〈西德聯邦公務員懲戒制度之研究——與我國公務員懲戒制度之比較〉一文，為回國後最早對外發表的文章。
1969/3-1998/9	獲聘擔任第九期司法官訓練所司法官班「行政法」課程教席。除第十期外，持續任課到第三十八期為止。
1970/8	升等為教授。
1971-1972	擔任行政院法規委員會委員。
1972	擔任行政院研究發展考核委員會委員。
1972/1	發表〈憲法之維護者〉一文。
1972/6/26	被提名為大法官。
1972/7/13	監察院通過大法官任命案，遞補為第三屆大法官。
1972/7/29	於總統府宣誓就職第三屆大法官（任期1972～1976年）。
1972/8起～迄今	擔任臺灣大學法律學院兼任教授。
1972/9	獲美國國務院邀請，訪問美國，為期四十五日，並經德、日考察司法人事制度。

1972/12/1	參與作成第一件解釋案：釋字第134號解釋（補充解釋）。
1973/12/14	參與作成第一件憲法解釋案：釋字第137號解釋，涉及法官是否受行政釋示拘束之問題。
1974/3	小女兒立德出生。
1975/7	應聘為中央研究院三民主義研究所設所諮詢委員（至1981年6月）。
1976/1	第一本行政法學術著作《行政法與現代法治國家》出版，列為「臺大法學叢書（二）」。
1976/9/28	於總統府宣誓就職第四屆大法官，同年10月2日正式就任，隨即由田炯錦院長主持首次會議，開始九年一任的大法官（任期1976年至1985年）。
1977/8/28	應韓國邀請，與司法院院長戴炎輝老師、司法院秘書長程德受先生到漢城出席亞洲法學會，會後順道訪問日本，參訪日本最高法院、東京大學法學院等機關。
1978/5-8	應奧國維也納大學法學院溫克勒（Günther Winkler）教授的邀請，至該校進行短期學術研究；結識奧地利行政法學大師安東尼奧利（Walter Antoniolli）教授。
1978/8-10	應萊布霍爾茨（Gerhard Leibholz）教授邀請，訪問德國。從德國飛返臺北後，續飛往日本，參加日本公法年會。
1979/1-3	獲聘「確定司法行政部及法院隸屬專案小組」（又稱「七人小組」）成員。

1979/4	「七人小組」於總統府內，向蔣經國總統報告「審檢分隸」實施方案，並進行辯論。
1979/4/13	獲聘為「實施審檢分隸」之十七人專案小組成員。
1981/7	司法院成立「行政訴訟制度研究修正委員會」，由林紀東大法官與我擔任召集人。
1982/6-7	應德國薩爾大學格克（Wilhelm Karl Geck）教授之邀到薩爾布魯根（Saarbrücken）短期研究。
1985/10/1	就職第五屆大法官，同年10月2日首次集會（任期1985年至1994年）。
1987/9	美國聯邦最高法院首位女性大法官珊卓拉・戴・歐康納（Sandra Day O’Conner）及其夫婿來臺訪問，由馬漢寶大法官與我負責接待及相關事宜。
1988/1-1999/1	任教育部學術審議委員會委員，1996/1-1999/1並兼任常務委員。
1988	應日本一橋大學法學部邀請，與楊日然兄參加該校舉辦的國際座談會，發表「わが國における日本公法の研究・教育の現況と課題」（我國對日本公法之研究：教育現況及其課題）。
1988/7-8	應德國學術交流署DAAD邀請，赴德國慕尼黑大學短期訪問。
1988/9/15	司法院舉辦首次釋憲紀念會慶祝大會，定名為「司法院大法官釋憲四十週年紀念」；司法院首次出版紀念論文集——《司法院大法官釋憲四十週年紀念論文集》，我發表〈憲法之維護者——回顧與展望〉一文。

1989/7	受經建會健全經社法規工作小組委託，主持「行政程序法之研究」研究計畫，後提出行政程序法草案。
1989/8	大法官首次組團出國訪問，分兩團出訪，一團由我領隊，目的地主要是中美洲幾國，抵達美國聯邦最高法院時，由前任首席大法官華倫・柏格（Warren E. Burger）接見訪問團。
1990/8	因執行前述經建會委託的「行政程序法之研究」研究計畫，赴德國海德堡大學短期訪問，並拜訪該校施密特・阿斯曼（Eberhard Schmidt-Aßmann）教授，請教有關行政程序法的問題，同時蒐集文獻資料。
1991/1-2	至美國西雅圖華盛頓大學短期交換講學，為期七週，講授臺灣大法官解釋的功能及其變遷。
1991/4-2001/8	任中央研究院中山人文社會科學研究所學術諮詢委員會委員，1998/1/2-2001/8/31並兼任召集人。
1992/1/18	參加由日本名古屋大學法學院室井力教授主辦的第一屆行政法制度之日臺韓比較研究研討會，主題是「法之支配與行政法」，發表「中華民國行政法四十年來の發展」。
1992/5	憲法增修條文公布，增訂司法院大法官組成憲法法庭審理政黨違憲解散事項之職權。為配合此項憲法增修條文，司法院開始籌設憲法法庭。
1992/8/16	與楊日然、楊與齡、楊建華、翟紹先等大法官，赴奧地利、德國、芬蘭等國考察釋憲制度及設置憲法法庭相關事宜。

1993/3/19-9/28	擔任司法院「憲法法庭籌建小組」召集人，並於7月20日主持憲法法庭興建工程開工典禮。
1993/10/22	在林洋港院長主持下，司法院舉行憲法法庭落成典禮，開啟我國憲政及司法史上新的里程。
1993/12/23	擔任憲法法庭首次開庭審判長（作成司法院釋字第334號解釋——有關政府向銀行賒借一年以上借款，應否列入「中央政府建設公債發行條例」所規定公債未償總餘額內案）。
1994/10	任第六屆大法官（1994年10月至1999年1月）。
1994/6	著作《法治國家之行政法與司法》初版。
1994/10-1995/10	擔任「司法院司法改革委員會」委員並兼任第一研究小組（司法院定位與大法官功能）召集人。
1995/2/20	參與發起「東亞行政法學會」，並於其第一屆學術總會發表「中華民國行政法之現況與課題」（於日本名古屋大學舉行）。
1995/8/9	大法官組團前往南非考察，訪問位於約翰尼斯堡舊址的南非憲法法院，由時任南非憲法法院院長查斯卡爾森（Arthur Chaskalson）親自接待。
1995/10/19、11/2	擔任憲法法庭言詞辯論審判長（作成司法院釋字第392號解釋——有關檢察官定位和賦予羈押權是否違憲案），首次允許法學教授為訴訟代理人出庭參與言詞辯論。

1996/7/7	自海德堡大學畢業三十年，應母校校長及法學院院長之邀，至該校演講，講題：Die Reformierung des Justizsystems der Republik China（中華民國司法制度之改革）。
1996/10/16、11/1	擔任憲法法庭審判長（作成司法院釋字第419號解釋——有關副總統兼任行政院院長是否違憲案）。
1997/5/2	於東亞行政法學會第二屆學術總會中發表「中華民國行政訴訟制度之現況與課題」（於韓國漢城大學舉行）。
1997/5/29-6/1	應邀參加由香港大學舉行之「憲法變遷學術研討會：香港一九九七與全球觀點」（Constitutional Transition: Hong Kong1997 and Global Perspectives）發表論文："Constitutional Changes and Constitutional Interpretations in Taiwan"。
1997/7	海峽兩岸行政法學術研討會首度於北京舉行，率團赴會，並發表「行政程序法發展之展望」。
1997/12/5	擔任憲法法庭審判長（作成司法院釋字第445號解釋——有關集會遊行法是否違憲案）。
1997/12/25	於國民大會行憲五十週年學術研討會上專題演講，題目：「當代憲法發展的主要趨勢」。
1998/3/29	編著《行政法1998》（上、下冊）初版。
1998/5/18	於「1998海峽兩岸行政法學術研討會」發表主題演說，題目：「行政處分的功能與未來的挑戰」（於臺北政治大學舉行）。

1998/9/12-2001/9/11	籌劃成立中華民國行政法學會，並擔任中華民國行政法學會第一屆理事長。
1998/9/15	於日本臺灣法律家協會年會發表「特別權力關係論に關する大法官解釋の意義と課題」（於日本拓殖大學舉行）。
1998/12/3	被提名出任司法院院長。
1998/12/25	紀念中華民國憲法施行五十一週年，應邀至總統府演講「建立以人權保障為基礎的民主政治——司法院大法官釋憲制度在民主改革過程中扮演的角色」。
1999/2/1	就任司法院院長，並為大法官會議主席（至2003年9月底為止）。
1999/3/30	任職司法院院長兩個月內，提出「司法改革具體革新措施」（司法改革藍皮書）及「司法為民」的核心理念。
1999/7/6-8	主持「全國司法改革會議」。
1999/7/8-10	德國哥廷根大學舉辦第一次德臺研討會（Deutsch-taiwanesisches Kolloquium），會議主題：「國家與個人之文化及法比較」，我因主持全國司法改革會議，不克前往參加，代以書面賀詞說明這項會議的性質及意義。
1999/7/26	根據全國司法改革會議結論，提出「全國司法改革會議結論具體措施時間表（與司法院執掌有關部分）」（司法改革黃皮書）。
1999/11/14-18	協助舉辦於臺北召開之「國際法官協會第四十二屆年會」。

2000/1/11-18	任「慶賀瓜地馬拉共和國新任總統就職」特使，率同外交部部長程建人等，前往瓜地馬拉祝賀該國總統波狄優就職。回程順道拜訪美國聯邦最高法院，由大法官斯卡利亞（Antonin Scalia）親自接待。
2000/5/16	以司法院院長身分，於總統府接受李登輝總統頒授「一等卿雲勳章」。
2000/5/20	擔任「中華民國第十屆正副總統就職典禮」監誓人。
2000/12/23	主辦第四屆東亞行政法學術研討會，並發表主題演說「臺灣近年來行政法之發展」（於臺北中央研究院舉行）。
2000/1	任「慶賀帛琉共和國新任總統就職」特使。
2000/3	編著《行政法2000》（上、下冊）初版。
2001/5/24-28	赴匈牙利布達佩斯參加第九屆國際司法會議。回程轉往德國，參訪聯邦憲法法院，由院長尤塔．林巴赫（Jutta Limbach）教授親自接待。
2001/5/29	應邀至瑞士聖加倫大學演講「臺灣與中國大陸間法律關係之最新問題」（Aktuelle Probleme der Rechtsbeziehung zwischen Taiwan und dem chinesischen Festland）。
2001/12/31 -2004/12/31	擔任臺灣行政法學會第二屆理事長。
2002	獲選為英國高等法律研究學會（Society for Advanced Legal Studies）榮譽會員。

2002/1/20	應伯仲文教基金會、洪均培文教基金會、中時報系等單位合辦「新世紀．新作為」系列講座之邀，於國父紀念館演講「司法正義新作為」。
2002/1/23-27	任「慶賀宏都拉斯共和國新任總統就職」特使。
2002/1/28-30	應哥斯大黎加最高法院院長之邀，拜訪該國最高法院，並與該國全體大法官舉行座談，交換經驗。
2002/5/21	拜訪德國聯邦憲法法院，由剛接任院長的帕皮爾（Hans-Jürgen Papier）教授接待。
2002/5/22-24	應邀赴法國史特拉斯堡參加第十屆國際司法會議，並發表"Striking a Proper Balance? —Judicial Roles in Ensuring National Security and Freedom of Press in Taiwan"。其間，順道德國柏林訪問，與時任聯邦眾議院議員朔爾茨（Rupert Scholz）教授再度碰面，並參訪聯邦眾議院。
2002/11	擔任臺灣大學91學年度國家發展研究所評鑑委員會委員暨召集人。
2003/10	擔任司法院大法官並為司法院院長（至2007年），為首位具大法官身分之司法院院長。
2004/5/20	擔任「中華民國第十一屆正副總統就職典禮」監誓人。
2004/5/22-29	擔任「慶賀馬拉威共和國總統莫泰加就職」特使，並過境南非拜訪南非憲法法院，由該院大法官薩克斯（Albie Sachs）接待。

2004/8/21-9/5	前往南美洲，訪問秘魯、智利及巴西諸國。分別參訪秘魯憲法法院及最高法院、智利最高法院，並至巴西聖保羅大學訪問，於該校演講廳發表演講。
2004/12/15	擔任憲法法庭審判長，作成司法院釋字第585號解釋，宣告「三一九槍擊事件真相調查特別委員會條例」部分內容「逾越立法院調查權所得行使之範圍，違反權力分立與制衡原則」。
2005/12/19-25	擔任「慶賀布吉納法索共和國總統龔保雷連任就職」特使，並過境巴黎拜訪法國中央行政法院與憲法委員會。
2007/1/8-18	應巴拿馬最高法院院長邀請前往該國簽訂兩國司法合作協定，並經美國拜訪聯邦最高法院及聯邦巡迴上訴法院。
2007/9/30	司法院大法官並為院長四年任期屆滿退休。
2007	獲總統頒授「中正勳章」。
2007/10-2010/8/31	應聘為中央研究院法律學研究所籌備處學術審議委員會委員。
2007/12/19	臺大法律學院為我舉辦「榮退演講暨學術研討會」，並於會後出版《法治的開拓與傳承——翁岳生教授的公法世界》一書。
2008/3-2015/3	擔任財團法人韓忠謨教授法學基金會董事長。
2008/7/31	總統聘為民國97年大法官遴選小組委員並為副召集人。

2009/4	應大陸行政法學會會長應松年教授之邀，偕同內人到中國大陸北京大學、人民大學、山東大學、浙江大學等校演講（主題：「行政程序法在臺灣的實施與挑戰」）。會後，在北大副校長羅豪才教授安排下，返回福建省廈門安溪縣謁祖。
2010/2	應邀參加在日本早稻田大學舉行之第五屆「日臺憲法共同研究會」，並赴名古屋大學法學部演講。研討會期間，園部逸夫教授邀請我及內人在日本帝國飯店晚宴。
2010/5	應聘為臺大98學年度法律學院、法律學系暨科技整合法律學研究所評鑑委員會委員暨召集人。
2010/5/29	應邀前往北海道大學在日本臺灣學會第12回學術大會紀念演講，題目為「司法院大法官の解釋と臺灣の民主政治、法治主義の發展」。
2010/10/4	家母永別人世，享年97歲。
2010/11/1-2013/10/31	應聘為財團法人臺大法學基金會第八屆董事長。
2010/11	應邀參加由德國暨東南亞公共政策與良善治理研究中心（The German-Southeast Asian Center of Excellence for Public Policy and Good Governance, CPG）於泰國曼谷之學術研討會，會議主題：「憲政主義與良善治理」（Constitutionalism and Good Governance）。
2011/2/21	總統聘為民國100年大法官提名小組委員並為副召集人。

2011/4/1-2	參加德國哥廷根大學舉辦之德臺第五屆法學研討會，並作開幕演說：臺灣民主憲政的發展與法律概念及立法功能的演變（Die Entwicklung des demokratischen Verfassungsstaats und die Wandlung von Gesetzesbegriff und Gesetzgebungsfunktion in Taiwan），同時在史塔克（Christian Starck）教授的陪同下，到萊布霍爾茨教授的墓前獻花致意。
2012/3/1-2015/2/28	應聘為臺灣大學人文社會高等研究院諮詢委員會委員。
2012/3/6	應臺灣大學邀請由校長主持之「我的學思歷程」演講。
2012/6/16	臺灣大學法律學院公法學研究中心舉辦第一屆「翁岳生教授公法學術研討」。
2012/7/19	應聘為政治大學法學院榮譽教授。
2012/11/15	臺灣大學創校84年校慶獲頒2012年度綜合類傑出校友證書。
2013/11/1-2016/10/31	應聘為財團法人臺大法學基金會第九屆董事長。
2013/11/23-28	應大陸最高人民檢察院邀請，代表財團法人韓忠謨教授法學基金會組團（包括前司法院大法官王澤鑑、前司法院秘書長朱石炎）前往北京、上海等地參訪。江平教授及其夫人特來我下榻的旅館面晤。
2014/10/24	應大陸最高人民法院邀請，代表財團法人韓忠謨教授法學基金會組團（包括前司法院大法官王澤鑑、前司法院秘書長朱石炎）前往大陸韓老師故居等地座談交流。

2015/4	獲頒財團法人韓忠謨教授法學基金會榮譽董事長頭銜。
2017/2/26	於中華基督教長老會臺北信友堂受洗，成為會友。
2017/11	應邀偕同內人參加於中國大連市舉行之第十八屆兩岸行政法學研討會。
2019/3/23-28	應香港大學法律學院鄭陳蘭如基金傑出訪問學人之邀，於香港大學法律學院五十週年傑出講座公開演講，外加一小型午間講座。
2019/11/8-19	與內人及小女立德參加為期十一天的「以色列聖地之旅」，遊歷加利利海，走訪耶路撒冷舊城，到「哭牆」朝聖。
2020/3	獲頒臺灣行政法學會榮譽理事長頭銜。

國家圖書館出版品預行編目（CIP）資料

憶往述懷：我的司法人生 / 翁岳生口述；李建良主筆. -- 初版. -- 臺北市：遠流出版事業股份有限公司, 2021.04
面；　公分
ISBN 978-957-32-8997-5（精裝）

1. 翁岳生　2. 自傳　3. 臺灣

783.3886　　110003093

憶往述懷

我的司法人生

口述／翁岳生
主筆／李建良

封面題字／朱振南
美術設計／陳春惠
主編／曾淑正
企劃／葉玫玉

發行人／王榮文
出版發行／遠流出版事業股份有限公司
地址／台北市南昌路二段81號6樓
劃撥帳號／0189456-1
電話／(02) 23926899　傳真／(02) 23926658

著作權顧問／蕭雄淋律師
2021年4月1日 初版一刷
售價／新台幣500元
缺頁或破損的書，請寄回更換

ISBN 978-957-32-8997-5（精裝）

遠流博識網 http://www.ylib.com　E-mail: ylib@ylib.com